AF281244

Colección
   "Un deporte, una ilusión"

Martínez, Isidoro

La historia de los olímpicos de León / Isidoro Martínez, David Rubio, Roberto Fernández. – [León] : Universidad de León, Área de Publicaciones, [2024]
313 p. : fot. bl. y n. y col. ; 24 cm. -- (Un deporte, una ilusión)
ISBN 978-84-19682-56-7
1.Juegos olímpicos. 2. Deportistas-España-León (Provincia). I. Rubio, David (1977-).
II. Fernández García, Roberto. III. Universidad de León. Área de Publicaciones. IV.
Título. V. Serie

796.032.2
796.071.2(460.181)

Edita: UNIVERSIDAD DE LEÓN. Área de Publicaciones
Diseño: JUAN LUIS HERNANSANZ RUBIO
Maquetación: ROBERTO FERNÁNDEZ Y JUAN LUIS HERNANSANZ RUBIO

Ilustración de portada: ADOLFO ÁLVAREZ BARTHE

ISBN: 978-84-19682-56-7
Depósito legal: DL LE 257-2024

Imprime: CELARAYN comunicación gráfica
Impreso en España / *Printed in Spain*
Julio, 2024

La historia de los olímpicos de León

Isidoro Martínez
David Rubio
Roberto Fernández

AGRADECIMIENTOS

Queremos agradecer a todos los olímpicos leoneses citados en el presente libro, con quienes nos propusimos conversar, todos ellos mostraron interés, incluso gratitud, y con una única excepción, todos se avinieron desinteresadamente. Agradecemos especialmente al Presidente del Comité Olímpico Español, Alejandro Blanco, por prologar este cuarto y último libro de la colección, a sus colaboradores Ricardo Leiva y Ana Fidalgo, y a tantas personas que se han prestado a ayudar en cuanto se les ha requerido, entre ellos Eduardo Fidalgo, **Marcos Barrio**, Germán Romo, **Fulgencio Fernández**, Elena Ibáñez, **Javier Artime**, Laura Pastoriza, **Camino Sevillano**, Eduardo Álvarez, **Rafael Álvarez**, Carlos Vicente, **Ana Ustáriz**, Marco Aurelio Prieto, **Juan Nieto**, José María Odriozola, **Pedro 'Coralín'**, Federación Española de Boxeo, **César Fernández**, Emilio Navaza (Vida Atlética de Galicia), **Chema Álvarez**, Carlos Jovellar, **Nieves Simón**, Vicente Rasueros (Aquel Piragüismo), **Pedro Voramar** y Raúl Cardoso (Ciclismo de Mallorca).

León, cuna de deportistas olímpicos

Estimado lector.

Quiero agradecer a la Universidad de León, la oportunidad que me brinda para dedicar unas palabras a deportistas leoneses que, con su espíritu competitivo, de superación y su determinación inquebrantable, han llevado el nombre de esta tierra a lo más alto en el deporte de alto nivel: la gloria olímpica. En cada página de este libro, se relata la historia del esfuerzo y sacrificio que define a estos héroes, cuyas gestas deportivas han trascendido las fronteras de León y han servido para inspirar a generaciones enteras.

Hablar de León, cuna del parlamentarismo, es hablar de su catedral, su historia y su rico patrimonio cultural, pero hay otro aspecto de esta tierra que merece ser reconocido y admirado: sus deportistas olímpicos. Ejemplo de tradición deportiva y carácter, la personalidad de los leoneses ha facilitado que, en una ciudad y provincia tan pequeñas, haya una representación tan amplia de deportistas olímpicos que han conquistado al mundo con su talento.

En este libro conoceremos la historia, los logros y algunas de las anécdotas más íntimas, de esos deportistas y otras figuras del deporte leonés. Personas que han representado a León y a nuestro país con gran orgullo, desafiando a los mejores del mundo y por lo tanto dejando una huella imborrable en la historia de nuestro deporte. Desde los primeros pasos en sus carreras, hasta los momentos de gloria, conoceremos las historias de hombres y mujeres que han dedicado sus vidas al deporte, sacrificando horas interminables de entrenamiento y enfrentándose a multitud de dificultades para seguir mejorando. Cada página está impregnada de la esencia del espíritu olímpico: la perseverancia, la superación y el trabajo para alcanzar la excelencia. Todos ellos son ejemplo de cómo el talento, combinado con la dedicación, pueden convertir sueños en realidad y elevar el nombre de una ciudad a lo más alto del deporte, los Juegos Olímpicos.

Mi más sincera enhorabuena a los tres autores, Isidoro Martínez, David Rubio y Roberto Fernández, por esta magnífica obra que me enorgullece prologar y que finaliza el proyecto de cuatro libros titulado "Un deporte, una ilusión", en el que quedará constancia de las proezas de los deportistas olímpicos leoneses, sin duda un tributo a su perseverancia, dedicación y coraje. En mis deseos, que estas historias inspiren a futuras generaciones a luchar por sus sueños con la misma pasión y determinación, recordándoles que con esfuerzo y sacrificio no hay meta imposible de alcanzar.

Alejandro Blanco Bravo

Presidente del Comité Olímpico Español

Capítulo 1

LOS JUEGOS OLÍMPICOS, UNA NUEVA ERA

Una idea, un sueño, una historia...

La paz entre los países. Ese era el primer objetivo de un entusiasta aristócrata francés que buscaba, a través de los juegos de los griegos, recuperar esa virtud de los países para dirimir sus diferencias con el deporte y no con las guerras, que durante siglos habían sido una constante. Pierre de Coubertin falló en su objetivo porque todavía hubo más guerras y con muchos más muertos, pero lo que sí consiguió fue que, poco a poco, el deporte se convirtiera cada cuatro años en una forma de hacer feliz a mucha gente, no solamente a los deportistas. Aunque no llegó a verlo, sentó las bases de un espectáculo que, con la llegada de los adelantos tecnológicos y los medios de difusión, pasó de ser minoritario a alcanzar todos los rincones del planeta.

No tuvo un trabajo sencillo este educador en su intento de poner en marcha una extraordinaria competición deportiva que incluyera a todos los deportistas del mundo con la única intención de competir. Su deseo de comprensión entre los hombres, y sus posibilidades económicas, le llevaron a viajar por numerosos países para gestionar los primeros Juegos Olímpicos que se han llamado de la era moderna, después de los que se celebraban en Grecia, y que se instauraron en París en un Congreso Internacional de Educación Física que tuvo lugar en 1894. Los primeros tendrían lugar dos años después. Su inspiración fueron los que en la ciudad griega de Olimpia se habían disputado entre los años 776 a.c. y 393 d.c. y, de igual forma que en esa época, se iban a celebrar cada cuatro años, conociéndose también como Olimpiada.

España no participó en los Juegos de 1896 celebrados en Atenas. Sí lo hizo en 1900, en los Juegos celebrados en París, con la presencia de algunos deportistas a título personal pero sin representación oficial. De aquella el deporte estaba dando sus primeros pasos a nivel organizativo y, además, era un país con gran parte de su población residiendo en el ámbito rural, dedicados principalmente a la agricultura o ganadería. De esta forma, la presencia española se limitó a

Pierre de Coubertin (WIKIMEDIA)

Atenas, París y San Luis, en Estados Unidos, vivieron unos juegos con poca repercusión

seis deportistas. Fue en el año 1920 cuando participó por primera vez de manera oficial.

San Luis 1904 (Estados Unidos), Londres 1908 (Inglaterra) y Estocolmo 1912 (Suecia) no contaron con presencia de deportistas españoles. En 1916 no hubo Juegos por la Primera Guerra Mundial. Pierre de Coubertin descubrió así bien pronto que la paz entre los países era una quimera y que los Juegos Olímpicos tampoco lo iban a conseguir. Esa misma circunstancia se dio en 1940 y 1944 por la Segunda Guerra Mundial y en los anteriores de Berlín 1936 (Alemania) tampoco hubo presencia española, al encontrarse inmersa en la Guerra Civil.

Amberes 1920 (Holanda) fue la primera participación oficial española y, a partir de entonces, con la presencia del Comité Olímpico Español, ya formando parte de este movimiento deportivo, fue constante la presencia de españoles en los Juegos Olímpicos. Aquel 1920 llegaron las primeras medallas oficiales y el gran espaldarazo para los Juegos, al conseguir una medalla de plata el deporte más popular en España, el fútbol. La otra llegó en polo. No fue sencillo el avance, puesto que si en ese 1920 hubo 59 españoles de seis deportes y cuatro años más tarde en París fueron 111 en doce disciplinas, fue bajando progresivamente la participación, con 85 en 9 en Ámsterdam 1928 (Holanda) y solamente seis en dos deportes en San Luis (Estados Unidos), en el año 1932, en el que el largo (y caro) desplazamiento fue la causa principal. Superada la Guerra Civil Española se continuaron viviendo años complicados y solamente a partir de Roma 1960 (Italia) se estabilizaba la participación de deportistas españoles y aumentaba la repercusión de este evento deportivo, que se celebraba cada cuatro años, también entre la sociedad leonesa.

León no iba a ser diferente en ese aspecto. El movimiento olímpico no era desconocido, pero con escasa repercusión por la ausencia de leoneses en las diferentes ediciones, además de la poca incidencia de los deportes tradicionales que se practicaban en la provincia exceptuando el fútbol.

Una demostración sobre este ambiente que había en León de los Juegos Olímpicos se puede ver en el curioso artículo publicado en el periódico Democracia en 1924, el año de la gran expansión internacional del movimiento olímpico con la celebración de París. En el artículo de T. Merdive se decía que *"En el programa deportivo de los juegos olímpicos que se van a celebrar en París, se observan algunas importantes y sensibles omisiones. Por de pronto, se echa de menos un partido de bolos. No me explico por qué se incluyen en aquél el tiro de pichón, el remo y la pelota, y se excluye la pesca de la trucha, el juego de rana y, sobre todo, ese admirable juego de bolos, tan impetuoso y tan varonil.*

La gente demuestra un injustificado desdén por los bolos; no quiere concederles la importancia que, dentro de los deportes, les corresponde por antigüedad y mérito...

...Es este juego mucho más emocionante que otros; tiene además, algo de guerra. Los bolos representen un ejército en marcha, y la bola es el proyectil que rompe las filas. Es, en fin, un deporte digno de figurar en la Olimpiada, y puesto que ya hay dos campeones en él, pueden ser enviados a París para que allí asombren a las francesas con sus habilidades.

Hasta estéticamente o artísticamente, el jugador de bolos es digno de consideración. Lo que pasa es que el jugador suele ser un rústico con los calzones caídos y la camisa a medio salir, pero si se le vistiese a la griega o a la romana, o simplemente como a los futbolistas, con su bola en alto o en bajo, apuntando a los bolos, nada desmerecería de un lanzador de discos o de un aurica.

De las otras omisiones nada diré ahora, sino que es de lamentar no figure también en la Olimpiada una partida de rana, juego en el que hay grandes tiradores, que todos los domingos se entrenan en las cervecerías. Se podía hacer una selección entre esas buenas gentes que esperan con ansiedad la llegada del domingo para pasarlo jugando a la rana".

Después de esa mención, los Juegos Olímpicos tardaron mucho tiempo en formar parte de la vida leonesa. La ausencia de retransmisiones, los problemas diarios de la sociedad antes de la guerra, y en los años posteriores, no ayudaron mucho a centrarse en las actividades deportivas. Se sucedían las diversas ediciones de las olimpiadas y pasaban sin pena ni gloria por una provincia que no contaba entre sus 'estrellas' con deportistas de renombre.

Primeros contactos leoneses

Hubo dos deportistas nacidos en tierras leonesas, que no residían en su lugar de origen, con cierta relación con los Juegos Olímpicos y que no fueron reconocidos por diversos motivos. El primero de ellos fue un futbolista que estuvo en Ámsterdam en 1928 en lo que fue la IX Olimpiada. Su nombre era Alberto Villaverde y había nacido en León en 1904 (ver 'La Historia del Fútbol en León' de esta misma colección). El equipo español cambió su convocatoria porque empezaba el profesionalismo en el deporte y ya no podían acudir a los Juegos Olímpicos. Villaverde era un centrocampista que militaba en el Real Unión de Irún

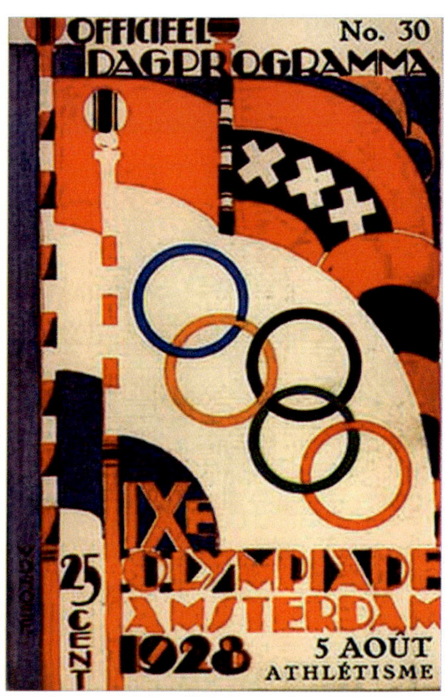

Un leonés fue a Ámsterdam sin participar

que luchaba por los títulos en los años 20, y era uno de sus habituales en las alineaciones. Sin embargo, no figura en la lista de olímpicos españoles y, por consiguiente, leoneses, porque no fue alineado en ninguno de los partidos que jugó el combinado español que pasó con más pena que gloria por esa competición, ocho años después de haber logrado la medalla de plata en esa disciplina. Villaverde tampoco cuenta con ninguna internacionalidad ya que, una vez pasada esa competición, las grandes estrellas profesionales del fútbol volvían

El futbolista Alberto Villaverde

a ser los que formaban parte de las convocatorias de la selección. Tampoco su relación con León fue muy frecuente, sabiéndose muy poco de su vida, incluso en Irún, una vez que abandonó el mundo del deporte en el que consiguió importantes éxitos pero en su ciudad con poca repercusión.

El segundo caso de los 'no oficiales' olímpicos leoneses es un jugador de baloncesto: Álvaro Salvadores. Nació en 1928 en la localidad de Magaz de Abajo pero emigró cuando solamente tenía dos años y su vida tuvo muchas leyendas y pocas certezas (ver 'La Historia del Baloncesto en León').

Una de ellas es que su nacimiento, en muchas informaciones, incluidas las oficiales del Comité Olímpico Internacional (COI), se ubica en Lanco, Región de los Ríos de Chile, el país al que fueron sus padres desde tierras leonesas. Esta información se puede considerar desmentida cuando, en el Mundial de 1950 que se celebró en Argentina, defendió los colores de España pese a que no le conocían como jugador. Lo hizo al enviar la documentación en la que se confirmaba su nacimiento en España y al demostrar que era uno de los jugadores más destacados de Chile en esos momentos. Aquella experiencia, pese a ser el máximo anotador del equipo, no fue buena ante las acusaciones de sus compañeros de "individualista" y ya no volvió a jugar con España. Sí lo hizo con Chile, su lugar de residencia de prácticamente toda su vida. Con el conjunto sudamericano fue con el que adquirió la condición de deportista olímpico en 1952 en los Juegos celebrados en Helsinki (Finlandia). Tras un viaje movido por las tormentas que atravesaron los chilenos, lograba un más que meritorio quinto puesto final que fue histórico para ese país. La celebración fue inolvidable gracias al jugador leonés Salvadores, que en esos momentos jugaba en Francia en el Racing de París y consiguió 48 botellas de vino francés... Álvaro Salvadores tenía un hermano, Luis, que también fue olímpico posteriormente con Chile, pero en este caso, al ser cuatro años menor, ya había nacido en ese país. Pedro fue el tercer hermano que llegó a jugar con Chile, pero sin participar en Juegos Olímpicos.

El estreno oficial leonés fue en 1960

Tras esas historias de las primeras relaciones de leoneses disputando los Juegos Olímpicos, alejados de lo que empezaron a ser posteriormente gracias sobre todo a la televisión, llegaron las participaciones 'oficiales'. Daban comienzo en 1960 en Roma, la 'ciudad eterna', con otro leonés que estaba fuera, el jugador de baloncesto Emiliano. Su relación con la provincia era sobre todo veraniega, había ido a la capital de España para practicar su deporte y pasó su infancia en el País Vasco, pero siempre mantuvo contacto con León.

A partir de ese momento empezaban a llegar las diferentes historias con cuentagotas. Al principio eran casos de forma aislada, como pudieron ser los del ciclista José López Rodríguez en Tokio (cuatro años más tarde) o el atleta José Luis Martínez en 1968, otro nacido en León que desarrolló desde corta edad su vida fuera de la provincia. Los Juegos Olímpicos siguientes tampoco tuvieron representación leonesa y es que en Múnich 1972 (Alemania), recordados por el triste suceso del atentado contra la expedición israelí, fueron los últimos en los que no se contó con un leonés tomando parte como deportista.

Pese a que el incremento de los medios de comunicación acercaba cada vez más los Juegos Olímpicos a los ciudadanos, la llegada de la primera medalla en Moscú 1980 no alcanzó el reconocimiento que se merecía. El piragüista Guillermo del Riego lograba una plata en sus segundos Juegos, ya había participado con anterioridad en Montreal 1976 (Canadá) junto al atleta Antonio Baños como leoneses. Pero en ese verano no hubo la fiesta que tal efeméride podía hacer pensar. El Ayuntamiento de la ciudad tardó en recibirlo, después de numerosas

La primera medalla de León, en 1980

presiones, y pese a que se llegó a escribir que "si a don Suero le regalaron palacios (por su gesta en las justas del Paso Honroso), podría valer esta sugerencia mía: Que en el Palacio Municipal de Deportes de León figurase una placa conmemorativa de la gesta que con su medalla de plata olímpica nos ha brindado a todos este joven leonés". No se hizo realidad tras esa Olimpiada que contó con tres leoneses por primera vez en la historia (Guillermo del Riego, Santos Magaz y Colomán Trabado). Beirán, Del Riego, el boxeador Raúl Trapero y Colomán Trabado estuvieron en Los Ángeles 1984 con la segunda de las medallas para el deporte leonés, gracias a que el primero de ellos era integrante del equipo español de baloncesto. Se cerraba la década con un trío de leoneses en el lejano Seúl (Corea del Sur) en 1988, de nuevo con Colomán Trabado, el esgrimista Andrés García Delgado y la gimnasta María Martín, otra deportista nacida en León que emigró pronto.

El salto adelante

Barcelona 92 cambió completamente la imagen de los Juegos Olímpicos para todos los españoles por el hecho de celebrarse en España, lo que provocó que todo el país se empapara del espíritu olímpico, León no fue ajeno al mismo. La llegada de la antorcha olímpica al pebetero oficial de los Juegos se hizo recorriendo numerosos lugares en la provincia leonesa, entrando por Galicia y continuando luego hacia Valladolid. En medio pasó dos noches en las dos principales ciudades, Ponferrada y León. El sábado 4 de julio fue cuando hizo su entrada y llegó a la capital del Bierzo, con gran emoción de muchos de los portadores que se encargaron de hacer el recorrido, y la presencia de numerosos deportistas de la zona, entre los que destacaba el olímpico berciano por excelencia, Colomán Trabado. La lista también incluía a María José Rodríguez Núñez, una de las portadoras 'oficiales' (también había numerosos voluntarios), que hizo

En 1992 creció el olimpismo para los leoneses

los primeros quinientos metros en el municipio. Otros deportistas y personas conocidas de la zona portaron la antorcha como Antonio Herrero, Lucilo Vázquez, José Luis Martínez, Jesús Roberto Iglesias, José Arroyo, Nuria, María José Bartolomé, María Luisa Rodríguez, Emilio Fernández 'Milocho' y Lucía Aller también la portaron. Rodrigo Gavela, el olímpico berciano de Barcelona, fue el que se encargó del último relevo antes de encender el pebetero dispuesto en el Ayuntamiento a los sones del himno olímpico interpretado por la Banda Municipal para que pasara la noche.

A la mañana siguiente su destino fue León. De igual forma fueron numerosos los deportistas y voluntarios encargados del trayecto entre las dos ciudades después de que el ciclista Emilio Villanueva se encargara de dar comienzo al recorrido en el que resultó llamativo el relevo efectuado por el locutor radiofónico Luis del Olmo, que no pudo hacerlo en Cataluña por una enfermedad y lo logró en su Bierzo natal, o a su paso por Bembibre con el Policía Local Casimiro, que había sido jugador de la Cultural y la Ponferradina. Ramón (jugador de la Cultural), el ciclista Javier Pascual, la nadadora Diana Herrero, el jugador de baloncesto Josines, el de balonmano Horacio, la atleta Margarita Ramos (competiría en Barcelona 92) e incluso el atleta invidente Julio Requena se encargaron de acercarla a la ciudad y ponerla en manos del último de los relevistas, Guillermo del Riego. El piragüista medallista olímpico en Moscú 80 tuvo por fin una parte del homenaje popular que en su día no recibió, al atravesar unas calles que contaron con la presencia de numerosos leoneses para ver el

La antorcha olímpica en su recorrido por España recaló en Ponferrada y León (MAURICIO PEÑA)

Del Riego fue el último relevista (arriba) de una fiesta olímpica en la ciudad de León (MAURICIO PEÑA)

paso de la antorcha olímpica hasta la sede del Ayuntamiento de León, ese año en la céntrica plaza de San Marcelo. Allí pernoctó custodiada por la Policía Local en traje de gala y fue visitada por un gran número de leoneses que empezaban a formar parte del espíritu olímpico que a partir de ese año ya se vivió de otra manera. Muy temprano, a las 6:43 de la mañana, la antorcha reiniciaba su viaje hasta Barcelona de la mano de Antonio Ordás, jugador de bolo leonés, y después de ser portada por la karateca Mercedes García y Juan José Burón, representando a la popular lucha leonesa, la despedía del término municipal leonés camino de su destino final junto a su larga comitiva de más de quinientos metros que eran parte del espectáculo que servía para promocionar esos Juegos Olímpicos de Barcelona 92.

Fueron esas Olimpiadas las que contaron con el mayor número de leoneses de toda la historia, no en vano se celebraron en 'casa'. Allí estuvieron Piluca Alonso, Mónica Pulgar, Nieves Fernández, Cristina Fernández, Andrés García Delgado, Rodrigo Gavela y Margarita Ramos. A partir de ese momento la participación de deportistas leoneses se mantuvo en cifras bajas, lo que demuestra la dificultad de llegar, y lo emocionante que resulta para los que lo logran su presencia entre los mejores. Atlanta 96, con tres, y Sídney 2000 con dos son un claro ejemplo de ello. En la primera fueron Javier García Delgado en esgrima, Rocío Ríos en maratón y Manuel Martínez en lanzamiento de peso, mientras que, en la segunda, a este último (que repitió) le acompañaría el nadador Santiago Castellanos, otro de esos deportistas como el esgrimista ya lejos de León. Los deportes de equipo permitieron la presencia de un mayor número de olímpicos leoneses en Atenas 2004 al contar los equipos de balonmano femenino y masculino con Soraya García y Juan García Lorenzana, 'Juanín', y el de baloncesto con Óscar Yebra. Junto a ellos iba a estar de nuevo el lanzador Manuel Martínez y la gimnasta Carolina Rodríguez. Otros cuatro pudieron disfrutar

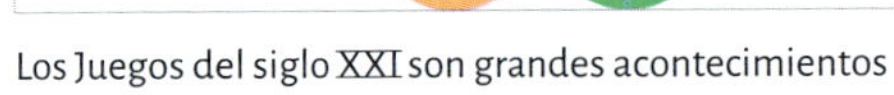
Los Juegos del siglo XXI son grandes acontecimientos

En el año 2020 no se pudieron celebrar por una pandemia y fueron un año después

de Pekín 2008 (Manuel Martínez, Juanín, la nadadora Noemí Feliz y la haltera Lydia Valentín) y se regresaba a solamente un par de ellos en Londres 2012 con Carolina Rodríguez y Lydia Valentín, por lo que no había ningún deportista leonés que se estrenara.

Las participaciones en los Juegos de Río de Janeiro en 2016 y Tokio 2020 (aunque celebrados en 2021 por la pandemia mundial del año anterior) fue mejor. En el país sudamericano se volvía a contar con cinco deportistas, con las novedades de la jugadora de rugby María Casado, la lanzadora Sabina Asenjo y el marchador Francisco Arcilla, además de la continuidad en los Juegos de Carolina y Lydia. En 2021 acompañarían a Lydia Valentín, Saúl Ordóñez en atletismo y Mireya González en balonmano.

La lista continuará ampliándose a medida que se sigan desarrollando los Juegos Olímpicos, que en las 32 ediciones que se han celebrado en la era moderna ha contado en su 'olimpo' con esos 32 deportistas leoneses, que cuentan con una historia propia sobre esa experiencia que resulta, para todos, inolvidable.

Capítulo 2

LOS PRIMEROS OLÍMPICOS

EMILIANO RODRÍGUEZ

BALONCESTO

ROMA 1960 - MÉXICO 1968

La gran leyenda del baloncesto español

En los anales del baloncesto español hay nombres que resuenan con una fuerza imponente, que trascienden las generaciones y se convierten en leyendas vivientes del deporte. Uno de esos nombres es el de Emiliano Rodríguez, un jugador cuya habilidad, pasión y dedicación han dejado una huella imborrable en la historia del baloncesto español y mundial. A través de sus logros, su estilo de juego único y su legado perdurable, Emiliano se ha ganado un lugar destacado en la memoria de los aficionados al baloncesto en todo el mundo.

Nacido el 10 de junio de 1937 en la localidad leonesa de San Feliz de Torío, donde su padre era jefe de estación de la línea de vía estrecha que se construyó con el objetivo de llevar el carbón de las minas leonesas a las fundiciones del País Vasco y, al final, lo que se acabó llevando fue también la mano de obra, pasó muy poco tiempo en esta provincia. Tras la Guerra Civil, a su padre lo trasladaron a Bilbao, donde se fue toda la familia cuando Emiliano era sólo un niño. Fue allí donde descubrió el mundo del deporte primero y del baloncesto después, pues en más de una ocasión ha reconocido que empezó practicando fútbol y que se le daba muy bien, pero el hecho de que en Lezama, la famosa cantera de Athletic Club de Bilbao, sólo pudieran ingresar chavales nacidos en Euskalerría, le terminó abriendo las puertas del baloncesto.

Cuenta que llegaron al colegio unos alumnos procedentes de Filipinas, donde era más conocido el baloncesto, y le enseñaron algunas claves sobre el deporte del que se terminaría convirtiendo en indiscutible leyenda española (entre otras, el tiro en suspensión). En una época en la que no había minibásket el leonés empezó pronto a destacar, ya que medía 187 centímetros de altura y, además, su envergadura con los brazos abiertos superaba los dos metros, lo que llamó la atención de los entrenadores que, por aquel entonces, realizaban la llamada Operación Altura en diferentes colegios de toda España. Pronto empezó a mostrar un talento excepcional para el baloncesto. Su amor por el juego y su determinación inquebrantable lo llevaron a destacar en las canchas desde sus primeros años, y rápidamente se convirtió en una figura prominente en el panorama del baloncesto juvenil español. Con su habilidad para anotar puntos y su destreza en la defensa, Rodríguez llamó la atención de los cazatalentos y fue reclutado por uno de los equipos más importantes de España.

Siempre destacado como alero, no tardó en fichar por un equipo muy ambicioso para la época, el Aismalíbar, que tomaba su nombre de una fábrica de filamentos eléctricos, de la localidad catalana de

El equipo en el que más destacó Emiliano fue el Real Madrid

Montcada y Reixac, donde le entrenó quien él considera como uno de los personajes fundamentales en su trayectoria deportiva: Eduardo Kucharski. Pero ya por entonces la ilusión de Emiliano Rodríguez era jugar en el Real Madrid, y por su buen hacer en el conjunto catalán terminó consiguiendo un fichaje por dos temporadas en el club blanco que acabaría marcando para siempre su vida. "Se puede decir que en ese momento fue cuando empecé a aprender técnica individual, ya que, hasta entonces, la verdad, todo lo hacía o bien por instinto o bien por imitación", confiesa él mismo. Recuerda la llamada de Pedro Ferrándiz a su entorno familiar, a la que seguirían muchas más en una suerte de constante 'acoso' hasta lograr el objetivo, que no era otro que la contratación por parte del Real Madrid del alero más prometedor que había en España. "Me llamó a mí y también a mis padres. Entonces no existían agentes, representantes de jugadores ni nada parecido. Lo cierto es que mi meta personal era precisamente jugar en el Real Madrid, pero por otra parte me encontraba muy bien en Barcelona. Al final Ferrándiz insistió tanto que el Aismalíbar me dio todo tipo de facilidades y acabé en Madrid. Pero, claro, entonces cuando venía una oferta no se discutía de dinero, o aceptabas lo que te daban o te ibas por donde habías venido. Se discutían temas relacionados con los estudios y con la residencia, nada en lo tocante a lo económico", cuenta el jugador en el libro de Juan Francisco Escudero 'Históricos del baloncesto español'.

Su ascenso meteórico entre la élite del baloncesto lo llevó a debutar en la liga profesional a una edad temprana. A lo largo de su carrera, Rodríguez demostró ser mucho más que un simple anotador. Su visión de juego, su capacidad para hacer jugar a sus compañeros y su liderazgo en la cancha lo convirtieron en uno de los jugadores más completos de su generación. Con una ética de trabajo implacable y un deseo insaciable de mejorar cada día, el leonés se convirtió en un referente para jugadores jóvenes y aspirantes a estrellas del baloncesto en España y más allá.

Un joven Emiliano (2d) con la Copa de Europa ganada con los madridistas (ARCHIVO N. SIMÓN)

Como es lógico, uno de los momentos más destacados de la carrera de Emiliano Rodríguez fue su participación en la selección nacional española. Representar a su país en los escenarios internacionales era un honor para Rodríguez, y lo hizo con un orgullo y una pasión inigualables. Su contribución al equipo nacional fue más que destacada, liderando el equipo nacional en algunos de los logros conseguidos en torneos internacionales y dejando una marca indeleble en la historia del baloncesto español. Por eso nunca olvidará cuál fue el partido con el que debutó con el conjunto nacional, que se celebró en Huesca y enfrentaba a España contra Suiza, en el que jugó tan sólo los últimos cinco minutos y pudo marcar seis puntos. Pero si por algo lo recuerda, aparte de la emoción de vestirse por vez primera la camiseta nacional, es porque aquel fue el vigésimo quinto y último partido de su admirado Kucharski.

Hubo mucho que peregrinar hasta que llegaron los primeros éxitos: recuerda Emiliano que en el año 1959 la selección española disputó el Campeonato de Europa en Estambul y que terminaron penúltimos porque, pese a que contaban con jugadores de calidad, eran los únicos que no tenían a ninguno de más de dos metros, ninguna torre que defendiera su canasta, cuando ya contaban con jugadores de estas características los italianos y, sobre todo, las selecciones de la llamada Europa del Este.

Pero al año siguiente se celebraron los Juegos Olímpicos de Roma que se puede decir que cambiaron la historia del baloncesto español. La participación de la selección española en este evento deportivo mundial no solo fue destacada por su desempeño en la cancha, sino también por el impacto que tuvo en el desarrollo y la popularidad del baloncesto en España. Así, el equipo español de baloncesto llegó a los Juegos Olímpicos de Roma 1960 con altas expectativas. Dirigido por el entrenador Eduardo Kucharski, el equipo estaba formado por jugadores destacados de la época, como Agustín Ariño, además del propio Emiliano Rodríguez, entre otros. Con una combinación de calidad técnica, trabajo en equipo y determinación, España se preparó para enfrentarse a los mejores equipos del mundo, consiguiendo la plaza olímpica en el torneo que se disputó en la ciudad italiana de Bolonia, donde ganaron cinco de los seis partidos que disputaron. "Lástima que de aquella no había televisión", se lamenta Emiliano, "porque lo que conseguimos fue algo histórico ya que España, en baloncesto, sólo había participado en unos Juegos Olímpicos de Londres 1948".

El equipo español demostró su talento en la cancha, enfrentándose a potencias del baloncesto como Estados Unidos, la Unión Soviética y Brasil. A pesar de no lograr medallas, España cautivó al público con su estilo de juego emocionante y competitivo. Perdieron ante Polonia, "nuestra bestia negra", pero antes habían destacado especialmente en el enfrentamiento contra la Unión Soviética en la fase de grupos, donde España luchó con valentía antes de caer por un estrecho margen. Este partido se convirtió en un punto de inflexión para el baloncesto español, demostrando que el equipo podía competir con los mejores del mundo. "La vida en la ciudad olímpica era impresionante, una experiencia que te marca quieras o no, y es que recuerdo que los únicos que no estaban concentrados allí, compartiendo mesa y mantel con el resto de deportistas, eran precisamente los italianos". De los siete partidos dentro de la competición olímpica

La selección española donde Emiliano (arriba 3d) era un fijo

que disputaron ganaron solo dos. "La picola scudetta nos llamaban", pero lo cierto es que la participación de España en los Juegos Olímpicos de Roma 1960 dejó un legado duradero en el baloncesto español. El equipo inspiró a generaciones futuras de jugadores y aficionados, impulsando el crecimiento y la profesionalización del deporte en el país. Además, su actuación en Roma ayudó a elevar el perfil del baloncesto español a nivel internacional, sentando las bases para futuros éxitos en competiciones mundiales.

Después de aquella cita olímpica, Emiliano Rodríguez ya no sólo era un fijo en el quinteto inicial de la selección, sino que era el auténtico referente no sólo del conjunto nacional, sino del baloncesto español en general. A él, a su generación, se debe la explosión de este deporte en este país. Llegaron los Juegos Olímpicos de Tokio 1964, una cita con la que todos soñaban, pero en el preolímpico de Ginebra, pese que jugaron bien, no consiguieron clasificarse, en buena medida por la turbia relación de Francia y Checoslovaquia que, a todas luces, aunque sin pruebas, amañaron su enfrentamiento y dejaron fuera de los Juegos a la selección española.

Tremendamente "desilusionados", pusieron las miras en México 68, donde el preolímpico se disputó allí mismo, en Monterrey, y consiguieron clasificarse después de haberse medido con selecciones como Indonesia, Uruguay, Australia y, de nuevo, perdieron contra Polonia. Una vez iniciada la cita olímpica, España ganó seis de los nueve partidos que disputó, quedando finalmente clasificados en séptimo

Tras su retirada, el leonés estuvo en la política local y siguió ligado al baloncesto

lugar (lo que por entonces no significaba obtener un diploma olímpico). Fueron sus segundos Juegos y él ya era uno de los líderes del equipo español junto a Clifford Luyk o Wayne Brabender. La selección española había mostrado un rendimiento prometedor en los años previos al torneo, lo que generaba expectativas positivas entre aficionados y expertos del deporte, aunque la competencia en los Juegos Olímpicos de 1968 fue feroz, con equipos de baloncesto de todo el mundo compitiendo por la gloria olímpica. España tuvo un desempeño admirable durante el torneo, mostrando su habilidad y determinación en la cancha. Aunque no lograron asegurar una medalla, el equipo español dejó una impresión notable con su juego competitivo y su entrega. Uno de los momentos más destacados para España en estos Juegos fue su victoria sobre Brasil en la fase de grupos. Esta victoria no solo demostró la calidad del equipo español, sino que también sirvió como un momento de orgullo nacional al vencer a uno de los equipos más fuertes en ese momento en el baloncesto internacional.

Pero más allá de sus logros individuales y su éxito en la selección nacional, lo que realmente distingue a Emiliano Rodríguez es su impacto duradero en el baloncesto español. Después de retirarse como jugador en activo, dedicó su tiempo y energía a entrenar a la próxima generación de talentos del baloncesto español. Su conocimiento del juego y su ejemplo inspirador han ayudado a moldear a innumerables jóvenes jugadores y han contribuido al continuo crecimiento y éxito del baloncesto español a nivel nacional e internacional.

Además de su trabajo como entrenador, Rodríguez también ha participado activamente en iniciativas para promover el baloncesto en comunidades desfavorecidas y fomentar los valores de trabajo en equipo, determinación y resiliencia entre los jóvenes. Su compromiso con el deporte como vehículo para el cambio social y su dedicación a hacer una diferencia positiva en la vida de los demás lo han convertido en un verdadero modelo a seguir dentro y fuera de la cancha.

A lo largo de los años, Emiliano Rodríguez ha acumulado innumerables premios y reconocimientos por sus logros en el baloncesto. Sin embargo, su verdadero legado no se mide en trofeos o medallas, sino en el impacto duradero que ha tenido en el deporte y en las vidas de aquellos a quienes ha tocado con su pasión y su dedicación. Como jugador, entrenador y embajador del baloncesto español, Emiliano Rodríguez ha dejado una huella imborrable en la historia del deporte, y su legado perdurará por generaciones venideras. Su nombre vivirá en la memoria de los aficionados al baloncesto como uno de los más grandes que haya pisado una cancha, una leyenda cuyo impacto trasciende el juego mismo.

La capacidad para anotar y su gran velocidad eran sus principales características (ARCHIVO N. SIMÓN)

JOSÉ MANUEL LÓPEZ RODRÍGUEZ

(SAÚL ARÉN)

CICLISMO

TOKIO 1964

02:38

Velocidad sobre dos ruedas

Si una persona sube todos los días de su vida en bicicleta el puerto de Leitariegos, a nadie le puede sorprender que con el paso del tiempo se acabe convirtiendo en un ciclista profesional. Ha pasado históricamente en el ciclismo, donde las pruebas de montaña siempre han estado dominadas por corredores procedentes de los Andes o de países con grandes accidentes geográficos. Ahí están los casos de los míticos escaladores colombianos o los españoles de la zona de la Sierra de Gredos, que pasaban lo mejor que podían las etapas llanas y en cuanto se ponía la carretera cuesta arriba empezaban a marcar su ritmo, es decir, a marcar distancias.

Lo que sí puede sorprender a cualquiera es que desde un pueblo tan pequeño como Caboalles de Abajo salga un deportista que termine compitiendo con los mejores de su disciplina en los Juegos Olímpicos que se celebran al otro lado del planeta. Fue el caso de José Manuel López Rodríguez, que no tenía ni el origen que se supone a un deportista olímpico ni el nombre ni los apellidos, completamente comunes como para pasar perfectamente inadvertido. Pero él, genio y figura, destacó en el ciclismo y también en otras muchas facetas de la vida, hasta el punto de que se ha convertido con el paso del tiempo en uno de los personajes más conocidos y más singulares del valle de Laciana.

De cómo empieza una persona en el mundo del ciclismo no es necesario dar demasiadas explicaciones. Igual que a correr se aprende corriendo y a jugar al fútbol practicándolo en la calle como uno más de los entretenimientos de la infancia, en el caso de José Manuel López no hacen falta demasiadas explicaciones: consiguió una bicicleta y empezó a subir todos los días el precioso puerto de Leitariegos, en el límite noroeste de la provincia leonesa, haciendo frontera con el Principado de Asturias. En su caso lo tenía más fácil que los demás, puesto que su padre tenía un taller en el que reparaba las bicicletas de todo Villablino. Era una época pujante en lo que a la economía local se refiere, con la minería empezando a crecer exponencialmente, lo que permitía a las familias de la zona acceder a unos ingresos que, con todo lo que lleva el oficio, no estaban a la altura de otras comarcas ni de otros sectores.

López empezó a destacar pronto. Cuentan que tenía una punta de velocidad espectacular y que fue en los velódromos donde pudo exhibir todo su potencial. Pero si a cualquiera le puede sorprender que habiendo salido desde Caboalles se convirtiera en una leyenda del ciclismo, lo que ya a nadie sorprendería después es que, gracias a

López Rodríguez en un cromo.

él, en la localidad lacianiega se generase un núcleo de aficionados al ciclismo que empezaron por crear una peña en honor al mencionado José Manuel López y terminaron haciendo del pueblo un referente de este deporte, pues de la carrera para aficionados que empezaron organizando pasaron a una de profesionales para que pudiese participar su admirado vecino y, más tarde, llegaron a organizar incluso un Campeonato de España de Fondo en Carretera en 1978. Ganó Enrique Martínez Heredia y convirtió Caboalles de Abajo en la capital del ciclismo. Aquel fin de semana consiguieron que pasaran por allí nombres que después pasarían a formar parte de la memoria de todos los aficionados a este deporte, como fue el caso de Peio Ruiz Cabestany, ganador de la última edición (1987) de esa prueba lacianiega.

Pero hasta llegar ahí es necesario centrarse en la espectacular trayectoria de José Manuel López, todo un jabato sobre la bicicleta. Aunque confiesa su predilección por Leitariegos, un puerto que traza sus primeras rampas en el pueblo que le vio nacer, también lo alternaba con el vecino puerto de La Magdalena, el que une Laciana con Omaña, ambos a más de 1.500 metros de altura y aptos para entrenar en este tipo de condiciones. Pronto José Manuel López empezó a destacar y, con sólo 18 años, ya había estado preseleccionado para formar parte de la selección española de ciclismo de cara a los Juegos Olímpicos de Roma 1960. Finalmente, no llegó a viajar a la capital italiana porque el resultado de los Juegos Mediterráneos hizo que los seleccionadores tuvieran que modificar su decisión inicial.

José Manuel López siguió creciendo como ciclista a partir de entonces, pese a las dificulta-

López Rodríguez en una visita a León (CÉSAR)

El corredor de Caboalles de Abajo homenajeado tras un triunfo en la Vuelta a Asturias

des propias de la época. Confiesa con cierta pena que su progresión deportiva se detuvo de golpe cuando fue convocado para el servicio militar, que le correspondió en el cuartel de artillería de Astorga. Recuerda que desde la Federación Española de Ciclismo se ponían en contacto con las autoridades militares para que le concedieran permisos que le permitieran ir a las diferentes competiciones, permisos que lo más habitual era que fuesen denegados. Sí le autorizaron, en cambio, para participar en un campeonato que se celebraba en México, pero fue gracias a que los directivos de la Federación consiguieron que incluso desde el propio Gobierno remitieran una carta al cuartel de Astorga para que permitieran la salida del lacianiego. Recuerda que al llegar al país centroamericano se encontró con una situación política muy tensa, llegando a recibir telegramas en los que le pedían que regresara a España, concretamente al cuartel de Astorga. La mili de 16 meses hizo que el leonés empezara más tarde su carrera profesional, algo que ha lamentado toda la vida, pero de alguna manera también sirvió para completar sus entrenamientos: como es natural, desde Laciana hasta Astorga muchas veces iba en bicicleta, atravesando el célebre puerto del Manzanal.

Formaba entonces parte del equipo Ferrys amateur, en el que recuerda que pagaban 2.000 pesetas al mes. Se licenció del servicio militar en el mes de mayo de 1963 y en septiembre se celebraban en Nápoles los Juegos del Mediterráneo, en los que finalizó quinto en la clasificación general, el primero de los españoles.

En una carrera con el equipo Fagor (CICLISMO DE MALLORCA)

Fue la mejor preparación posible para el que sin duda se puede considerar como uno de los hitos de su vida, al menos de su vida deportiva: los Juegos Olímpicos de Tokio 1964. Salir de Caboalles de Abajo y llegar al otro extremo del mundo como uno de los más destacados miembros de la selección española de ciclismo está a la altura de muy pocos. Ese era el caso de José Manuel López, que aún a sus más de ochenta años, recuerda con nitidez lo que pasó en aquella competición. Siendo como ha sido siempre un ganador nato, no habla demasiado de la ceremonia inaugural ni del ambiente en la villa olímpica ni de la experiencia del viaje, sino de la pura competición. Y, como no podía ser de otra manera, aunque haya pasado más de medio siglo se sigue lamentando de que podía haber vuelto a casa con un resultado mejor.

Cuenta el veterano ciclista que en los Juegos Olímpicos de Tokio la competición comenzaba con una contrarreloj por equipos de 100 kilómetros, con cuatro corredores cada uno de ellos, en la que el combinado español logró la octava plaza. Después vino la prueba de ciclismo en ruta, un circuito de 18 km que tenían que recorrer varias veces y que tenía un gran repecho a cuatro kilómetros de meta. Recuerda 'Pancho', que era como le llamaban todos, al menos en la selección, que en la penúltima de las vueltas al circuito atacó un corredor ruso y él salió decidido a perseguirle. Consiguió alcanzarle y durante buena parte de la competición llegó a pensar que se iba a colgar la medalla de plata. Su director le mandó parar y vigilar a Peterson, que era uno de los favoritos a pesar de que, en aquel momento, se encontraba en la cola del pelotón. López siguió en los puestos de cabeza. Miraba hacia detrás y, en la distancia, veía a la llamada serpiente multicolor, en la que se empezaban a inquietar algunos corredores, se sucedían los ataques ante la proximidad de la meta, y uno de los más contundentes fue protagonizado "por un tal Eddy Merckx", recuerda el lacianiego. Entre la confusión, José Manuel cruzó la meta y acabó siendo quinto en aquella competición de la que trajo una sensación ciertamente agridulce que aún le persigue, puesto que sigue considerando que podía haber conseguido una mejor clasificación por el potencial que tenía en aquel momento y por las condiciones que se dieron durante la carrera. Después de casi cinco horas encima de la bicicleta, el oro fue para el ciclista italiano Mario Zanin.

Junto al mítico Perurena en la pista tuvo actuaciones destacadas (CICLISMO DE MALLORCA)

«La Olimpiada me dio la alegría de la quinta plaza, por delante de Merckx, pero por esperar a la Olimpiada pasé tarde a profesionales, con 25 años, y esperé en aficionados, que lo ganaba casi todo. Pero el seleccionador (Saura) quería tenerme, éramos un gran equipo, con Lasa, Mariano Díaz o Mariné, también fuimos diploma por equipos», confiesa años después.

Pese a ello, como es lógico, considera extraordinaria la experiencia de participar en unos Juegos Olímpicos. Como ya se ha mencionado, no pudo vivir la ceremonia de inauguración porque era el día anterior a que se celebrase su primera competición, y los ciclistas fueron instalados en un pueblo cercano a Tokio donde no se vivía el ambiente de la villa olímpica del que tanto hablan otros deportistas. El viaje sí que fue bien aprovechado, puesto que antes de volar a Tokio la selección española se detuvo en Francia para participar en algunas competiciones importantes. Participó en el Tour de Le Your, donde ganó su compañero de selección José Manuel Lasa, toda una leyenda del ciclismo, así como una carrera que tenía como escenario nada más y nada menos que el mítico circuito de Le Mans, donde el ciclista leonés recuerda que tuvo la oportunidad de conocer a Luis Ocaña.

Tras caerse, el legendario Ocaña fue ayudado por sus compañeros, entre ellos el leonés (CICLISMO DE MALLORCA)

En cualquier caso, de lo que a nadie le puede quedar ninguna duda es que José Manuel López fue uno de los ciclistas más destacados en el pelotón nacional en las décadas de los 60 y 70, con triunfos en una etapa de la Vuelta a España y en la clasificación de las Metas Volantes en la edición de 1967, en la que concluyó en sexto lugar en la general.

Cuando dejó de ser profesional, no se bajó precisamente de la bicicleta, y los puertos de Leitariegos y La Magdalena, en los que se puede decir que nació como ciclista, siguen siendo sus habituales destinos, pese a que tiene más de 80 años. De hecho, en junio de 2016 dio un importante susto a sus seres queridos puesto que despareció durante una noche entera después de haber salido con la bicicleta. Un amplio operativo lo estuvo buscando incansablemente por sus recorridos habituales, hasta que más de 24 horas después de que se diera la voz de alarma apareció con vida, con algunas magulladuras y parcialmente desorientado, puesto que había sufrido una caída que le hizo perder el conocimiento durante algún tiempo.

Genio y figura, José Manuel López sigue practicando su deporte favorito. Corrió tres Tours, ganó los Valles Mineros y la Semana Catalana, una etapa de la Vuelta a España, en la que llegó a ser líder y le ocurrió algo impensable: «Me atacó mi propio equipo». Historias para escribir un libro. Bien lo merecería este lacianiego crecido entre nieve que vivió 40 años en Mallorca. «Tenía unas heridas graves de una caída y me dijeron que era bueno aquel clima y el agua del mar. Fui y me gustó... tanto que me quedé más de 40 años». Pero hace unos años supo que su hermano tenía cáncer «y vine a estar con él sus últimos años. Ya falleció pero yo he decidido que me quedó aquí, en mi tierra, en mis raíces y recuerdos».

Todo un ejemplo de humanidad y de superación dentro del mundo del deporte.

Arriba la carrera olímpica de Tokio y abajo el sprint final con López Rodríguez quinto (COE)

JOSÉ LUIS MARTÍNEZ

ATLETISMO

MÉXICO 1968

El lanzador nacido accidentalmente en León

El deporte es un fenómeno social muy dinámico y coyuntural lleno de misterios, entre ellos que una determinada provincia, una determinada ciudad, llegue a convertirse en referente internacional de una determinada disciplina sin que nadie sepa explicar con exactitud el porqué. A menudo sucede esto sin argumentos que sirvan para entenderlo, como puede ser el caso, por ejemplo, de unas determinadas condiciones meteorológicas, o de unas instalaciones adaptadas a una competición concreta, o acaso de una tradición que, como tal, a menudo se justifica por sí misma. Pero en el mundo del deporte, especialmente, cuando sucede algo así, cuando una ciudad o una provincia se convierte en una sorprendente cantera de deportistas de una modalidad deportiva, la explicación suele llegar por la presencia de una persona que, ya sea por su talento, por su carisma, por su sacrificio o su trabajo y dedicación, termina arrastrando su pasión a otros muchos deportistas, lo que se llama sinergia en el mundo contemporáneo.

Sobran los ejemplos de casos que han sucedido en los lugares más insospechados, como pasa con León y como se puede leer en este mismo libro. Uno de ellos, quizá de los más desconocidos, es el de Lugo y su conversión en uno de los grandes referentes nacionales, así como una de las grandes canteras del lanzamiento de martillo en toda España. El responsable, según cuentan los historiadores y los periodistas deportivos (salvando las insalvables distancias entre ellos) de la capital lucense no fue otro que Gregorio Pérez Rivera. Basta decir que la pista de atletismo de la ciudad lleva hoy su nombre, en reconocimiento a quien entregó buena parte de su vida a la formación de atletas. Nacido el 9 de mayo de 1914 en Pesquera de Duero (Valladolid) y fallecido el 29 de marzo de 1978 en A Coruña, cuentan que su gente le llamaba don Gregorio y "el jefe". Fue militar y, tras retirarse en 1955 en la capital coruñesa, se integró en la empresa familiar con actividad tanto en A Coruña como en Lugo, ciudad en la que estuvo viviendo veintidós años, en los que dedicó todos sus esfuerzos a descubrir, potenciar y motivar a atletas locales. Uno de ellos llegó a los Juegos Olímpicos y era leonés, aunque él mismo consideraba que "accidentalmente". Se llamaba José Luis Martínez Vázquez y nació aquí porque su padre, también militar como su maestro en el atletismo, estaba destinado en la base aérea de La Virgen del Camino cuando él nació en 1943.

En cualquier caso, más allá de su certificado de nacimiento, no queda demasiado lugar a dudas sobre el verdadero origen de este lanzador de martillo, que se fue de León cuando sólo era un bebé y pasó toda su vida en Lugo. "Soy de Lugo por los cuatro costados", solía decir, al igual que sus dos hermanos, que regentan una empresa automovilística muy conocida en la ciudad.

De la importancia que para él tuvo la figura del mencionado Gregorio Pérez Rivera quedan pocas dudas con las declaraciones que hacía el propio atleta nacido en León, sobre el que fue su primer entrenador con motivo de un homenaje que le rindió la ciudad que les acogió a los dos: "Estuve con él tres años. Me consiguió una beca para ir a la Residencia Blume y estuvimos manteniendo la relación toda mi carrera deportiva. Yo no cambié de club jamás. He estado siempre en el mismo, en el San Fernando de Lugo, fundamentalmente por él". Empezó lanzando peso y después disco, hasta que por sus condiciones físicas se especializó en lanzamiento de martillo.

Tanto José Luis Martínez Vázquez como sus propios entrenadores y compañeros afirmaban sin complejos que haberse convertido en deportista olímpico en las condiciones en las que comenzó era algo así "como hacerse químico sin tener tubos de ensayo". Cuenta el periodista de El Progreso de Lugo José de Cora que "lanzaban sin jaula y los desperfectos en los martillos los arreglaba su padre porque disponía de medios para hacerlo. El propio Martínez presumía de haber conocido el agua caliente de mayor, en algún hotel". El caso es que la cantera de Gregorio Pérez Rivera empezó a dar resultados y Lugo contaba con un club, el San Fernando F.J., que pronto empezó a batirse el cobre con los grandes del atletismo nacional, y a llamar la atención dentro del sector por el potencial de sus deportistas, entre los que es justo recordar nombres como Eduardo Fernández, Manuel Salas, José Luis Gargallo, Luis Rodríguez Santos, Jesús Navarro, Manuel Parga Núñez, José Arias Lamela, Abelardo Santiago, José Díaz Espada y Carlos Vázquez. Con ellos, se proclamaron ganadores en 1962 del III Campeonato Nacional de clubes de Segunda Categoría, celebrado en Madrid.

José Luis Martínez dominó su especialidad a nivel nacional

Pero, entre todos esos nombres, el que destacaba dentro de su disciplina no era otro que José Luis Martínez Vázquez, que fue becado para vivir en la célebre residencia Blume, compaginando el deporte con sus estudios de Ingeniería Industrial, algo que no le impidió llegar a batir cinco veces el récord de España de lanzamiento de martillo. Pero nunca olvidó sus orígenes. Él mismo contaba que "en el cuarto curso de bachillerato suspendí gimnasia y siempre fui un poco travieso en clase. Así estaban las cosas cuan-

Los lanzamientos avanzaron mucho en los 60.

do en 1962 lancé por primera vez el peso y el disco. Después, don Gregorio Pérez Rivera me llevó al campo para que lanzase el martillo. Empecé en la pista de tierra de 250 metros que había en Lugo, con un círculo roñoso, malo, sin jaula ni historias, y un gimnasio en el que hacer pesas era un problema. Creo que no probé el agua caliente en algún hotel hasta ya con 20 años. Allí no había nada".

Su primer récord de España lo consiguió el 27 de mayo de 1965, en las pistas de la Ciudad Universitaria de Barcelona. Sirva como ejemplo del potencial de los gallegos en esta prueba atlética que, entre los diez primeros clasificados de aquella competición, había cuatro lucenses: Segundo y tercero fueron el coruñés José Otero y el lucense Fernando García Cabanas, el séptimo fue José M. Almudí (53,22) y el décimo, Nonín Torrón (50,14).

Recuerda el mencionado periodista José de Cora que los 58,64 m de Lorenzo Cassi cedieron ante los 58,89 centímetros logrados por el lucense, "pero va a ser la marca de martillo más breve de la historia, ya que apenas ocho días más tarde, José Otero, que tenía el segundo mejor registro cuando Martínez era cuarto, logra distanciarse 59,87 del peso y le arrebata el trono". En las estadísticas oficiales consultadas aparece como el récord de martillo más efímero el conseguido por José Luis Lasplazas en 1920, que lo retuvo un mes y 22 días, lo que parece indicar que muy probablemente se trate de un error y que, en su lugar, debería aparecer este otro plazo de ocho días, sensiblemente menor.

"Lo sucedido en Barcelona parecía un espejismo porque al mes siguiente, Otero aprovecha una competición en Bourges (Francia) para elevarlo todavía más, hasta los 60,46 metros. No obstante, durante ese año acaba segundo con un registro de 59,66. Sin embargo en 1966 va a confirmarse la tendencia anunciada en Barcelona, y por cuatro veces el atleta lucense mejora la marca nacional llevándola 4,50 metros más allá, hasta los 62,10. Esto supone que Martínez es el martillista de después de la guerra que acumula una mayor mejora en sus récords nacionales y uno de los que más distancian una marca de otra, casi dos metros".

Cuentan las crónicas que una de las claves de los últimos cuatro récords que consiguió radicó en su transformación física, ya que desde 1967 Martínez, entrenado por José Luis Torres, subió diez kilos de peso en su masa corporal. Con su enorme progresión, ya se había convertido en el gran referente del lanzamiento de martillo en España, el hombre a batir y una de las esperanzas de la selección española que se desplazó a los Juegos Olímpicos celebrados en México en el año 1968.

Sin duda se puede decir sin temor a equivocarse que la experiencia de participar en unos Juegos Olímpicos cambió para siempre la vida de José Luis Martínez Vázquez, pero no por los resultados deportivos precisamente, sino porque durante la competición conoció a la que se terminaría convirtiendo en la mujer de su vida, su esposa, que era azafata de la organización. Con ella dejó Lugo a finales de los sesenta y se fue a Madrid, donde fundó varias empresas dedicadas a los sectores de las inmobiliarias y de los automóviles. Este último se puede decir que tradición familiar, pues a los Martínez siguen perteneciendo gran cantidad de concesionarios repartidos por toda la provincia, ciudad en la falleció en la primavera de 2004 tras una larga enfermedad.

En los Juegos Olímpicos de México 1968, dentro de la calificación de lanzamiento de martillo disputada el miércoles 16 de octubre, se formaron dos grupos, A y B, con el criterio seguido en todos los lanzamientos: los mejores hombres en la primera mitad y los siguientes en la serie B. Quedó apeado de la competición, para sorpresa general, el alemán occidental Uwe Beyer, la gran revelación de Tokio y tercera mejor marca mundial de 1968, al no conseguir los 66 metros de la mínima clasificatoria. En el grupo B, entre otros 11 participantes, se clasifican sólo tres: el húngaro Eckschmidt, el inglés Payne y el japonés Ishida.

El martillo no era una especialidad muy popular

Hasta ese momento, Martínez no tenía grandes posibilidades de conseguir medalla. De 22 atletas inscritos en la prueba olímpica de martillo, solo dos, el salvadoreño Carlos Hasbum, con 36,75 metros, y el nicaragüense Gustavo Morales, con 50,02, tenían peor marca personal que él. Él lo sabía, pese a que durante el año había experimentado una progresión muy generosa, pero los 66 metros de la mínima clasificatoria estaban aún un poco lejos. No se trata de una colocación por puestos, sino de la marca, y cuando le toca lanzar a su grupo ya tiene la certeza de que no cabrá la posibilidad de una repesca. Hay que sobrepasar los 66 metros, y solo dispone de tres intentos… La crónica publicada en la revista Atletismo Español relata así lo ocurrido en aquellos Juegos Olímpicos: "En los entrenamientos de México ha estado irregular: una vez hizo dos lanzamientos por encima de su mejor marca personal (el vigente récord de España de 64,62 metros), pero otros días ha estado flojo. Entra muy nervioso en el círculo para su primer intento y solo consigue 60,60 metros. Cuando vuelve a tocarle actuar, Eckschmidt e Ishida ya han sobrepasado la mínima, en tanto que el alemán Kaspers y los americanos Connolly y Hall han efectuado lanzamientos nulos. Lanza más tranquilo y le miden 63,40 en su segundo ensayo, acercándose un metro a su récord. Le queda una última posibilidad. Está sereno, pero el lanzamiento no es bueno técnicamente, anotándole 62,84 metros".

Así fue el paso por los Juegos Olímpicos de México de este leonés de Lugo, un deportista singular a todas luces que en las entrevistas decía cosas como: "Mi padre fue un buen motorista y vivió en Estados Unidos. Entre mis aficiones se encuentra el jazz, Ray Charles es mi ídolo, y leer buenos libros, siendo mis autores preferidos Max Frish y Friedrich Nietzsche. Sé que se discute a los partidarios de estos escritores, pero yo no me considero ningún ateo. Formo parte de esa legión de deportistas para los cuales el mundo queda reducido al deporte".

ANTONINO BAÑOS

ATLETISMO

MONTREAL 1976

De la becera en Villamuñío al maratón en Montreal

Pocos pueblos en el mundo pueden presumir de haber sido el lugar de nacimiento de dos deportistas olímpicos. Pocos pueblos, sobre todo del tamaño de Villamuñío, localidad leonesa perteneciente al Ayuntamiento de El Burgo Ranero que no supera los 300 habitantes. De allí salió Raúl Trapero, a quien también se dedica un capítulo en este libro, un boxeador que compitió en Los Ángeles 84 y del que casi no se acuerdan en el pueblo, porque se fue siendo muy joven e hizo su vida básicamente en Zaragoza, hasta que falleció en un accidente de tráfico. Y de ese pueblo de Tierra de Campos salió también el que se puede considerar como uno de los pioneros del olimpismo en León: Antonino Baños.

La historia de Antonino Baños es una de esas historias que pueden servir de ejemplo para los que se inician en cualquier deporte, en cuanto a que desde los orígenes más humildes se puede llegar a lo más alto del deporte, entendiendo como lo más alto participar en unos Juegos Olímpicos, auténtico sueño u objetivo de muchos de los que se esfuerzan cada día por mejorar en sus respectivas disciplinas deportivas. Antonino Baños nació en 1945 en una familia humilde en la que, como prácticamente todos los vecinos del pueblo, su padre se dedicaba a la labranza del campo y su madre a atender a los seis hermanos que eran en casa. No pasó demasiado tiempo allí. Su padre empezó a trabajar en la Hullera Vasco Leonesa y la familia entera se trasladó a vivir a La Robla, de donde Antonino se fue a Barcelona, para trabajar en el mantenimiento de líneas de alta tensión, y luego a Madrid, donde pasó prácticamente toda su vida.

Fue mientras cumplía con el servicio militar, en el cuartel de El Ferral del Bernesga, cuando descubrió algo que en aquel momento no podía imaginar y cambiaría su vida para siempre: su talento para el atletismo. Organizaron una carrera en su compañía y quedó el primero, imponiéndose nada más y nada menos que a su propio alférez, que presumía de disputar carreras en Madrid y de estar muy entrenado. Luego se hizo otra carrera de todo el batallón, en la que Baños fue segundo. "Me ganó uno de Villamizar", recuerda aún con cierta decepción. En cualquier caso, el joven recluta leonés llamó la atención de sus mandos por su capacidad para correr, incluso sin entrenamiento, porque él mismo reconoce que, en aquel momento, "sólo había corrido detrás del ganado cuando llevaba yo la becera de Villamuñío, pero el alférez me dijo que yo tenía posibilidades para el atletismo, que me veía con capacidades, y la verdad es que me convenció".

El atletismo en la época de Antonino Baños era para 'valientes' (ARCHIVO PERSONAL)

Baños se fue a vivir a Madrid, donde trabajaba en la fábrica de Barreiros, que contaba con su propio equipo de atletismo, del que obviamente formó parte. "Era la primera vez en mi vida que tenía un entrenador, y se llamaba Guillermo Ferrero Centeno", recuerda el veterano atleta, que desde hace años reside en la localidad leonesa de Valverde de La Virgen. "A los ocho días de llegar allí, había un campeonato provincial de Madrid y quedé el 21º". Del equipo de Barreiros pasó al Tajamar, donde el entrenador era Lázaro Linares, y Antonino Baños iba quedando el primero en prácticamente todas las pruebas de fondo.

Llegaron los Juegos Mediterráneos de 1975, que se celebraban en Argel, y el que probablemente fuera uno de los mejores momentos de toda la trayectoria deportiva de Antonino Baños. Allí ganó el oro, una de las cumbres de su carrera, pero la verdad es que antes de ese momento pasaron muchas cosas que, en cierto modo, explican todas las dificultades que tuvo que superar este leonés, y que no se limitaban precisamente a superar sus rivales sobre la pista. La competición en tierras argelinas se celebró a finales de agosto y Baños se había casado a finales de julio, por lo que llevó a su mujer a la concentración de la selección en los Juegos Mediterráneos, lo que despertó cierto malestar entre los directivos y entrenadores de la federación, que consideraban poco menos que había ido allí a disfrutar de una luna de miel en lugar de a competir. Pero Antonino Baños cumplía escrupulosamente con el plan de entrenamiento que le había hecho el responsable de su preparación, lo que se vino a demostrar cuando, llegado el momento del maratón, consiguió cruzar la meta en primera posición. Fue un gran balance para los españoles, puesto que además de su oro Fernando Cerrada consiguió otro en la prueba de 5.000 metros.

Cuenta Baños que, después de bajar del podio, le paró uno de los directivos del equipo cuando le vio dirigirse con su medalla en la mano a la zona donde estaba el resto de los responsables de la federación, pidiendo que por favor se calmase porque sabía perfectamente a dónde iba: "Lo sabíamos todos, ¿cómo no?, iba a darles con el oro en los morros", dice entre risas Antonino recordando aquel desagradable pasaje que, pese a todo, no llegó a enturbiar el meritorio triunfo que había conseguido.

Pasaron cosas muy extrañas. A Gerardo Cisneros, responsable de la federación en aquel momento, le llegó a preguntar un periodista que quién era aquel Antonino Baños que acababa de conseguir el oro en maratón y respondió que no le conocía. Además, en cualquier otro caso, el oro de Argel le hubiera servido para conseguir automáticamente el pasaporte olímpico, pero la federación de atletismo hizo que el leonés tuviera que disputar muchísimas más pruebas de lo que se podría considerar normal, tanto que, llegado el momento, el cansancio le pasó factura: Atenas, Palencia y Oiarzun. En la maratón de esta última localidad quedó en tercera posición, después de haber tirado durante prácticamente toda la carrera de los otros rivales, a los que veía sorprendentemente relajados al inicio del maratón teniendo en cuenta que, en aquella prueba, les exigían bajar de la marca de dos horas y 17 minutos, algo que le terminó pasando factura e hizo que le superasen dos de ellos, por lo que terminó tercero. "Me querían dejar fuera de los Juegos Olímpicos, pero en la grada de aquel maratón de Oiarzun estaba el vicepresidente de la federación, que me vio correr, que entendió perfectamente lo que estaba pasando, y dijo que yo tenía que ir a Montreal porque no tenía dudas de que, en aquel momento, era el mejor maratoniano español". Un telegrama que llegó a su casa pocos días después confirmó

Baños nunca se escondía en las pruebas (ARCHIVO PERSONAL)

que Antonino Baños iba a cumplir por fin el sueño de participar en unos Juegos Olímpicos.

"Me querían poner fama de problemático, de rebelde, pero la verdad es que yo no era ni una cosa ni la otra. Simplemente me valoraba a mí mismo, porque yo sabía mejor que nadie lo que costaba entrenar, lo que tenía que esforzarme para conseguir estar entre los mejores, y no dejaba que nadie se aprovechase de mí ni se colgara medallas que no le correspondían". No se puede explicar mejor, con tanta claridad, una historia que tristemente se repite en ocasiones, porque la verdad es que a algunos deportistas les ha ocurrido lo mismo en algún momento de sus respectivas trayectorias y, además de su talento para el deporte, han tenido que demostrar una fuerte personalidad y carácter para poder superar las trabas que no tienen que ver estrictamente con la competición deportiva.

Llegaron los Juegos Olímpicos de Montreal 76 y allí la expedición española, que formaban 220 deportistas, estaba alojada en un mismo edificio de la villa olímpica, todos en pisos que estaban al mismo nivel, incluidos los 19 atletas, entre los que estaba Antonino Baños. Participó en la ceremonia inaugural, en la que, como es sabido, la aparición de las diferentes selecciones se hace por escrupuloso orden alfabético, lo que hace que España siempre esté junto a Estados Unidos, selección de la que, en aquella edición de 1976, ya formaban parte atletas míticos, a los que Baños pudo ver de cerca. Pero luego, hasta que comenzó la competición de atletismo, pasaron muchos días, muchos entrenamientos pero también muchas horas de espera, de aburrimiento, que en el caso de Antonino Baños superaba jugando al tute con el atleta salmantino Sánchez Paraíso como compañero y como rivales una curiosa pareja: los futbolistas de la selección española que tomó parte de aquellos Juegos Olímpicos Juan Gómez 'Juanito' y Alberto Vitoria. "Se daba la circunstancia de que Juanito jugaba entonces en el Real Burgos y Vitoria en el Real Madrid, pero ambos clubes habían llegado a un acuerdo para hacer algo así como una permuta, lo que pasa que ellos, en aquel momento, cuando jugábamos al tute, no lo sabían".

Surgieron otras graciosas anécdotas durante los días de concentración que Antonino Baños pasó en la villa olímpica de Montreal. Una de ellas fue en el control de acceso, después de que Baños y otros compañeros de la selección de atletismo hubieran salido a pasear por Montreal y conocer un poco la ciudad canadiense. El atleta leonés hacía saltar una y otra vez la alarma del control de seguridad,

Baños (22), con su característica imagen, junto al mítico Mariano Haro (1) (ARCHIVO PERSONAL)

pese a que sacase todo lo que llevaba en los bolsillos. Los controles eran muy rigurosos en aquellos Juegos Olímpicos, porque eran los primeros después de la tragedia de Múnich, así que los guardias no le dejaban pasar y en el acceso a la villa se produjo algo parecido a un atasco. "Yo ya no sabía qué más hacer, aquello se empezó a llenar de gente, igual había 200 personas mirándome, y yo estaba 'colorao' como un pavo". Al final llegó un superior que cacheó a Baños y le sacó un paquete de tabaco del bolsillo: "De aquella yo fumaba igual tres pitillos al día, y resulta que lo que pitaba en el arco de seguridad era el papel de plata del Winston". Pero no quedó ahí. Otra de las anécdotas que cuenta Antonino Baños es que no bebía vino, que todos los días, en el comedor, les daban una botella de vino para cada cuatro y que siempre sobraba, que quedaba prácticamente entera, pero el leonés, ejerciendo un poco de embajador de su tierra, había llevado a Montreal una bota que le regalaron días antes y, para ir a uno de los entrenamientos, la llenó con el vino que había sobrado de la comida. "Es también un símbolo de España, ¿o no?" dice entre risas. "¡Pues menuda bronca que me echaron!".

Llegó el momento de la verdad, el maratón, su prueba, su competición, la que no había podido preparar como le hubiera gustado, porque desde la federación, como ya se ha contado, decidieron ponerle tantas pruebas previas que la de Montreal era nada más y nada menos

Ya retirado, en su casa junto a sus trofeos (DAVID RUBIO)

que su cuarta maratón en solo cuatro meses. "Estaba completamente reventado y lo noté desde el principio. Al poco de empezar sabía que no tenía nada que hacer, que no había ninguna posibilidad de estar donde debía estar, por marca, por talento, que era entre los veinte primeros, pero por orgullo, porque eran unos Juegos Olímpicos, decidí seguir hasta el final, completar la prueba, y terminé el 51".

No era Antonino Baños de los atletas que se rendían fácil y, pese a la decepción olímpica, seguía entrenando y luchando con el objetivo de repetir experiencia en los Juegos Olímpicos de Moscú 1980. Seguían las tiranteces con la federación, como demuestra una crónica que firmaba Juan Mora en el diario El País a finales de 1979: "Antonino Baños corrió el sábado en Málaga una prueba de dieciocho kilómetros; quedó segundo. Seguidamente viajó a Madrid en coche para participar el domingo en el Trofeo Finlandia; volvió a quedar segundo y ganó un viaje a Helsinki. «Tenía verdadero interés en ganar el premio, porque la Federación me ha dado la espalda y es la única manera que tengo para salir al extranjero y prepararme lo mejor posible para los Juegos Olímpicos», dice el atleta". La crónica de El País se completaba con datos que dejan muy a las claras el enfrentamiento del leonés con la federación: "Tras el oro de Argel, se le pasó una beca mensual federativa de 14.000 pesetas. Antes no recibía nada y desde hace dos años se encuentra en ese mismo caso, pese a que en Fuengirola ganó a los atletas que fueron subvencionados por la Federación y en Madrid a dos de los que están incluidos en la lista de posibles para los Juegos Olímpicos. «Es muy duro», manifiesta Baños, «que no cuenten conmigo cuando me entreno con más fuerza que nunca. Pienso que tienen algo contra mí porque, por ejemplo, a mí me llegó a decir Ortega, nuestro responsable ante la Federación, que yo no reunía méritos suficientes para que me ayudaran, cuando poco antes había sido subcampeón de España de gran fondo".

Con Alejandro Gómez (i) y el leonés José Manuel García (d), que también fue su 'pupilo' (ARCHIVO PERSONAL)

Por el camino a los Juegos Olímpicos de Moscú surgió la posibilidad de competir en Guatemala, donde le invitaron a participar en dos medias maratones. Con todos los gastos pagados, recuerda aquellos viajes como experiencias inolvidables, pese a que en el primero de ellos no pudo rendir todo lo que debía por culpa de los 1.800 metros de altitud a los que se celebró la prueba, y del segundo viaje lo que se trajo fue un virus gastrointestinal que le apartó de los entrenamientos y lo debilitó de tal forma que ya no pudo conseguir la plaza olímpica para Moscú.

Junto a Raúl Chapado (i) y el presidente del COE (d), Alejandro Blanco, en un homenaje (ARCHIVO PERSONAL)

GUILLERMO
DEL RIEGO

(CÉSAR)

PIRAGÜISMO

MONTREAL 1976 - MOSCÚ 1980 - LOS ÁNGELES 1984

El primer medallista leonés

Una tarde, con tan solo 12 años, Guillermo del Riego compartía aburrimiento con uno de sus amigos más íntimos por las calles de León. Paseaban, dejando pasar el tiempo, por el puente de San Marcos, bajo el que veían pasar a los piragüistas que desde hace muchos años entrenan por el Bernesga a su paso por la capital leonesa. De pronto, uno de aquellos inmensos deportistas subió hasta el puente, abrió sus enormes brazos, agarró a los dos chavales y les preguntó: "¿Sois vosotros los que nos estáis tirando piedras todos los días?". Ellos se asustaron y, en el ingenio que surge cuando uno necesita salir de las situaciones más inverosímiles, uno de ellos le respondió: "¿Pero cómo vamos a ser nosotros los que andan tirando piedras si nosotros también somos piragüistas?". La respuesta les sirvió para salir del trance, pero la verdad es que piragüistas pasaron a serlo justo en aquel preciso momento.

Así fue el primer contacto con este deporte del que se acabaría convirtiendo en el primer medallista olímpico leonés de toda la historia. Hasta en tres Juegos Olímpicos estuvo Guillermo del Riego, puesto que a los primeros, los de Montreal 76, acudió cuando sólo tenía 17 años. Luego vendrían Moscú 80, donde se colgó la medalla de plata en K2, y Los Ángeles 84. Se trata, sin miedo a equivocarse, de uno de los deportistas leoneses más laureados de la historia, porque además del hito de la medalla olímpica participó en cinco campeonatos del mundo y obtuvo, en total y sumando todas las categorías en las que compitió, 24 títulos de campeón de España. Como si todo eso fuera poco, a él le gusta recordar que en un Campeonato Provincial de Cross quedó clasificado en tercer lugar, y que aquella vez quedó por delante del mismísimo Colomán Trabado, que fue quinto.

Son datos que reflejan que Guillermo del Riego tenía una pasta especial para el deporte. Los que le aficionaron al piragüismo se dieron cuenta de ello muy pronto, puesto que ya el primer año en que empezó a entrenar se acabó proclamando campeón de España infantil. Recuerda especialmente al que fue su primer entrenador, el gran referente del piragüismo en León, José Quintana, que le enseñó la técnica de este deporte y le dio buenos consejos que terminaría aplicando durante el resto de su trayectoria. Como es lógico, tiene en la memoria grabada especialmente su primera participación en unos Juegos Olímpicos, puesto que además de la experiencia que supone para cualquier deportista, él era menor de edad en aquel momento.

Era el año 1975 y a Guillermo del Riego le habían llamado para que entrase a formar parte de la selección absoluta de piragüismo.

Del Riego comenzó con su familia en el piragüismo pese a no ser un deporte popular (ARCHIVO PERSONAL)

Como todos los deportistas, y a pesar de su corta edad, ya soñaba con participar en unos Juegos Olímpicos. Su especialidad fue siempre el K2, sobre todo cuando llegó al máximo nivel, ya que en las categorías inferiores compitió en diversas disciplinas y obtuvo siempre muy buenos resultados. En el caso de su debut olímpico, Del Riego compartía K2 con José Seguín, asturiano de Las Bárzanas. Fueron cuartos en K2 de 500 metros y quintos en 1.000 metros.

Se puede decir que aquella, para ellos, fue una competición sin ningún tipo de presión, pese a que los resultados obtenidos en las pruebas clasificatorias anteriores ya apuntaban a que podían dar la sorpresa. En la ciudad inglesa de Birmingham había conseguido una medalla de plata en un campeonato internacional que, además, servía para conseguir el pasaporte a Montreal. Allí no sólo consiguieron la marca necesaria para participar en los Juegos Olímpicos, sino que además la superaron con creces y apuntaban a dar la sorpresa. Pero, como recuerda el piragüista leonés, "nosotros llegamos a Montreal con el objetivo de clasificarnos para la final, pero, claro, ya sabes lo que pasa en el deporte, que cuando consigues un objetivo siempre hay otro después, y cuando nos clasificamos para la final pues el objetivo pasó a ser conseguir una medalla, y si la hubiésemos conseguido pues el objetivo hubiera sido lograr el oro...".

Lo cierto es que aquella primera ocasión en la que Del Riego participó en unos juegos fue una sensación inolvidable para él. En la estricta competición, clasificados para la final, llegó la hora de la verdad y se puede decir que la pareja formada por el leonés y el asturiano pagó de alguna manera la novatada, la inexperiencia. Lo resume con mucha sorna el piragüista leonés al recordarlo tantos años después: "Nos vimos con posibilidades y se nos llenó la piragua de medallas". Lo que pasó fue que la pareja que representa-

Guillermo (arriba, 2d) en una concentración de la OJE

ba a España en los mencionados 500 metros K2 salió con mucho ímpetu, quizá demasiado, y cuando alcanzaron los primeros 300 metros eran los primeros de la competición. "Pero no supimos medir nuestras fuerzas, no pudimos exprimir al máximo nuestras posibilidades, y lo que nos pasó es que los últimos cien metros nos superaron nada más y nada menos que tres rivales. Por eso terminamos siendo cuartos, lo cual supongo que para un debut no está nada mal, pero la verdad es que nos dejó con un sabor de boca agridulce porque nos podíamos haber colgado una medalla perfectamente si hubiéramos tenido más cabeza. Fuimos cuartos porque nos pasaron tres en los últimos cien metros, pero la verdad es que si hubiera habido veinte metros más creo que hubiéramos acabado los últimos".

Guillermo del Riego y Herminio Menéndez remaron mucho tiempo juntos (ARCHIVO PERSONAL)

Más allá de lo estrictamente deportivo, como dicen todos los que han participado alguna vez en unos Juegos Olímpicos, la experiencia vivida en Montreal 76 marcó para siempre a Guillermo del Riego por las sensaciones que un deportista experimenta al vivirlo desde dentro. De la ceremonia inaugural recuerda que temblaba literalmente el suelo del estadio, que era mucha la emoción allí contenida, y las vivencias en la villa olímpica casi se pueden explicar por sí solas teniendo en cuenta que él era entonces un chaval de sólo 17 años. Recuerda caminar por los pasillos de los edificios donde se alojaban y ver en algunas de las habitaciones camas de un tamaño descomunal que se preguntó para quién serían y, cuando se abrieron las puertas del ascensor y aparecieron varios jugadores de baloncesto con el cuello torcido porque no cabían dentro del habitáculo, entendió quién se alojaba allí, quiénes eran sus compañeros de aquellas residencias que los canadienses habían diseñado con forma de pirámides.

El paso por el comedor deparó algunas de las experiencias más recordadas para el deportista leonés que, en una ocasión, y pese a saber que parecería diminuto, decidió sentarse a comer junto a Vladimir Tkachenko, leyenda del baloncesto ruso que resultaba inconfundible desde la distancia por sus 221 centímetros de altura, sus 142 kilos de peso y su característico bigote. Del Riego recuerda que Tkachenko, a su lado, cuando llegó el postre, comía las manzanas enteras. No fue la única sorpresa que le deparó el comedor de cuanto tenía que ver con los olímpicos rusos, pues también compartió mesa con la histórica Uliana Semiónova, en su caso de 213 centímetros, que se cogía dos bandejas para comer y, después, les pedía a sus compañeras que fueran a por más porque a ella le daba vergüenza pasearse por las instalaciones llamando la atención.

Obviamente, la experiencia de Montreal 76 marcó para siempre a Del Riego, que si hasta entonces había volcado todos sus esfuerzos en convertirse en un piragüista de élite, a

Del Riego saludando a un rival en el podio (RTVE)

El leonés lograba en Moscú una de las seis medallas españolas (RFEP)

partir de ese momento siguió entrenando aún con más tesón para seguir compitiendo al más alto nivel. Se fue de León para entrenar en Sevilla, entre otras cosas por no pasar tanto frío, donde recuerda estar en el río Guadalquivir a las 7 de la mañana de un día de noviembre a 21 grados. Estuvo también en un club de Ceuta y, además de ir participando en las competiciones nacionales e internacionales que iban surgiendo, se preparaba concienzudamente para la siguiente cita olímpica, que en este caso era Moscú 80, donde haría historia. Para la ocasión, había cambiado de compañero en la disciplina de 500 metros K2, siendo su pareja el también asturiano (como el anterior palista que le acompañó en los Juegos de Montreal) Herminio Menéndez, célebre deportista nacido en Candás que después de poner punto final a su carrera ha ejercido de dirigente deportivo y de agente de futbolistas. Con él, Del Riego se colgó la medalla de plata en los Juegos Olímpicos de Moscú 80, siendo segundos sólo por detrás de los rusos. Lo cierto es que la pareja española se presentaba como la gran favorita en aquella competición, debido a los buenos resultados que había obtenido en todas las clasificaciones anteriores, pero para ellos era un misterio el nivel de sus rivales rusos, que fueron a la postre los que se colgaron el oro, debido a que no habían tomado la salida en ninguna de las citas previas. De la final en aguas rusas del Riego recuerda que hicieron una muy

En Los Ángeles 1984 no lograron repetir 'metal' (ARCHIVO PERSONAL)

Del Riego, a la izquierda con la medalla, y en la siguiente página con la antorcha de Barcelona 92

buena salida, quizá con más conocimiento que en la cita de Canadá, donde se desfondaron antes de cruzar la meta. Sin embargo, y pese a su mencionada buena salida, a la mitad de los 500 metros la pareja española era séptima. Parecía que se quedaban fuera de todo aquello a lo que aspiraban, que no iba a estar a la altura de lo que se esperaba de ellos, pues ya entonces eran conocidos dentro del panorama internacional, pero en la segunda mitad de la competición Del Riego y Menéndez protagonizaron una espectacular remontada, gracias a que su compañero asturiano tenía "muy buena llegada", recuerda el leonés, y al final se colgaron la plata.

No se puede decir que pasara precisamente inadvertido porque se trataba, nada más y nada menos, de la primera medalla olímpica que se colgaba un leonés, motivo por el que pasó a la historia del deporte de esta provincia y así fue reconocido, aunque de una forma un tanto discreta, fría, como suele ocurrir en León. En una entrevista concedida a la prensa local Del Riego definía aquella pareja que se colgó la medalla en Moscú como "yo ponía la potencia y Herminio ponía el ritmo, y la unión de ambos era decisiva para conseguir los logros".

COLOMÁN TRABADO

(CÉSAR)

ATLETISMO

MOSCÚ 1980 - LOS ÁNGELES 1984 - SEÚL 1988

La primera estrella del atletismo leonés

Si hay una voz autorizada para hablar del olimpismo entre los deportistas nacidos en la provincia de León es la de Colomán Trabado. De hecho, se puede decir que durante mucho tiempo, décadas más que años, fue el gran referente del deporte leonés, el que había llegado más lejos, el más popular en una época en la que los triunfos en las grandes competiciones parecía que no estaban hechos para los deportistas españoles y muchos menos para los leoneses.

El nombre de este berciano nacido en Vega de Valcarce está ligado al atletismo para muchos de sus paisanos que, en muchos de los casos, se puede decir que conocieron las características del atletismo y la importancia de unos Juegos Olímpicos a través de su presencia en las diferentes competiciones en las que se convirtió en habitual. De hecho, pocas personas pueden decir que han estado presentes nada más y nada menos que en siete ediciones distintas de los Juegos Olímpicos, aunque las cuatro últimas no fuera como deportista.

Los inicios en el mundo del deporte de este berciano tuvieron que ver, como no podía ser de otra manera, con su formación educativa. El primero que lo tiene claro es él y quiere reconocer la importancia de cruzarse por el camino, sobre todo en sus primeros pasos como atleta, con determinadas personas que le hicieron convertirse en la leyenda que es. Entre todas esas personas que ejercieron una influencia determinante sobre Colomán Trabado destaca sobre todo a dos: "Si me convertí en atleta profesional, si pude ir a siete Juegos Olímpicos, fue todo gracias a la influencia de varias personas que, al principio, me ayudaron a amar este deporte y a dar lo mejor de mí mismo. Una persona que amaba el atletismo, José Arroyo del Valle, amigo de mi padre que le pidió que me dejara ir a entrenar con el Endesa. Al primer año, ya quedé campeón provincial. Teníamos una pista para 20 atletas en Compostilla, éramos la envidia de todos los atletas de la provincia y ahí hice mis primeros pinitos. Arroyo del Valle pulió todos mis defectos y fue el que hizo de mi un campeón. Otro de los personajes fundamentales para mí fue José Luis Sáez que, además de inculcarme el amor al deporte, a todos los deportes, fue el precursor de la halterofilia en el Bierzo, y que se puede decir que fue mi primer entrenador en el colegio San Ignacio. Y también un cura adelantado a su tiempo, el Padre Julio, que era profesor de Latín y Griego y que, además, nos ayudaba en los estudios para que pudiéramos seguir entrenando.

Le metieron dentro el gusanillo de la competición, de la superación, de la pasión por el deporte. Y, claro, ayudó que Colomán Tra-

Colomán, el más alto, jugando al baloncesto (A. VECINO)

En sus primeras carreras (ME PRESTA EL BIERZO)

bado pronto empezó a destacar en casi todas las pruebas en las que participaba: "Mis primeras competiciones supongo que fueron en los Juegos Escolares que se organizaban en toda la provincia a principios de la década de los setenta, y yo entonces no tenía claro cuál iba a ser mi especialidad, así que participaba en cross, medio fondo, velocidad, saltos...". Llegaron citas más serias, con más nivel, con más exigencia: "Con 16 años fui al Campeonato de España que se celebró en Madrid, y creo que fue a partir de ahí cuando mis preparadores me fueron poco a poco encauzando hacia la media distancia".

Era muy joven, tanto como solo 18 años, cuando empezó a planear en el horizonte la posibilidad de ir a unos Juegos Olímpicos, los de Montreal, y tuvo sus opciones para participar en 4 x 400, pero al final no fue posible. Después de aquello, "pasé mucho tiempo en la residencia Blume de Madrid, entrenándome a conciencia y, durante algún tiempo, compaginando mis entrenamientos con el servicio militar. Recuerdo que los seis meses anteriores a los Juegos Olímpicos de Moscú fueron durísimos, y no sólo por la intensidad de los entrenamientos, sino también por la incertidumbre, porque estábamos dando lo mejor de nosotros mismos y, en cambio, con el tema del boicot que algunos países hicieron a la URSS, no se sabía lo que iba a pasar. Hasta prácticamente un mes antes de que empezara la competición no tuvimos la seguridad de que íbamos a participar en ella". Agradecido con quienes le ayudaron a mejorar como deportista y como persona, Colomán Trabado no se olvida de quien fue su entrenador en la mítica residencia Blume, Julio Bravo Ducal, "un leonés de pro", resume él, auténtico guía para muchos atletas españoles de la época.

Cuatro años después de haber estado cerca de ir a Montreal, llegó su debut olímpico, que tuvo como escenario Moscú y los históricos Juegos que, con mucha controversia en el panorama político internacional, acogió la capital soviética: "Fue una de esas experiencias que te cambian la vida, por muchos motivos. En primer lugar, porque eran mis primeros Juegos, la primera vez que experimentaba esa sensación del orgullo que supone representar a tu país. Además, yo era muy joven y me veía compitiendo junto a algunos de los que eran mis ídolos, gente que sólo había visto por televisión". Los recuerdos se suceden todavía en su cabeza después de haber sido protagonista en una de las citas deportivas más importantes de la historia contemporánea, por todo lo que significaba: "Era una sociedad completamente nueva para la mayoría de nosotros, una sociedad increíble, dicho sea de paso, con todo por descubrir. Aquello fue un choque de culturas en toda regla. Rusia en general y los Juegos Olímpicos en particular han cambiado mucho desde entonces, porque de aquella no había un Mundial unificado en el que se pudieran medir los mejores atletas de todo el mundo, así que la cita olímpica era la única manera de estar con los mejores y saber dónde estaba tu nivel realmente".

Pronto empezó a destacar (ARCHIVO PERSONAL)

Todo era nuevo, todo era distinto en Moscú 80, y más para el entonces joven berciano que debutaba en unos Juegos Olímpicos, de los que, con el paso del tiempo, se acabaría convirtiendo en todo un experto por la experiencia adquirida en diferentes ediciones, en diferentes continentes. "En Moscú participamos en la ceremonia inaugural y, después, tuvimos tiempo de ir como espectadores a otras competiciones, a ver otros deportes que no eran el nuestro, porque el atletismo se suele disputar siempre durante la última semana de los Juegos Olímpicos".

Por lo que tiene que ver con lo estrictamente deportivo, los resultados no eran lo más importante para quien aún tenía mucho margen de mejora en su especialidad de atletismo: "Pasé la primera ronda y caí eliminado en semifinales. La verdad es que para mí todo aquello era, sobre todo, un aprendizaje, porque corría con mis ídolos de la época". Eso por lo que se refiere a los 800 metros, ya que compitió también en el 4 x 400 y a punto estuvieron de meterse en la final.

Se conoce como ciclo olímpico el periodo de tiempo que transcurre entre dos Juegos. Las olimpiadas son un evento que condiciona la planificación de los entrenamientos de cualquier deportista, para que puedan llegar a ese momento en el mejor estado de forma y dar lo mejor de sí mismos. En esa fase, hubo también otras personas que resultaron claves para el berciano, que no se cansa de mostrarse agradecido y tener un recuerdo para quienes le hicieron mejorar: "Siempre reconocí que fui un privilegiado. Me convertí en atleta profesional y puedo decir que fue gracias a Carlos Gil, que era el director técnico de la Federación Española de Atletismo, que fue el que instauró unas becas que permitían compatibilizar el deporte a alto nivel con los estudios".

Con ello, llegó la cita norteamericana, Los Ángeles 84, ciudad en la que Colomán Trabado ya llevaba vi-

Fue en muchas ocasiones internacional (ARCHIVO PERSONAL)

El equipo español en Helsinki con Colomán delante el quinto por la izquierda (ME PRESTA EL BIERZO)

viendo un año cuando comenzaron los Juegos Olímpicos. "Llegué en un muy buen estado de forma, muy fino, después de haber competido por toda Europa durante los años anteriores y de haber ganado a los que en aquel momento eran los mejores. Pasé la primera eliminatoria, en la que se impuso el británico Sebastian Coe, todo un mito de este deporte que, en cambio, en aquella ocasión fue plata en 800 metros y oro en 1.500 (el primer puesto en 800 fue para el brasileño Joaquím Cruz) y sólo conseguimos clasificarnos tres de los corredores. Pero, justo antes de comenzar la carrera de lo que eran cuartos de final, sentí un fuerte pinchazo en el pie, en el arco plantar, y no pude ni siquiera tomar la salida. Fue una experiencia durísima pero hay que reconocer que es algo que en el deporte pasa a menudo".

Pero, como es lógico, y más teniendo una decepción en lo deportivo, quedan muchos más recuerdos que no tienen que ver sólo con la competición y que evidencian tanto la importancia histórica del evento como la personal para cada uno de los que formaron parte de ella: "Los de Los Ángeles 84 fueron unos Juegos Olímpicos que cambiaron por completo la historia olímpica, en el sentido de que fue la primera vez en que la industria privada entró, de forma se puede decir que masiva, a patrocinar eventos y a deportistas, y eso supuso un salto cualitativo en todos los sentidos, sirvió para dar el espaldarazo definitivo al movimiento olímpico. Yo, además, había estado viviendo allí, en esa ciudad de cuento que es Los Ángeles".

Si ya eran bastantes contrastes haber participado en unos Juegos en la antigua Unión Soviética y, cuatro años después, en una de las grandes capitales del capitalismo como Los Ángeles, el berciano Colomán Trabado tuvo otra experiencia completamente distinta dentro de los tres Juegos Olímpicos en los que participó como atleta: en Asia. "A Seúl 88 llegué ya con 30 años y la experiencia de haber vivido otros dos Juegos, pero no me planteaba mucho más. Yo estaba además buscando mi salida, ya era inminente que iba a abandonar el deporte e iniciar mi carrera profesional. Fueron unos Juegos espectaculares en todos los sentidos, porque Corea se abría al mundo, era en aquel momento un país con un crecimiento expansivo descomunal y el ambiente asiático inundaba las calles y las instalaciones deportivas, las luces que lo llenaban todo, la ceremonia inaugural.... Veías, sencillamente, a todo un pueblo volcado con la celebración de sus Juegos Olímpicos, orgulloso de acoger a tantos deportistas de tantos países. Además, hay que decir que todo aquello era nuevo para muchos de nosotros, porque no se conocía como se conoce ahora ese ambiente asiático al que antes hacía referencia, porque ahora estamos más familiarizados con él".

El atletismo era cada vez más profesional

Desde la distancia que da el paso del tiempo, el de Vega de Valcarce está más autorizado que nadie para comparar cómo se organizan unos Juegos Olímpicos en unos países y en otros, en unos continentes y en otros más bien, y dar la importancia a los pequeños detalles que, a menudo, evidencian las semejanzas y diferencias: "Los tres Juegos Olímpicos que viví como deportista fueron muy distintos entre sí. En Moscú, por ejemplo, hablamos de una sociedad cerrada, de mucha seriedad en todos los sentidos, en el que las normas se cumplían de forma estricta y te obligaban a dar la vuelta entera a la villa olímpica para acceder por la puerta correspondiente. En Los Ángeles, en cambio, yo llegaba con mi Ford Camaro y lo dejaba en el aparcamiento que había junto a la villa. Recuerdo que no tenía ni que pagar porque el responsable me pedía únicamente que le consiguiera pins de los deportistas que estaban en la villa".

Después de Seúl 88, Colomán Trabado se retiró de la competición pero, en realidad, nunca lo ha hecho del deporte, al que siempre ha seguido vinculado a lo largo de prácticamente toda su trayectoria profesional: "Empecé a trabajar en una empresa de material deportivo, Asics, como director en España, y conseguimos entrar como patrocinadores en los Juegos Olímpicos de

El mediofondo era su especialidad (ARCHIVO PERSONAL)

Barcelona 92, donde nos encargábamos de la ropa de los voluntarios o de que los balones de voleibol y waterpolo fueran de nuestra marca, Mikasa".

Ya no los vivió como deportista pero había estado en los tres anteriores y, por eso mismo, afirma que "los de Barcelona 92 fueron los mejores Juegos Olímpicos de la historia del olimpismo. Creo que es justo reconocer el mérito que tuvo José Antonio Samaranch, que fue un pionero en muchos sentidos y que, además, en el caso de Barcelona, se puede decir que se los tomó como sus Juegos, cuidando todos los detalles, consciente de la importancia que todo aquello tenía no sólo para el deporte español sino para el país en general. Se volcó". También recuerda la entrega de los barceloneses, la ilusión compartida de ser anfitriones en unos Juegos Olímpicos y ser, durante casi un mes, la capital mundial del deporte: "En la ciudad, además, dieron todas las facilidades. La villa olímpica estaba situada muy cerca de la playa y allí estaban los deportistas de todos los países que pertenecían a la ONU y alguno más".

Fueron cambiando las ocupaciones y los escenarios, pero Colomán Trabado seguía estando presente en los Juegos Olímpicos que se celebraban por todo el mundo: "A Atlanta 96 acudí ya como político, porque entonces trabajaba en el Consejo Superior de Deportes".

Nadie mejor que él puede sacar conclusiones de lo que ha sido y es el llamado espíritu olímpico, los cambios no siempre a mejor: "Ves la evolución de los deportistas profesionales, cómo va cambiando todo, pero también disfruté mucho, aunque fuera de otra manera, del ambiente, de ver al Dream

Alcanzó triunfos muy importantes en los años 80 del siglo XX a nivel internacional (ARCHIVO PERSONAL)

Team... Creo que el espíritu de los Juegos Olímpicos siempre está ahí, independientemente de dónde se celebren, pero lo cierto es que cada vez están más profesionalizados y por supuesto cada vez más mediatizados. Antes vivíamos este tipo de experiencias de otra manera. Por supuesto que teníamos que entrenar

Los dorsales de sus participaciones olímpicas (ARCHIVO PERSONAL)

mucho y estar muy preparados para poder llegar hasta ahí, pero creo que no nos agobiábamos tanto por el resultado. Es muy difícil llegar a unos Juegos Olímpicos y tiene mucho mérito conseguirlo, y demasiado a menudo ese mérito no se valora". Y, como siempre ha hecho a lo largo de toda su trayectoria, no tiene reparos en exponer sus propias conclusiones sobre una realidad que conoce bien y de la que habla con total sinceridad: "Creo que el movimiento olímpico lo tienen que dirigir deportistas, que obviamente tienen una visión deportiva, y no los magnates de las empresas. En cualquier caso, y pese a los cambios y la evolución, creo que los Juegos Olímpicos gozan de muy buena salud".

Colomán Trabado en el año 2012 en las pistas de Ponferrada que llevan su nombre (ME PRESTA EL BIERZO)

SANTOS
MAGAZ

PIRAGÜISMO

MOSCÚ 1980

02:78

Un canoísta leonés para Moscú 80

A muchos les sigue sorprendiendo a día de hoy que León, una ciudad entre dos ríos, se convirtiera durante un año en uno de los referentes nacionales del piragüismo. La fama se la llevó Guillermo del Riego, por aquello de que se convirtió en el primer leonés que se colgaba una medalla olímpica, pero hubo muchos más, algunos de ellos muy destacados, como fue el caso de Santos Magaz.

Cuenta este leonés nacido en Carrizo de la Ribera en 1958 que descubrió el piragüismo por casualidad. Residía en San Sebastián, donde practicaba atletismo, pero a los 12 años se trasladó con su familia a León y no quiso dejar de practicar el deporte que entonces se había convertido en su pasión. Siguió practicando atletismo en las entonces precarias instalaciones del Hispánico, donde corría con su hermana y compartía espacio con algunos de los que ya por entonces eran destacados piragüistas leoneses. Dos de ellos, José Quintana y Manolo Suárez, se fijaron en esta pareja de hermanos y les ofrecieron comenzar a practicar un deporte que, hasta entonces, en el caso de Santos sólo había visto fugazmente por televisión. Concretamente, recuerda haber visto la retransmisión de la final de canoa de los Juegos Olímpicos de Múnich del año 72. "Fue algo anecdótico que, en realidad, tampoco se puede decir que me despertara ningún interés especial", recuerda el que se acabaría convirtiendo en olímpico en el año 80.

Como por aquel entonces el entrenamiento era básicamente físico y, de hecho, compartía muchas rutinas con el atletismo, tanto Santos Magaz como su hermana accedieron a probarse en el mundo del piragüismo. El equipo del Hispánico-OJE, que entonces era el referente no sólo de esta disciplina sino en realidad de todo el deporte leonés, se había quedado sin canoístas, por lo que estaban muy interesados en que Santos se dedicara a esta modalidad. Recuerda que los primeros entrenamientos eran especialmente duros, corriendo hasta La Virgen del Camino algunas de las jornadas. Pero lo primero era aprender a subirse en la canoa, que si alguien lo pudiera sospechar no es tan fácil como parece, y para ello lo hacían en una de las dos piscinas que entonces tenía el Hispánico. Piscinas al aire libre, por si quedaban dudas, lo que provocaba situaciones como que, en medio de los duros inviernos de León, los deportistas tuvieran que romper el hielo que se había formado en la superficie de la piscina antes de ponerse a entrenar, lo que llamaba poderosamente la atención de los espectadores que por entonces se desplazaban a este histórico escenario del deporte leonés para asistir a algunos de los par-

Santos Magaz (d) junto a un compañero, Chiqui

tidos o competiciones que allí se celebraban. "Era inevitable mojarse y salíamos del agua tiritando", recuerda Santos Magaz, "porque entonces se llevaban esas tonterías de que los piragüistas que aprendían durante el invierno llegaban más lejos, como si el frío nos curtiese de alguna manera para la competición".

Las principales diferencias entre la piragua o kayak y la canoa es que en la piragua se va sentado y se puede remar por los dos lados de la embarcación, mientras que en la canoa se rema solo por un lado y se va con una de las rodillas apoyada, además de que esta última carece de timón. "Lo que sí es cierto es que entrenar en esas condiciones tan duras hacía mucha piña. Éramos unos 15 o 20 los miembros del equipo leonés y la verdad es que, allí donde íbamos, éramos extraordinariamente competitivos", afirma Santos Magaz. En otros lugares de España los entrenamientos relacionados con el piragüismo comenzaban antes, las temperaturas así lo permitían, mientras que los piragüistas leoneses tenían menos contacto con el agua, algo que se notaba sobre todo en las competiciones que se celebraban en torno a la Semana Santa, porque si eran durante los meses de calor las condiciones de unos y otros se igualaban. Por eso, los leoneses basaban buena parte de su entrenamiento en conseguir una condición física espectacular, y eso fue lo que los terminó convirtiendo en un club muy reconocido a nivel nacional.

Santos Magaz recuerda que la primera competición oficial en la que participó se celebró en Salamanca, en 5.000 metros, cuando contaba tan sólo con 14 años. Otro se hubiera desanimado y quizá nunca hubiera vuelto a practicar el piragüismo, porque cuenta el leonés que cuando estaba completando su primera vuelta al recorrido que había previsto la organización, el resto de competidores ya habían terminado. "Eso sí que fue una prueba de fuego", afirma entre risas, y explica que, más que probablemente, entonces no estaba aún preparado para competir al máximo nivel, pero que el entrenador del equipo contó con él con la intención de presentar deportistas en todas las categorías, lo que sumaba puntos para la combinada.

Pero, más allá de los entrenamientos, de su accidental forma de adentrarse en el deporte del piragüismo, lo cierto es que también la tierra de origen de Santos Magaz tuvo que ver para que se despertase en él la afición, ya que cada verano se organizaba un descenso por el río Órbigo desde Carrizo de la Ribera, donde nació Santos Magaz, hasta Hospital de Órbigo, prueba que llegó a ser muy popular y que congregaba a gran cantidad de público, sobre todo en el paso por las diferentes localidades de esta ribera, ya que como es lógico se celebraba en los meses de verano, cuando más gente hay en los pueblos.

A partir de entonces, se comenzaron a organizar muchas competiciones por toda España, buena parte de ellas en ríos estancos y con trazados en línea, y la Federación Española de Piragüismo organizaba controles trimestrales, lo que permitía detectar los posibles jóvenes talentos que pudieran surgir en este deporte. La progresión del leonés Santos Magaz fue verdaderamente espectacular, ya que empezó un mes de enero y al año siguiente ya estaba seleccionado. Así se lo permitieron los buenos resultados que cosechó en diferentes pruebas. Su primera concentración con la selección nacional se celebró en Asturias. "La verdad es que era una fórmula bastante eficiente para fomentar la mejora de los deportistas, y creo que es justo reconocer que en eso la Federación Española fue bastante vanguardista, y todo eso permitió que se proclamaran campeones del mundo en el año 1975 y, claro, hay que poner las cosas en su contexto, porque puede que hoy lo de campeones del mundo nos suene bien, ahora no es extraño, pero de aquella era demasiado inalcanzable, la verdad es que en España, conocidos del deporte eran Mariano Haro, Manolo Santana y poco más, por eso creo que tiene mucho mérito lo que se consiguió en piragüismo".

Aunque a muchos ya les hubiera comenzado a rondar por la cabeza la posibilidad

Magaz, con sombrero, en una concentración en Sevilla

de convertirse en deportistas olímpicos, y la verdad es que hubiera sido lógico, reconoce Santos Magaz que las ambiciones le fueron llegando de forma progresiva, "los objetivos eran más a corto plazo, prepararme bien para cada una de las competiciones, ganar a algunos de los rivales que empezaron a la vez que yo, que era solo un cadete, ser campeón de España... Pero, bueno, la verdad es que lo de ir a unos Juegos Olímpicos siempre es un sueño de cualquier deportista, para qué nos vamos a engañar", confiesa Magaz. De este modo, para la cita de Montreal 76 sólo llegaron siete piragüistas "y yo no fui uno de ellos. Había tripulaciones que ya entonces eran muy conocidas y yo los miraba y pensaba: nunca seré como ese".

Pero el leonés no se desanimó y siguió preparándose y compitiendo en todos los lugares donde pudo. Recuerda especialmente una regata internacional que se celebró en Sanabria, en la que participaron deportistas rusos y chinos, y posteriormente los viajes a lugares como Bélgica, Holanda, Gran Bretaña, en este último caso en Nottingham, donde acudieron representantes de 24 países y el leonés cuajó una buena actuación que le valió para estar seleccionado para los mencionados Juegos Olímpicos de Montreal 76, aunque finalmente no hizo la maca mínima y España acudió a aquella cita sin ningún canoísta.

El leonés, a la izquierda, junto a Narciso Suárez en la canoa, su especialidad

La prueba de Moscú de C2 de 500 metros en la que participó el deportista leonés

Después de aquella decepción, siguió en su empeño y comenzó una larguísima concentración en la célebre Residencia Blume de Madrid, donde compaginó sus entrenamientos con sus estudios de INEF. A partir del año 1978, Santos Magaz ya fue un fijo indiscutible en todos los campeonatos del mundo y, pese a que a las pruebas selectivas se presentaban algunos deportistas que se preparaban por su cuenta y, en algunas ocasiones, con tanto talento que llegaban a desbancar a los que hasta ese momento resultaban seleccionados, lo cierto es que Santos Magaz y su compañero asturiano Narciso Suárez eran ya indiscutibles, uno de los referentes del combinado nacional, y así se presentaron en Moscú 80 con todos los sueños por delante.

Más allá del deporte, de la visita a la Unión Soviética en aquella época "recuerdo que las instalaciones eran magníficas y que la sociedad era muy distinta, no tenía absolutamente nada que ver con aquello a lo que nosotros estábamos acostumbrados por entonces. Por ejemplo, nos llamaba poderosamente la atención que no había gente joven, que no se veían niños en una ciudad que por entonces tenía 9 millones de habitantes. Nos preguntábamos dónde estaban y luego, el día de la ceremonia inaugural, cuando estábamos subidos en los autobuses esperando nuestro momento de entrar, de repente vimos a miles de niños que entraban al estadio para hacer el baile de antes de la ceremonia. Preguntamos que dónde estaban hasta ese

Una de las cualidades de Santos Magaz era la intensidad en los entrenamientos (AQUEL PIRAGÜISMO)

momento, porque habíamos paseado por las calles de Moscú y no vimos a ninguno, y nos dijeron que en verano se los llevaban de forma masiva a campamentos".

De la organización de aquellos Juegos Olímpicos guarda Santos Magaz un grato recuerdo porque durante la competición cumplió 22 años, y el comité le hizo un regalo por ese motivo, algo que hacía con todos los deportistas que cumplían años lejos de sus casas. Con la cámara de fotografía Zenit que entonces se compró, pudo inmortalizar la espectacular ceremonia inaugural, en la que subieron la antorcha "no se sabía por dónde", hasta que pudo comprobar que iban poniendo una plataforma por encima de los miles de espectadores justo al paso de ella, lo que provocaba un efecto verdaderamente llamativo. Tkachenko y Sabonis eran entonces dos chavales que Santos recuerda sentados a cada uno de ellos en dos asientos, porque en uno solo no cabían, y que se acercó a ellos y fueron muy agradables en el trato.

Más dudosa, en cambio, resultaba la competición desde el punto de vista de los controles contra el doping, ya que recuerda el leonés, que fue durante muchos años profesor de educación física en el instituto Padre Isla de la capital leonesa, que casi todos los miembros del comité antidoping eran rusos o de países del Este, lo que despertó muchas reticencias, mucha polémica que terminó por estallar con el famoso boicot de los Estados Unidos a los juegos Olímpicos rusos que cuatro años después se repetiría, a la inversa, durante los Juegos de Los Ángeles 84.

De la competición propiamente dicha recuerda también el leonés los nervios que le agarrotaron el estómago antes de que dieran la salida, aunque él reconoce, quizá con demasiada humildad, que sus nervios no eran tantos como los que sufrían otros rivales: "Lo bueno que tiene ser un deportista mediocre es que no se crean grandes expectativas sobre ti, no tienes obligaciones ni a todo el mundo mirándote con la esperanza de que obtengas un buen resultado. Yo recuerdo que estaba muy concentrado y que tenía menos tensión que otros rivales".

Compitió con el mencionado Narciso Suárez en C2 500 metros y terminado siendo séptimos, con la desgracia de que por entonces no se entregaba el diploma olímpico a los ocho primeros, como ocurre ahora, sino sólo a los seis primeros clasificados. "Hicimos una buena carrera y al final quedamos a solo un segundo de los que fueron terceros. La verdad es que la competición se celebró en una superficie que tenía 100 metros de ancho y a nosotros nos tocó en las calles de arriba, de modo que siempre nos quedó la espina clavada de que quizá hubiéramos conseguido un mejor resultado si nos hubiese tocado una calle más cercana a las gradas, aunque hay que reconocer que creo que nunca podríamos haber optado a medalla porque había mucho nivel", concluye el canoísta leonés.

Magaz (2d) en una recunión de recuerdo sobre el piragüismo de los 80 (AQUEL PIRAGÜISMO)

JOSÉ MANUEL BEIRÁN

BALONCESTO

LOS ÁNGELES 1984

Un leonés en la final de Los Ángeles 84

Uno de los momentos cumbre de la historia del deporte español en general y olímpico en particular fue la final de baloncesto que la selección nacional jugó contra la de Estados Unidos en Los Ángeles 84. Vinieron después los Juegos Olímpicos de Barcelona 92, que no sólo cambiaron el deporte español sino Barcelona y cierto modo también el resto del país, pero quizá nada de ello hubiera ocurrido de no ser por la gesta del combinado español entrenado por Antonio Díaz Miguel, que nos hizo creer a todos los españoles que podíamos romper barreras que hasta entonces parecían inalcanzables, codearnos con los mejores... perder complejos, a fin de cuentas. Nunca antes el baloncesto español había llegado tan alto, pues tuvieron que pasar décadas antes de que los españoles consiguieran un Mundial y la larga de lista de éxitos que ha cosechado la generación encabezada por el ya legendario Pau Gasol, pero fue aquella final la que marcó un antes y un después en la historia del deporte español. Allí estaba un leonés que también se colgó la medalla de plata: José Manuel Beirán.

Su padre era directivo de la Cultural y Deportiva Leonesa y, por eso iba a menudo como espectador al fútbol, aunque confiesa que desde muy pequeño tuvo claro que no era su deporte. Practicó la natación cuando se podía, que en León, en la década de los setenta, no era demasiado tiempo a lo largo del año, ya que sólo existía una piscina cubierta en toda la ciudad y estaba en el hotel Conde Luna. Beirán entrenaba en una piscina exterior que estaba en el Hispánico desde la primavera hasta octubre.

Estudiaba en el instituto Padre Isla y allí, en los recreos, descubrió el baloncesto, el deporte que le cambiaría para siempre la vida. Dice que, cuando ha regresado, tiene la sensación de que en el patio de este popular centro educativo leonés siguen aún las mismas canastas a las que él lanzó primera vez, con la que descubrió su pasión y entre las que, pronto, empezó a destacar. Llamaba la atención porque siempre era de los más altos de su clase, de los más altos de sus amigos, pero, como cuentan otros muchos jugadores de baloncesto de su época, Beirán fue captado por los ojeadores del baloncesto en una de las llamadas 'Operación Altura'. "Al principio, no me sabía ni las reglas, y cuando yo empecé no se había popularizado aún el minibásket, así que por mi altura era siempre de los primeros que elegían cuando se organizaba un partido de baloncesto en los recreos".

Como se cuenta en 'La Historia del baloncesto en León', otro de los libros que forman parte de este proyecto de la Universidad de León 'Un deporte, una ilusión', los partidos que en la ciudad de León disputaban los Agustinos y la OJE (Organización Juvenil Española) no sólo marcaron una época, sino que además sirvieron para generar una gran cantidad de aficionados a un deporte que entonces quizá no se le podía calificar ni siquiera de emergente aún. En la OJE, lo que entonces era Tercera División, empezó a jugar Beirán siendo mucho menor que el resto de sus compañeros, pero su calidad hacía que le quisieran llevar con el equipo en aquellos viajes por todo el noroeste de la península, en tren o en autobús, tediosos desplazamientos que sólo se entendían desde la afición y el fomento a un deporte que se hacía siempre desde la OJE.

Beirán, arriba a la izquierda, comenzó a jugar en la OJE en León siendo muy joven (CÉSAR)

Al entonces joven jugador leonés le empezaron a llover las ofertas... o por lo menos las promesas. Una de ellas llegaba desde el que era presidente de la Federación, José Luis Suárez, y tiempo después, durante la celebración de un torneo en León, el que vio su talento y le animó para que fuera a hacer una prueba a Madrid fue nada más y nada menos que Lolo Sáinz, entonces entrenador del Vallehermoso, que es uno de los indiscutibles protagonistas de la historia de este deporte en España. No llegó a jugar en el mismo equipo pero sí a enfrentarse varias veces a otra de las joyas del baloncesto leonés, Pedro Callejo, que tiempo después fallecería en un accidente de tráfico y "que era sin duda el mejor de todos nosotros", reconoce Beirán.

Salió bien la prueba y, a partir de entonces, José Manuel Beirán estuvo jugando dos años en el equipo juvenil del Real Madrid, donde entre otros coincidió con Fernando Romay, residiendo en dos pensiones en las que el club merengue alojaba a todos los chavales que llegaban de otras provincias a Madrid para intentar hacer realidad su sueño de triunfar en el equipo de la capital. Estuvo en el ya mencionado Vallehermoso, con Alfonso del Corral, el que luego acabaría siendo médico del club, y después llegó a la máxima categoría con el Valladolid, para terminar volviendo al Real Madrid, el club al que más ha estado ligado, de una manera u otra, en dos etapas distintas. No lo tenía precisamente fácil ya que la competencia era mucha, baste decir que tenía que disputarse el puesto nada más y nada menos que con el inolvidable Wayne Brabender, en una época en la que, además, los titulares era más titulares y los reservas más reservas, en el sentido de que los entrenadores no hacían tantos cambios como ahora y, al no existir prácticamente rotaciones, los que arrancaban el partido desde el banquillo tenían muy pocos minutos sobre la pistas, dependiendo de lo que pasara en cada partido, claro está.

José Manuel Beirán se lesionó en el ligamento cruzado de su rodilla y eso le hizo perder la tendencia de mejora que llevaba trabajando desde que se inició en el baloncesto al más alto nivel. Fue cedido al Inmobanco, donde coincidió con Ignacio Pinedo, para regresar poco después al Real Madrid, solamente por un año. Tres de los jugadores del club merengue se fueron al finalizar la temporada al Caja Madrid, y no eran tres cualquiera: Llorente, Brabender y el propio Beirán. Tenían que ir a entrenar y a jugar hasta Alcalá de Henares, pero eso no impidió que aquella fuera "una de las temporadas más divertidas de toda mi trayectoria", recuerda el alero leonés.

Su itinerar por equipos de todo el país continuó más tarde con el regreso de un año a Valladolid y, finalmente, otros tres en Tenerife. Obligaciones familiares le hicieron regresar a la capital de España, donde "me hubiera encantado jugar en el Estudiantes y alguna conversación hubo, pero no lo conseguí finalmente". Sin embargo, se puede decir que se retiró del baloncesto activo cuando aún estaba jugando a un gran nivel, como demuestra el hecho de que en su última temporada fuera el jugador de toda la competición que más triples había conseguido anotar.

Caso aparte, que es el que se trata aquí, es el de su relación con la selección española. El leonés no participó en ninguna de las categorías inferiores del combinado nacional pero, en cambio, siendo aún

Las lesiones le persiguieron en el Madrid

juvenil, le llevaron con los sénior del Real Madrid a disputar una Copa Intercontinental a México. Con la selección, se hizo una extraña y enriquecedora mezcla de jóvenes y veteranos que también se desplazó en 1975 a Argelia para participar en los Juegos Mediterráneos. Pero, después, José Manuel Beirán no tiene reparos en reconocer que le fueron sucediendo las decepciones: "Todos los años estaba en la lista cuando llegaban unos Juegos Olímpicos o una competición importante. Estaba en la lista y era uno de los habituales, la gente me decía 'este año, sí', pero la realidad es que al final siempre me descartaban a mí.

Ya no jugaba en el Real Madrid, sino en el Caja Madrid, cuando llegó el preolímpico para conseguir una plaza para disputar los Juegos Olímpicos de Los Ángeles 84. Y, efectivamente, le habían descartado, así que, prácticamente recién casado con su mujer, se fueron de viaje a la India. 25 días. 25 días sin llamar a España. Y resultó que España se había clasificado para los Juegos norteamericanos y que, por alguna razón que tampoco se iba a parar a preguntar, el seleccionador Antonio Díaz Miguel había decidido prescindir de Jordi Villacampa y llamar al leonés José Manuel Beirán, al que habían intentado localizar de todas las maneras posibles. El leonés no se enteró hasta que llegó a su casa de aquellas vacaciones por la India y se encontró una carta de la Federación Española de Baloncesto en el buzón. Se reclamaba urgentemente su presencia. Faltaba mes y medio para que empezasen los Juegos Olímpicos que cambiarían la historia del baloncesto español. "Todo eso no se olvida", dice cuatro décadas después José Manuel Beirán.

Comenzaron los preparativos, los entrenamientos, los partidos amistosos, las pruebas... "y la verdad es que todo nos salió mal". Salió mal porque, primero, en Madrid la preparación fue un desastre, y luego en México, en un torneo que disputaron contra Argentina, a mitad del primer tiempo se preparó una tangana que derivó en una pelea brutal y que obligó a suspender el partido. De allí, la selección española se fue a Estados Unidos, a la Universidad de North Carolina, la que por entonces era de Michael Jordan, para intentar aprender algo del estilo de juego americano, que entonces era radicalmente distinto al europeo, mucho más físico, "pero a ellos les prohibían jugar con cualquier selección que fuese a participar en los Juegos Olímpicos, sólo podíamos verlos cuando había ocasión". Otro torneo celebrado en Italia que midió a España contra Rusia y Yugoslavia, dos de las selecciones más fuertes, se saldó con demasiados lesionados pero con muy buenas sensaciones. "Nos lo creímos".

Sus nombres pasaron a la historia del deporte español: Fernando Arcega, José Manuel Beirán, Juan Antonio Corbalán, Juan Domingo de la Cruz, Andrés Jiménez, José Luis Llorente, Juan Manuel López Iturriaga, Josep María Margall, Fernando Martín, Fernando Romay, Ignacio Solozábal y Juan Antonio San Epifanio 'Epi'.

La competición no comenzó demasiado bien: el estreno de España en Los Ángeles 1984 fue un partido muy complicado ante una Canadá repleta de centímetros. Con cuatro jugadores por encima de los dos metros, la selección norteamericana aprovechó las eliminaciones por personales de Fernando Romay, Fernando Martín y Andrés Jiménez para mantenerse con vida hasta el último instante. Martín y Epi llevaron la voz cantante en ataque de un duelo resuelto con angustia (por un solo punto) del lado español.

Llegarían después victorias mucho más fáciles ante las selecciones de Uruguay, Francia y China y, después, un primer enfrentamiento contra EEUU, entonces por el primer puesto del grupo, del que los españoles salieron derrotados por 33 puntos. Llegó entonces la hora de la verdad, el momento decisivo, el partido de cuartos de final en el que ya España se jugaba un todo o nada contra Australia. La muñeca de Margall, alero del Joventut, nos permitió llegar a semifinales, donde esperaba nada más y nada menos que Yugoslavia. Era la segunda semifinal olímpica de la historia de España ante un rival que defendía el

Su constancia fue clave para llegar a la selección española

oro logrado en Moscú 1980, pero al que había derrotado un año antes por primera vez en partido oficial en el Eurobásket 1983. Una victoria a la que sumar la lograda a finales de junio de 1984 en Chietti, un mes antes de poner rumbo a Los Ángeles. España parecía tener cogida la medida a la temida Yugoslavia. Un equipo en el que Drazen Petrovic comenzaba ya a coger peso y que dominó a una fallona España en el primer tiempo (40-35). Pero la segunda parte fue otra historia. España barrió a Yugoslavia. Como él mismo indicaría, Margall completó uno de los mejores partidos de su vida. Su acierto marcó el camino. Romay impuso sus centímetros en los tableros. Y Llorente aportó la solidez necesaria para no sufrir ante un rival al que se firmó un histórico 39-21 en la segunda mitad. España estaba en la final.

"Salimos a celebrarlo porque nos habíamos asegurado que tendríamos medalla y, para qué engañarnos, sabíamos que iba a ser de plata. Los que habían perdido por menos puntos contra Estados Unidos fueron los alemanes, pues muchos de sus jugadores ya estaban en las ligas estadounidenses desde hacía tiempo y tenían un juego más parecido, pero hay que darse cuenta de la diferencia entre el baloncesto de ahora y el de antes. No sólo tiene que ver con que no había triples o que no era tan físico, sino que, en el caso de los Estados Unidos, el hecho de que no pudieran jugar los profesionales de NBA era peor para nosotros, porque aquel era un equipo de jugadores universitarios, sí, pero un equipo de jugadores universitarios que podía ganar en aquel momento a cualquier equipo de la NBA, porque entonces no se podía fichar a jugadores hasta que no cumplieran los 22 años", reconoce Beirán que, obviamente, como cualquiera que lo vie-

En Los Ángeles 1984 España sumó una medalla de plata en baloncesto de un gran mérito

ra, recuerda especialmente "ver saltar a Michael Jordan, su agilidad, su plasticidad…".

Beirán en la ceremonia inaugural con otro leonés, el piragüista Guillermo del Riego (ARCHIVO DEL RIEGO)

El leonés disfrutó de la ceremonia inaugural de aquellos Juegos Olímpicos ("es algo con lo que siempre sueñas, y además la verdad es que yo siempre los he vivido muy intensamente") y también de la de clausura, pese a que prácticamente todos sus compañeros regresaron a España y reconoce que le dio rabia perderse el recibimiento que los aficionados les brindaron en el aeropuerto de Barajas por haber conseguido la medalla de plata. Junto a Arcega y a De La Cruz, Beirán se quedó en tierras norteamericanas para disfrutar de la ceremonia de clausura y viviendo un poco más el ambiente de la villa olímpica, que en el caso de Los Ángeles eran dos, "donde me encontré a nadadores y atletas que sólo había visto en las revistas".

Dice José Manuel Beirán que nunca ha tenido expuesta, ni siquiera en su casa, la medalla de plata que se colgó en los Juegos Olímpicos de los Ángeles 1984. Se le quitaron las ganas porque, en una mudanza, le robaron una medalla que dan a todos los participantes en los Juegos, que por suerte no la de plata, que tenía entonces en la caja fuerte de un banco. Pero dice también que presume, además de todos los trofeos y distinciones que consiguió en una trayectoria deportiva tan larga y exitosa, responsable junto a los mejores de su generación de la explosión internacional del baloncesto español, de dos columnas de San Isidoro que en su día le dieron como Mejor Deportista Leonés del Año.

RAÚL
TRAPERO

BOXEO

LOS ÁNGELES 1984

El olímpico leonés más desconocido

En la historia del deporte siempre hay personajes que caen injustamente en el anonimato por diversas razones, desde la crueldad de los resultados, lesiones en algún momento siempre inoportuno, o porque no son tan mediáticos como otros. En el caso de Raúl Trapero se juntan varias de estas condiciones, además de que era un leonés que no vivió demasiado tiempo aquí, lo que hizo que muchos de sus paisanos no le conocieran y no pudieran, por tanto, estar orgullosos de los éxitos deportivos que obtuvo. Ni siquiera su trágico y temprano fallecimiento, en accidente de tráfico, cuando sólo tenía 47 años, sirvió para que se recordara como merecía a este leonés nacido en la localidad de Villamuñío, perteneciente al Ayuntamiento de El Burgo Ranero.

Dicen los que le conocieron que Raúl Trapero González, "además de un gran campeón de boxeo, era una persona amable, sencilla, amigo de sus amigos y sobre todo noble, muy noble". Nacido en el mencionado pueblo leonés de Villamuñío el 12 de abril de 1963, desde muy pequeño residió en Zaragoza, donde, con 14 años, empezó a practicar boxeo en el gimnasio de la Federación Aragonesa. En febrero de 1981 fue seleccionado para el equipo nacional de boxeo que representaría a España en los Juegos Olímpicos de 1984, en Los Ángeles. Hasta que llegaron aquellos históricos Juegos Olímpicos, participó en los campeonatos de Europa, los campeonatos del Mundo y los Juegos del Mediterráneo, y también asistió a numerosos torneos internacionales, en los que consiguió algunas medallas. Por lo que se refiere a su participación olímpica, perdió a los puntos su primer y único combate, en la categoría de peso pluma (medía 1,60 y pesaba 57 kg), contra el turco Türgüt Aykaç, quien acabaría obteniendo la medalla de bronce. Obtuvo el título de campeón de España en 1982 y 1984, y fue nombrado en asamblea por la Federación Española de boxeo en 1982 mejor boxeador de España amateur.

En septiembre del año 2010 se produjo el accidente en el que perdió la vida, cuando conducía un camión, profesión con la que se ganaba la vida, a la altura de la localidad riojana de Alfaro. Vivía en Pina de Ebro, donde se había ganado el cariño de sus vecinos, que lamentaron su trágico fallecimiento y recordaron algunas de sus gestas deportivas. Cumplió el servicio militar en Sevilla, veraneaba en Santoña (Cantabria) y era muy querido por sus amigos. El que fuera su compañero de habitación en la cita olímpica de Los Ángeles 1984, Agapito Gómez, recordaba en el momento de su muerte que había estado sin saber de él desde 1987 "que peleamos en el polidepor-

tivo del Real Madrid, y desde entonces no he sabido nada de él" hasta que en 2010 se reencontraron gracias a las redes sociales: "Qué contento se puso de volver a hablar con su capitán, y seguramente nos íbamos a ver en octubre, en los campeonatos de España que se celebraban aquel año en Madrid, puesto que soy árbitro de boxeo y él venía con el equipo de Zaragoza. Soñábamos con ese encuentro después de 23 años sin vernos y sin saber nada uno del otro, y curiosamente ayer (17-09-2010) era mi 51 cumpleaños, y con esta trágica noticia, la peor de toda mi vida".

Pese a su nacimiento en Villamuñío, se consideraba maño por los cuatro costados, y en todas las informaciones que se publicaron con motivo de su participación en Los Ángeles 84 los medios se referían a él como "el zaragozano Raúl Trapero", que perdió en su primer combate pero llegó a participar en unos Juegos Olímpicos, algo con lo que se pasan la vida soñando millones de deportistas.

Trapero, entrenado sobre estas líneas y arriba recibiendo un homenaje, falleció en un accidente (RFEBOX)

Varias imagenes de Trapero con sus compañeros de selección y en un combate (RFEBOX)

MARÍA
MARTÍN

GIMNASIA RÍTMICA

SEÚL 1988

02:98

La mariposa de la rítmica

Qué tendrá León que a todo el que lo pisa le engancha. Así le sucedió a María, que se considera una "mariposa de la rítmica, ya que nací en León, aunque crecí en Segovia y mi crecimiento deportivo fue en Madrid".

Nació en León en mayo de 1970 y fue bautizada en la parroquia de San Marcelo, a la que suele visitar cada vez que visita su tierra natal. Quiso la casualidad que su padre, Ángel Martín Chamorro, ingeniero del ICONA (Instituto para la Conservación de la Naturaleza) pidiera como destino León entre 1967 y 1972. Su especialidad eran las áreas recreativas y especies protegidas, y aunque tuvieron que desplazarse a Segovia a vivir cuando María tenía tan sólo dos años para estar más cerca de su abuela materna que perdía salud, mantiene muy fresco el recuerdo del olor de los bosques de castaños en las Médulas o la reserva de los Ancares. Pero es que otra característica de los leoneses es que aparecen vínculos cercanos en contextos de lo más inesperado, su padrino fue un poeta que vivió en León, Gaspar Moisés Gómez, abulense como su padre. Cuando nació la escribió un poema que aparece en el libro 'Sinfonías concretas', Premio Nacional de Poesía: "Pétalo con aliento. María. María. Casi sin nombre aún bajo los arcos de la inocencia. Pero ya cantada. Ya sombra de paloma en este poema… …empiezas a vivir desde el cuerpo transparente, desde los hondos valles y las cumbres; en una pura necesidad de amor". Su hermana Teresa, arquitecta de profesión, colaboró en la restauración de San Marcos, y en ese recordar su cercanía con León, uno de los momentos más especiales de su vida fue cuando visitó con su madre y su hija la 'Pulchra Leonina'; y escuchándola, destaca la importancia de las raíces y su cariño a esta tierra, de hecho una de sus fotografías favoritas es la de dos de sus hermanas patinando en el paso de Papalaguinda.

A los dos años se fue a vivir a Segovia y desde muy pequeñas sus padres trataron de empoderar a las cinco hermanas a través del deporte. Siendo muy niña vio entrenar a la selección española de gimnasia rítmica, que estaba concentrada en Segovia. De hecho iba todos los días, y llamó la atención de la seleccionadora que una niña tan espigada estuviera allí siempre atenta. La hizo una prueba a pesar de que era algo mayor para iniciarse en esta disciplina y le dijo: "tienes unas condiciones espectaculares". Quizás esa fortaleza física la venía de sus primeros años en León y luego en Segovia, de haberse criado en el monte, en la naturaleza. Al poco tiempo le dijeron que había unas pruebas para el centro de tecnificación de Madrid, allí la lleva-

María Martín en el Nacional de 1984 (ARCHIVO PERSONAL)

ron sus padres y... las pasó, pero se tenía que desplazar tres días a la semana a Madrid con lo que tras alguna temporada así, en casa decidieron que se iría a vivir a la Residencia Blume donde estaban las mejores deportistas de toda España.

Se considera una afortunada, "he nacido con una estrella", siempre contó con el apoyo de sus padres. A los 14 años se desplazó a Madrid a entrenar con mejores condiciones, y en muy poco tiempo consiguió ser la mejor de España. Y quiso el destino que apareciera una entrenadora búlgara, Emilia Boneva, que necesitaba una niña con poca experiencia para enseñarla otra escuela. Realmente esta entrenadora fue la artífice del despegue y los éxitos de la rítmica española... y de María.

La primera vez que compitió tenía once años, y se coloca en la final de su categoría en el Campeonato de España. Llevaba sólo un año en el centro de tecnificación, lo que sorprendió a todo el mundo pero claro, al haber presenciado durante tantísimas horas los entrenamientos asimilaba los ejercicios con una gran facilidad y rapidez.

Eso que a pesar de su juventud no siempre notaba todo el apoyo que habría deseado. Se daba la circunstancia de que competía por Madrid y ella venía de Segovia, con lo que realmente no era una gimnasta que venía del club para el que competía. Realmente fue una deportista que se tuvo que hacer a sí misma, y al unir trabajo y talento, su carrera fue meteórica. A los catorce años, en 1984, ya llevaba tres años en el equipo nacional y, en el 86 participó en un Campeonato de Europa. Al año siguiente la nombran capitana del equipo nacional aunque era una disciplina donde se competía a nivel individual, y a partir de ahí un éxito detrás de otro. Campeona de España en el

87, también lo consiguió en el 88, donde además ganó la Copa Internacional Ciudad de Barcelona; relata que fue la primera vez que su mentora en el alto nivel, Boneva, escuchó el himno español y no pudo reprimir la emoción. Ya estaba clasificada para los Juegos Olímpicos de Seúl 88 al obtener la puntuación en el Campeonato del Mundo del año anterior, con lo que se dedicó a preparar esa competición lo mejor que pudo.

Para María los JJOO de Seúl fueron realmente unos juegos, "íbamos a competir, pero me parecía realmente una gran celebración del deporte mundial más que una competición. Desde los catorce años llevaba viajando, pero en aquel momento encontrarte con gente tan diversa, de deportes tan diferentes..., fue una experiencia muy bonita". "En la villa olímpica coincidimos por ejemplo con Florence Griffith, en el desfile hicimos grandes migas con Arancha Sánchez Vicario que estaba empezando, nos hicimos fotos con Carl Lewis...".

A nivel deportivo consiguió pasar a la final, pero fue una de las experiencias más duras de su vida. Había sido finalista con la cinta en el Campeonato de Europa en mayo y obtenido buenos resultados en las competiciones internacionales de la temporada, por lo que era el objetivo a batir. Pero como suele suceder, y más en aquellos tiempos, no todo son luces en el deporte de alto rendimiento, particularmente en la gimnasia rítmica, un deporte tan precoz para las niñas. Enseguida se dio cuenta que le agotaba el circo que hay alrededor de la rítmica, "en los deportes de puntuación a veces hay dos competiciones. Está tu trabajo como gimnasta pero nece-

Llegó a capitana del equipo nacional (ARCHIVO PERSONAL)

El INEF de Madrid fue su destino

sitas también que tu federación te defienda". En los JJOO las jueces le penalizan un elemento del ejercicio de cinta que no había sido penalizado en ninguna de las competiciones de la temporada. Y lo hacen fuera del tiempo que marca el reglamento, después de cerrarse la competición, pero no hubo reclamación. Al día siguiente, cuando estaba calentando para participar en la final, María toma consciencia y decide "no me presto más a este circo, aquí no hay juego limpio y no estoy dispuesta a que jueguen más conmigo". En el mismo momento que era la protagonista del mayor sueño de cualquier deportista, decidió despedirse de la rítmica. Salió impactada al primer ejercicio con el aro y falló, "pero es lo que hizo posible que después bordara las mejores mazas y cinta de mi vida. Me estaba despidiendo disfrutando de la rítmica. Si hubiera habido medalla por aparatos habría sido bronce en mazas, me quedo con eso".

Esos años y vivencias fueron duros, pero seguro que ayudaron a forjar su personalidad luchadora y libre, madurando quizás antes de tiempo, "aprendí pronto que las cosas te tumban o te hacen más fuerte, depende de cómo tú las gestiones". Después de los juegos, tanto ella como sus padres tenían claro que la gimnasia había sido muy importante, pero que no debía ser ni lo único ni lo más importante de su vida. Con la proximidad de los siguientes juegos olímpicos que se celebrarían en Barcelona en 1992, comenzaban las Ayudas al Deporte Olímpico (el plan ADO), pero aun así María tenía claro que no quería continuar y que prefería iniciar otra ilusionante etapa estudiando una carrera universitaria vinculada al deporte.

Para conseguirlo, al regresar de los JJOO tuvo que preparar en dos semanas las pruebas de acceso al INEF de Madrid. En ese momento no estaban reguladas las ayudas a deportistas de alto nivel (DAN) o rendimiento (DAR), por lo que los medios de comunicación se hicieron eco de la paradoja de que varios deportistas olímpicos tuvieran que acreditar su capacidad física para poder acceder a estudiar en el INEF de Madrid. María las superó y estudió su Licenciatura en Educación Física. Allí descubrió nuevas maneras de entender y vivir el deporte, pero quería saber más. La rítmica la entrenó para volar libre

Martín en el ejercicio de aro de los Juegos Olímpicos de Seúl en 1988 (ARCHIVO PERSONAL)

Fue comentarista de gimnasia rítmica para Televisión Española (ARCHIVO PERSONAL)

hacia lo que a ella le daba vida, por diferente que fuera, y esto la llevó hasta las islas canarias para estudiar el doctorado que a ella le interesaba. Años después conseguía su título de Doctora en Ciencias de la Actividad Física y del Deporte por la Universidad de Las Palmas de Gran Canaria.

En el año 1994 comenzó a colaborar en las retransmisiones para Televisión Española de gimnasia rítmica junto a la periodista Paloma del Río. Tuvo que aparcar esa actividad porque su prioridad era conseguir una plaza como profesora en el INEF de Madrid, pero Paloma volvió a llamarla y retomó las retransmisiones años después. Para ella fue la oportunidad de tratar justamente a todas y cada una de las gimnastas, de ponerlas en valor para que no les pasara lo que ella había vivido.

Además de lo apuntado al inicio del capítulo, sigue vinculada a León por cuestiones de azar. Se alegró mucho cuando vio que el Club Ritmo y sus gimnastas lo estaban haciendo muy bien. "Una de las personas que me hizo reconciliarme con la rítmica fue la entrenadora leonesa Ruth Fernández. Con ella tengo una química especial, hay algo mágico y, además, en la preparación de las retransmisiones me ha echado una mano importante".

Cada vez que viene a León siente como que está en su casa y con su gente. En los castaños del Bierzo honra a las personas que, como su padre, los cuidaron y cuidan. En la capital visita la iglesia donde fue bautizada que, casualmente, es la misma donde Ruth Fernández reza por sus gimnastas cuando compiten. María pone muy en valor sus raíces. Es una persona que ama la naturaleza, "mis iniciales MM, son cuatro montañas", y siempre que puede anima a valorar y cuidar el patrimonio natural y cultural de León. Es una deportista feminista a la que la gimnasia le dio la oportunidad de formarse desde dentro en lo que actualmente es su profesión, profesora titular e investigadora en la Facultad de Ciencias de la Actividad Física y del Deporte (INEF) de la Universidad Politécnica de Madrid, especialista en mujeres y deporte. Sigue vinculada a la práctica, impartiendo la asignatura de 'Expresión Corporal', y se define como "una mariposa de la rítmica que ahora enseña a volar, impulsando la creatividad, para que cada cual encuentre su propia manera de volar, de celebrar la vida con el movimiento corporal". Desde el año 2019 es la directora del Grupo de Investigación Psicosocial en el Deporte. Destacan en su currículo recientes proyectos I+D+i que tienen como objetivo mejorar el acceso y participación de las niñas, chicas y mujeres al deporte, abarcando desde la promoción de la salud hasta el alto rendimiento. "Para mí los mejores éxitos son los que mejoran tu vida y la de otras personas". Aunque más que lo estrictamente profesional señala que "a mi lo mejor que me ha dado el deporte y León es esa capacidad de conectar con personas y hacer equipo. Y si son mujeres me viene la palabra sororidad".

Sus trabajos por la igualdad han sido muy destacados (ARCHIVO PERSONAL)

ANDRÉS Y JAVIER GARCÍA DELGADO

ESGRIMA

SEÚL 1988 - BARCELONA 1992 - ATLANTA 1996

Esgrima de origen leonés

En muchas ocasiones una persona, habitualmente el padre o la madre, es el responsable de que toda una familia se aficione por un determinado deporte. Sobran los ejemplos en todas las disciplinas, en todos los países. Pero hay casos en los que una sola persona no es únicamente responsable de que toda su familia termine aficionándose a un determinado deporte, sino que es también responsable de que un determinado deporte se extienda por todo un país.

Con salvedades, es el caso de Enrique García Arias, sin cuya aportación la esgrima no sería lo que es hoy en España, donde hay nada más y nada menos que 10.000 licencias para practicar este deporte siempre minoritario, 10.000 licencias que se puede decir que han nacido a lo largo de las últimas dos o tres décadas. Y, en esos orígenes de este deporte, tuvo mucho que ver la ciudad de León. Aquí residía Enrique García Arias, que fue uno de los poco más de diez españoles que, en la década de los setenta, recibió clases de un par de profesores de esgrima franceses que llegaron a España con el objetivo de promocionar este deporte. Y vaya que si lo consiguieron... sobre todo el mencionado Enrique, que además de traer la esgrima a León, donde se puede decir sin miedo a equivocarse demasiado que nunca se había visto practicar este deporte salvo en algún caso puntual, y por toda España, puesto que después de León se fue a Coruña y posteriormente a Valencia, para llevar la esgrima a estas ciudades donde se le recuerda como uno de los mayores exponentes del deporte del florete, el sable y la espada.

Como pasa con tantos otros deportes, sobre todo aquellos para los que se necesitan instalaciones especiales o un material que no siempre ha estado al alcance de todo el mundo, la esgrima se extendió (quizá extender es mucho decir porque, como se ha dicho, siempre ha sido deporte minoritario) sobre todo por los cuarteles militares, donde se practicaba como una forma más de entrenamiento. Obviamente, la esgrima deportiva, que es la que actualmente se practica y que tiene competición propia dentro de los Juegos Olímpicos, tiene muchos elementos en común con la llamada esgrima histórica, aunque llegado este punto, dentro del marco en el que se desarrolla este libro, es preciso recordar que muchos datos erróneos han llevado a difundir el mito de que la esgrima es el único deporte olímpico de origen español. La realidad es que ya fue disciplina olímpica en los que se consideran los primeros Juegos de la Era Moderna, los del año 1896. Cuentan los libros de historia olímpica que en aquella cita no hubo ningún participante español, sino que fue en 1900 cuando par-

El deporte ha sido clave en la familia y la esgrima en particular su mundo (ARCHIVO PERSONAL)

ticipó en esta modalidad deportiva un español por primera vez. No se puede decir que desempeñara una actuación especialmente destacada y, además, lo hizo a título personal, ya que el Comité Olímpico Español no fue fundado hasta 1905. El caso es que, como práctica de combate de armas blancas, la esgrima se origina en España con la famosa espada ropera, es decir, arma que formaba parte del vestuario o ropaje caballeresco.

El único deportista español que ha obtenido una medalla en esgrima dentro de unos Juegos Olímpicos fue José Luis Abajo, que obtuvo la de bronce en la modalidad de espada en Pekín 2008. Pero, en cambio, hubo dos leoneses que representaron a nuestro país en diferentes citas olímpicas, y se trataba de dos hijos del mencionado Enrique García Arias: el mayor, Andrés García Delgado en Seúl 88 y Barcelona 92; y Javier García Delgado en Atlanta 96.

Enrique García Arias comenzó su carrera como tirador en 1957 y, tras obtener la titulación de Maestro de Armas en el primer curso realizado en España en 1972, se convirtió, junto a los maestros de su joven generación que debieron dejar la competición para dedicarse a la difusión de este deporte, fue a todas luces uno de los precursores del salto de la esgrima española a la modernidad. Trajo la esgrima a León y se puede decir que sus inicios fueron perfectamente rocambolescos, ya que nadie conocía ese deporte y para poder practicarlo le dejaban un salón en lo que entonces era el Casino Recreativo de León, que se encontraba en la plaza de Santo Domingo, en la actual sede central del BBVA. Allí, a principios de los setenta, había que entrar de etiqueta, así que sus hijos cuentan que para ir a entrenar Enrique García Arias iba vestido de traje y corbata, que dejaba posteriormente en las taquillas para ponerse una ropa más cómoda y poder entrenar a su deporte favorito, el que había conocido durante una prueba en el ejército y le dejó prendado para siempre. Fue en 1973 cuando llegaron los mencionados profesores franceses y la esgrima dio un considerable salto de calidad del que esta familia, que luego se asentaría en Valencia, tuvo mucho que ver.

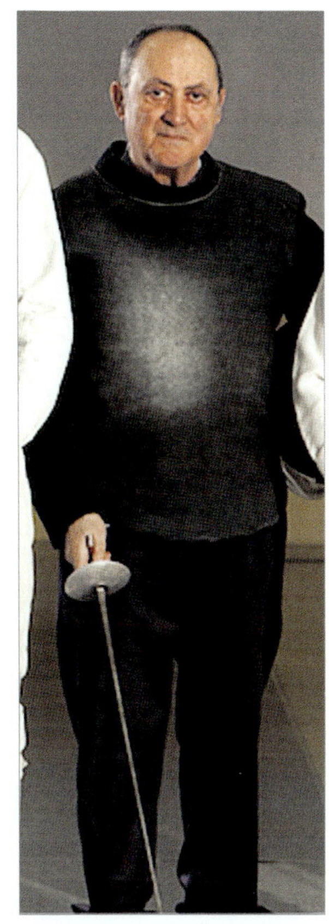

Enrique García Arias, su padre, fue el precursor (ARCHIVO PERSONAL)

Son cuatro hermanos y el primero que alcanzó la elite de este deporte fue Andrés García Delgado, nacido en la localidad leonesa de Santibáñez de la Isla en 1967. No hace falta contar que se aficionó gracias a su padre, que no sólo llevó a este deporte a sus hijos sino también a otros muchos chavales de toda España. Como su hermano Javier, Andrés es floretista, una de las tres especialidades de la esgrima que consiste en que se toca al rival únicamente con la punta, de modo que tan solo el torso, la espalda y la parte inferior de la careta cuentan como zona válida, por lo que no valen en las reglas de la esgrima con florete puntos a las piernas, brazos o el resto de la careta. Andrés García Delgado, actual maestro de esgrima, fue uno de los representantes de España en Seúl 88, una experiencia lógicamente inolvidable para él que, en cambio, no fue demasiado buena en lo deportivo, aunque se puede decir que sentó las bases para el crecimiento de este deporte en León.

Las olimpiadas, el premio a su trabajo (ARCHIVO PERSONAL)

Recuerda Andrés que el público asiático no respondió de una forma precisamente masiva a las citas con la esgrima. De hecho las gradas estaban prácticamente vacías cuando se celebró la competición. En aquella ocasión, no pudo acudir al desfile inaugural acompañando a la selección española, ya que competía al día siguiente. Fue lo que se dice una toma de contacto, porque le sirvió para conocer a muchos de sus rivales, ya que hasta entonces no había tenido ocasión más que de medirse con algunos europeos y españoles, en la mayoría de los casos, y aprendió cómo se preparaban y cómo afrontaban la competición. Es decir: se sentaron las bases para el crecimiento de la esgrima y para que la selección española de este deporte desempeñase un buen papel en las siguientes citas olímpicas. El leonés, que entonces tenía solo 19 años, quedó en el puesto 32, hacia la mitad de la tabla clasificatoria.

Fueron los de Barcelona 92 los primeros Juegos Olímpicos verdaderamente universales, en los que se abrió la puerta a la profesionalización, como así pasó a la historia. Esa profesionalización se puede decir que comenzó años antes, cuando desde el Comité Olímpico Español se pusieron en marcha las becas ADO y las diferentes federaciones se empezaron a tomar en serio la competición. El leonés Andrés García Delgado fue uno de los deportistas que pasó varios años en la popular residencia madrileña Blume, preparándose a conciencia para la cita de Barcelona. Empezaron aquella preparación 15 tiradores de esgrima, de los que al final solo quedaron cuatro, entre los que estaba el leonés. La Federación Española fichó a un entrenador de origen polaco para que preparase a nuestros deportistas, con sesiones de entrenamiento muy intensas y competiciones preparatorias con equipos extranjeros, como era el caso de los cubanos, referentes en este deporte. "Barcelona fue un revulsivo. Nos permitió mejorar mucho, igualarnos con los mejores", recuerda Andrés, que vivió aquella experiencia desde dentro, el inolvidable desfile inaugural que emocionó a todos los españoles y a tantos millones de espectadores. "No sabría cómo describir aquello, porque entiendo que es algo especial para cualquier deportista, como es lógico, pero más aún si practicas un deporte minoritario como era la esgrima, que no estás acostumbrado a ver tanta gente en las gradas". De aquel momento se queda con la entrada al estadio olímpico: "Vas en autobús, te tienen mucho tiempo esperando pero no es hasta justo el final, cuando llega la hora de la verdad, cuando entras y ves la cantidad de gente que hay, y el ambiente que se respiraba allí. Había mucha gente emocionada... Por mucho que te lo cuenten, por mucho que te lo esperases, no hay nada igual, no se puede describir".

Dice el tirador nacido en Santibáñez de la Isla que Barcelona 92 fue la consolidación de la esgrima española, que "estuvimos al nivel de los mejores. Todos sabemos cómo es el deporte, y más aún el deporte olímpico, en el que las medallas lo tapan todo, pero la verdad es que estuvimos compitiendo con los mejores y se puede decir que, no tan lejos de las medallas, estábamos a un segundo nivel. Abrimos la puerta a la evolución. Todo nació allí. Luego hemos tenido un campeón del mundo, un medallista olímpico... logros que no hubieran sido posible sin el papel que la selección española desempeñó en Barcelona". En la competición de florete

La esgrima tiene una plasticidad especial (ARCHIVO PERSONAL)

individual, Andrés quedó clasificado en décimo sexta posición y en la duodécima por equipos.

Luego, llegó lo que se podría decir como la resaca del deportista, el día después: "Se generaron muchos problemas porque es verdad que se había apostado muy fuerte por la profesionalización del deporte español, pero quizá no se pensó todo lo que se debiera en lo que pasaría des-

Los hermanos en una foto familiar (ARCHIVO PERSONAL)

pués, y la realidad es que muchos deportistas quedaron ciertamente desubicados cuando pasaron los Juegos Olímpicos de Barcelona 92". En su caso, se retiró joven, con 26 años, ya que los entrenamientos no le permitían finalizar los estudios de INEF que había iniciado y que ya había tenido que aparcar durante dos años. Vive desde hace años en Valencia, donde es técnico deportivo de la Generalitat y está el frente de uno de los clubes de esgrima más prestigiosos de España.

Con esas experiencias que a buen seguro le contó su hermano mayor se presentó en los Juegos de Atlanta 96 Javier García Delgado, leonés nacido en La Bañeza en 1976 y que es el que mantiene mayor contacto con su tierra de toda la familia, pues tiene una casa en su pueblo natal, a la que vuelve en vacaciones y siempre que puede. Javier llegó a la cita olímpica sin experiencia previa, más allá de los consejos que le había podido dar su hermano Andrés, pero con muy buenas sensaciones, ya que en el preolímpico que se celebró en Alemania se inscribieron un total de 22 deportistas y el leonés se proclamó ganador, con lo que obviamente consiguió la clasificación para Atlanta en la categoría de florete individual. Él también vivió de forma intensa el desfile inaugural de aquellos Juegos que volvían a Estados Unidos sólo 12 años después de los celebrados en Los Ángeles: "Recuerdo esperar mucho tiempo en la rampa y luego la vuelta al estadio, donde la verdad es que iba muy bien acompañado porque estaba muy cerca de leyendas como Indurain, Raúl, Manel Estiarte, Arancha Sánchez Vicario, Mendieta…". Luego, en la villa olímpica, cuenta que fue vecino ocasional de Iñaki Urdangarín, al que todavía no perseguían los periodistas del corazón, porque de hecho fue en aquellos

Juegos cuando conoció a la que se acabaría convirtiendo en su mujer, la infanta Cristina.

Pocos días después de aquel emotivo desfile inaugural llegó la hora de la verdad para Javier García Delgado. Recuerda que en el primer asalto le tocó medirse a un esgrimista venezolano, Rafael Suárez, al que consiguió remontar un 0-7 para terminar ganando por 15-7. También ganó el combate de la segunda ronda, ante el cubano Óscar García, que era todo un campeón del mundo. En la tercera ronda le tocó con un francés, Franck Boidin, lo que se puede decir un viejo conocido puesto que ha-

Javier durante la ceremonia inaugural (ARCHIVO PERSONAL)

bían competido en numerosas ocasiones antes de medirse en la cita olímpica de Atlanta. Fue un combate igualado en el que, finalmente, el francés consiguió imponerse por un ajustado 15-13. El leonés terminó clasificado en la décima posición dentro de la categoría de florete individual, "muy orgulloso de lo conseguido. Creo que tiene mucho mérito, porque solo van 40, y el resultado es más que digno en mi opinión", sostiene Javier, que mantiene un grato recuerdo de aquella experiencia pese a que sólo estuviera "diez o doce días" en Atlanta: "La verdad es que estaba todo muy bien organizado, a lo bestia, como les gusta hacer a los norteamericanos".

Siguió entrenando después de aquella experiencia, con el objetivo de conseguir una plaza para los Juegos Olímpicos de Sídney, pero no lo pudo conseguir. Sigue practicando su deporte favorito, el que en su caso llegó por herencia familiar, y junto a su hermano Andrés están al frente del mencionado Club de Esgrima Mediterráneo, que fundó su padre, el histórico Enrique García Arias, que no era leonés pero dejó aquí la huella de este deporte.

Capítulo 3

EN BARCELONA TODO CAMBIÓ

MARGARITA RAMOS

ATLETISMO

BARCELONA 1992

Un nombre ligado a la historia del deporte leonés

El de Margarita Ramos Villar es uno de los nombres ligados inevitablemente a la historia del deporte en la provincia de León. Fue, quizá, la más famosa de las deportistas leonesas durante las décadas de los ochenta y los noventa, y la gran esperanza de los aficionados para conseguir una medalla en los Juegos Olímpicos de Barcelona 92, donde se presentó con todas las expectativas y todo el apoyo de esta provincia después de haber portado la antorcha olímpica a su paso por la capital leonesa. Su nombre sigue siendo hoy, más de tres décadas después, referente para muchos de sus paisanos, pues luce en uno de los pabellones, el situado en el Polígono X, que es el punto de encuentro para deportes tradicionales y de base, decenas de entrenamientos entre semana y competiciones varias que cada fin de semana congregan a gran cantidad de espectadores.

Como tantos otros deportistas, sobre todo los que se dedican a esos deportes considerados minoritarios, la llegada de Margarita Ramos al mundo del lanzamiento, en el que acabaría siendo referente nacional e internacional, fue por casualidad. Nacida en la localidad de Cea, Margarita Ramos vivía con su familia en Astorga, donde su padre estaba destinado como guardia civil, y, siendo sólo una niña, ya era una enamorada del deporte, pero enamorada como lo podían ser otras de sus compañeras del popular colegio de las Escolapias, en cuyo patio practicaba sobre todo baloncesto, que siempre fue una de sus pasiones, y también el balonmano. La familia se mudó a León ciudad y allí cambiaron las amistades y los escenarios, pero se mantuvieron intactas algunas aficiones, como practicar deporte, que en principio, en el instituto Legio VII en el que estudió Bachillerato, siguieron siendo baloncesto y balonmano. Pero pronto descubriría otra disciplina y además un talento que llevaba dentro y que hasta ese momento desconocía: el atletismo y más concretamente el lanzamiento de peso y de disco.

Lo cuenta ella misma mejor que nadie: "Empecé con el lanzamiento de peso con 17 años. Había sido jugadora de baloncesto desde que estudiaba EGB en el colegio de las Escolapias de Astorga, formando parte del primer equipo de este deporte que se crea en ese colegio. Cuando mi familia se traslada a León, yo sigo jugando a baloncesto en los equipos de aquella época y ya en el instituto, una compañera y amiga, con la que coincidía en el Estadio Hispánico, ella a la pista y yo al globo, después de estar toda la mañana juntas en el instituto, me propuso completar un equipo escolar que tendría que ir a participar a Burgos. Aquello, me incitó a practicar un poco este deporte y cuando un buen

Margarita Ramos haciendo de mesa en baloncesto (CÉSAR)

entrenador con conocimientos se cruzó en mi camino, empecé a entrenar de forma más constante y con ello empezaron a venir algunos resultados. Poco después dejé el baloncesto para centrarme plenamente en el lanzamiento de peso".

No tardó en empezar a destacar. Comenzó con un trabajo muy específico y meticuloso para mejorar la técnica, posteriormente aumentó el volumen de carga física, con lo que terminó de adaptar su ya de por sí privilegiado cuerpo a esta disciplina deportiva, de la que terminó siendo el principal referente sobre todo en España pero también a nivel internacional. El nombre de Margarita Ramos, de hecho, no sólo es el más destacado del lanzamiento de disco o de peso en la provincia de León, sino que en la historia del deporte español no ha habido ninguna otra lanzadora que se le pueda comparar, y eso que su presencia, su figura, su trayectoria y su ejemplo, sirvieron para que, como pasa tantas veces en el ámbito del deporte, en su ciudad de León surgieran otras atletas que también se han dedicado a la misma disciplina.

Como se puede aventurar, a Margarita Ramos le tocó ser pionera en el mundo del lanzamiento de peso y disco también por cuestiones de género. No era la primera mujer que lo practicaba, en absoluto, de hecho hace ya un siglo que las mujeres participan en atletismo en los Juegos Olímpicos, pero la sociedad no lo veía de la misma manera cuando ella comenzó a practicarlo. Se consideraba un deporte de hombres, poco menos que de forzudos, motivo por el que Margarita Ramos tuvo que superar muchos prejuicios, algunos de los cuales llegaban desde su propia familia, que obviamente terminaron convirtiéndose en sus principales seguidores, en sus principales apoyos, pero que al principio desconfiaban de una especialidad deportiva que desconocían y que, como el resto de la sociedad, consideraba más propia de hombres.

Pero, a pesar de que pronto comenzó a destacar y a ganar títulos, lo de Margarita Ramos y el lanzamiento no fue precisamente un camino de rosas. Llegó a ganar 23 veces el campeonato de España y a batir el récord nacional nada más y nada menos que en 35 ocasiones. Su carrera se vio truncada por un cáncer linfático del que se recuperó en 1999, lo que, junto al deseo de dejar paso a otras atletas como Martina de la Puente y posteriormente a la murciana formada durante años en León, Úrsula Ruíz, la llevaron a decir adiós a la alta competición en el año 2002, dejando un ejemplo de superación que aún hoy sigue iluminando a muchos de los deportistas que acceden al alto nivel, no sólo en atletismo.

Obviamente para ella la participación en los Juegos Olímpicos de Barcelona marcó un antes y un después. Fue una experiencia que ninguno de los numerosos deportistas españoles que tuvieron la suerte de vivir, ha conseguido olvidar. Conviene recordar que por el hecho de ser el país anfitrión, permitió que algunos deportistas pudieran acceder a una competición para la que, de otro modo, nunca hubieran podido conseguir las marcas mínimas exigidas. Pero es que además, el Comité Olímpico Español hizo un esfuerzo muy grande para preparar a nuestros deportistas, lo que cambió para siempre la historia de nuestro deporte, que en muchas disciplinas alcanzó el máximo nivel y ya nunca se ha bajado de él.

Margarita Ramos hizo un relevo de la antorcha olímpica a su paso por León en 1992 (MAURICIO PEÑA)

El lanzamiento de peso en León tuvo en Margarita a su primera gran estrella (MAURICIO PEÑA)

En el caso de Margarita Ramos, la verdad es que la clasificación fue extraordinariamente dura, como duros fueron los entrenamientos, e incluso hubo algún aspecto mucho más negativo al que la atleta leonesa no ha querido nunca hacer referencia pero del que habla en este libro por primera en su vida, según ella misma reconoce: "Estaba con la mínima por los pelos y el entrenador que había tenido hasta poco antes del año olímpico era el responsable nacional de lanzamientos en ese momento, y por poco no me seleccionan. Desde luego, él no hizo la propuesta, fue el entrenador de pruebas combinadas el que la hizo y así pude asistir. No recuerdo el momento exacto, había demasiada tensión. Pasé momentos duros y el detalle que acabo de contar, lo supe varios años después de acabar mi carrera deportiva y nunca lo había contado". Más allá de los contratiempos, de los problemas internos dentro de la selección, se puede decir que Margarita Ramos era la gran esperanza para los aficionados leoneses al deporte, el emblema de esta provincia en la histórica cita de Barcelona, en la que hubo también otros leoneses (hasta la lucha leonesa formó parte de la programación, aunque fuera como deporte de exhibición) pero ninguno de ellos con tantas posibilidades de medalla como fue el caso de Margarita Ramos, que ya había sentido el apoyo de sus paisanos cuando desfiló por Ordoño II con la antorcha olímpica, la principal protagonista de un recorrido que llevó el mítico fuego por toda España y que en el caso de León tuvo a la lanzadora como

Fueron numerosas las ocasiones en las que llevó más lejos el récord de España (MAURICIO PEÑA)

principal referente para el público, completando los metros que despertaron mayor expectación.

Fue precisamente el apoyo del público el que la abrumó cuando saltó a la pista del estadio olímpico de Montjuic, según ella misma confiesa: "Sentí muy de cerca la pasión española por el deporte. Cuando me tocó participar, al entrar en pista, el público aplaudió a rabiar. Ese gesto me dejó algo descolocada, ya que en los lanzamientos no estamos acostumbrados a tener un gran seguimiento. No sé si fue el mejor recuerdo, pero sí el más impactante. Tengo muy buenos recuerdos".

Es el más vivido de sus recuerdos, el que ha quedado mejor grabado en su memoria, pero como es lógico tiene muchos más de aquel verano del 92 que de alguna manera cambió la historia de España y también la suya propia: "Participé en la ceremonia inaugural, aunque no pudimos ver todo en directo, ya que salíamos al final y pasamos mucho tiempo metidos en el túnel. Pero el encendido de la antorcha fue apoteósico", afirma la lanzadora leonesa, que en los principios de su trayectoria deportiva alternaba disco y peso y posteriormente se acabó centrando sobre todo el peso, hasta el punto de que durante los once años que estuvo en lo más alto de este deporte mejoró su marca nada más y nada menos que en tres metros, una distancia que está al alcance de muy pocas deportistas y que, en cambio, le de-

Recibiendo en el Estadio Hispánico el homenaje de los aficionados leoneses (MAURICIO PEÑA)

jó con el mal sabor de boca de no alcanzar por muy poco los 18 metros que siempre fueron su principal objetivo. Se quedó a sólo 7 centímetros: 17,93 metros fue su mejor registro.

Pero en Barcelona todo fue distinto. La leonesa notó la presión de la alta competición, que en su caso ya llegaba arrastrada por los problemas internos: "Al estar algo desubicada, me costaba concentrarme. Cada vez que salía al círculo un montón de personas animaban y aplaudían con ganas, pero era incapaz de encontrar mi sitio. Hice 3 lanzamientos en la calificación y no conseguí pasar a la final, quedando en el puesto 13". No fue el de la competición el mejor recuerdo que se pudo traer la leonesa de Barcelona 92, como resulta evidente, pero su calidad estaba fuera de toda duda y Margarita Ramos supo sobreponerse a las circunstancias, superarse a sí misma, y retomar el rumbo de su carrera, como tantas veces a lo largo de ella, para completar una trayectoria deportiva que se puede considerar ejemplar por muchos y variados motivos. Gestionar las emociones, superar las frustraciones, los fracasos, es una de las máximas del deporte, y ella había trabajado mucho para poder llegar a la cita olímpica: "La preparación fue sacrificada, acababa de cambiar de entrenador para pasar a uno que vivía en Barcelona y tuve que viajar mucho para prepararme", recuerda. Pese a que los resultados no fueron los deseados, pudo aprender de sus errores.

Pero quedan otros muchos recuerdos de aquella Barcelona de principios de los noventa que se convirtió en capital mundial del deporte, y a la que acudieron algunos de los mejores deportistas que, según los casos, lo eran del momento o lo eran de todos los tiempos, según se mire. "Viví en la Villa alrededor de 15 días, y era intrigante pensar con qué gran deportista te ibas a encontrar. Es muy interesante percatarse que hasta los más grandes son de carne y hueso, igual que tú y que tienen emociones e inquietudes, igual que las tuyas. Seguramente, las aspiraciones no eran las mismas...". Una experiencia que, como ya han contado algunos de sus compañeros en este mismo libro, resulta inolvidable para aquellos que la han vivido, y resulta curioso comprobar que todos se sorprenden de lo mismo: "Dentro de la villa, teníamos todo tipo de servicios, desde peluquería hasta sala de juegos. El comedor era inmenso y hasta un poco de playa se podía aprovechar, si encontrabas el momento...".

Pero, como ya se ha dicho, el ejemplo de Margarita Ramos, que sigue vinculada al deporte a través de las Escuelas Deportivas Municipales del Ayuntamiento de León, sigue vivo para muchos de los que la conocieron o escucharon contar las gestas de esta leonesa de sonrisa eterna que supo imponerse a todo, desde las cumbres que siempre pone el deporte por delante hasta los reveses de la vida, como fue el caso de la enfermedad que superó con constancia y tenacidad y que no le apartó de lo más alto de la competición, puesto que a ella volvió cuando la hubo superado: "Fue muy duro, claro, no deja de ser un cáncer, pero en aquellos momentos tan duros me sentí tan arropada por tanta gente, sentí tanta cercanía, cariño, que casi lo doy por bueno".

Las canchas deportivas siempre han sido la vida de Margarita Ramos (MAURICIO PEÑA)

RODRIGO GAVELA

ATLETISMO

BARCELONA 1992

03:124

Un fondista berciano en Barcelona 92

En Fabero, como en el resto del mundo, sólo había, en el mejor de los casos, canchas de fútbol, luego llegaron las de baloncesto. De este modo, el principal deporte que practicaban los chavales era el montañismo, si como tal se incluye lo de subir picos. "Se puede decir que éramos todos atletas", señala Rodrigo Gavela (Fabero, 1966), "porque andábamos todo el día por el monte. Salíamos de casa por la mañana y, con suerte, volvíamos a la hora de comer para volver a marchar a continuación".

El que desde luego sí que se convirtió en atleta fue él. Sus primeros pasos, literalmente, los dio por las carreras que se hacían antes, tanto a pie como ciclistas, que se organizaban en las fiestas de muchos pueblos. En el suyo, Fabero, la carrera tenía cierto prestigio aunque fuera a nivel comarcal, y él empezó pronto a participar en ella y, como es lógico, tardó un poco más en despuntar. Conseguía mejores clasificaciones en las de otros pueblos, que no eran tan multitudinarias, así que, aunque se aficionara al atletismo en Fabero, fue en los pueblos de todo el Bierzo donde empezó a cosechar sus primeras victorias. Carreras como aquellas, que eran lo que más abundaba porque eran lo más sencillo y más barato desde el punto de vista de la organización, han ido desapareciendo de la mayoría de los programas de festejos, y hoy, echando la vista atrás, Gavela reflexiona que eran un gran polo de atracción para el atletismo que ha ido desapareciendo con el paso del tiempo.

No había categorías en la carrera de Fabero y Rodrigo Gavela se sorprendió a sí mismo al quedar el octavo con sólo 14 años. Empezó a ir a todas las que podía, pues eran también una forma de ganar un poco de dinero, que tan bien viene siempre en los veranos de la juventud. Recuerda la de Tombrio de Arriba, tan precaria que había que subir hasta una ermita, donde a cada corredor le daban una pulsera que se tenía que poner para demostrar que había pasado por allí.

Destacaba en las carreras populares, las ganaba casi todas, y fue así como llamó la atención de José Arroyo, por entonces entrenador del equipo de atletismo que, como tantos por la comarca del Bierzo, llevaba por nombre Endesa. Le hizo una prueba y, obviamente, le seleccionó. Rodrigo Gavela tenía que bajar a entrenar a dedo desde Fabero, donde sus padres regentaban un bar muy popular, Los Polacos, hasta Ponferrada. Se hacía duro, por mucho que le gustase, pero recibía siempre los ánimos y los consejos de su profesor de educación física, Miguel Ángel, al que todos en Fabero conocían como 'el Porro'. Empezó corriendo en media distancia: 800, 1.000 y 1.500 metros, en

Gavela despuntó pronto como gran atleta (ARCHIVO PERSONAL)

pista de ceniza, que era la única que había en Ponferrada. Recuerda que su primera salida fue a León, a una carrera que se celebró en la capital, la primera ocasión en la que salía del Bierzo con el atletismo como motivo. Fue emocionante. "Hice hasta relevos". De todas aquellas primeras carreras, Gavela recuerda con especial cariño la que se celebró en Ponferrada el 7 de julio, que era cuando Endesa, propietaria de la central térmica de Compostilla en la que se quemaba el carbón que se extraía en todas las minas bercianas, celebraba su tradicional fiesta.

Pero, para emocionante, la que se puede considerar como la primera salida verdadera, que tuvo como destino el cross que se celebraba en Lasarte (Guipúzcoa). Tenía 16 años. Emocionante, en primer lugar, fue la odisea de llegar hasta allí, un viaje en coche que duró interminables horas, y dormir fuera de casa, en una pensión de San Sebastián. Pero lo que vio en aquel cross hizo que germinase dentro del entonces joven berciano una pasión por el atletismo que ya después le acompañó durante el resto de su vida: "El recorrido se adentraba en el hipódromo y a mí me llamó mucho la atención que las gradas estaban llenas de gente, gente que, además, había pagado una entrada por vernos correr. Y no solo eso: en los montes cercanos había espectadores que nos veían pasar desde la distancia. Yo me quedé prendado. En las carreras en las que yo había participado simplemente había gente que nos veía pasar con desgana, como mucho aplaudían en la recta final, la entrada a meta, pero en aquel cross de Lasarte me quedé completamente maravillado". Iba con otros dos corredores bercianos, Pablo Balonga y Pablo Voces Bello, y Rodrigo Gavela quedó finalmente clasificado en la 40ª posición de una carrera que ganó José Manuel García, aquel mismo año campeón de España. "Los dos éramos de enero del 66". Cuarto quedó un corredor de la localidad leonesa de Gradefes llamado Justiniano Rodríguez. Gavela fue el quinto de los leoneses. Le quedaba mucho pero aquella experiencia le sirvió para convencerse de que podía competir, de que entrenando podía acercarse a los mejores, que no estaba tan lejos como él mismo creía antes de subirse a aquel coche con rumbo a Lasarte.

"Empecé a entrenar fuerte y en dos meses mejoré muchísimo, tanto que en el Campeonato de España quedé el 18º". Le entrenaba en un principio Fidel González, atleta de Sésamo, localidad muy cercaba a Fabero, que estaba acabando sus estudios de INEF. "Mejoré mucho al principio, pero luego me estanqué, así que decidí cambiar de entrenador y pasé por numerosos clubes". Gavela se fue a estudiar Periodismo a Madrid y formó parte de diferentes equipos. Su siguiente entrenador fue Antonio Serrano. Estuvo en el equipo de la Complutense, pues de aquella se comenzó a potenciar mucho el deporte universitario, no sólo para competiciones entre universidades, también para que equipos formados mayoritariamente por estudiantes participaran en las competiciones federadas. Entre otros equipos, Gavela estuvo también en el Rodper o en el 'San Pablo La Madre del Cordero', que tomaba su nombre de un queso, su patrocinador.

Con Antonio Serrano, de lo que se conocía como 'la escuela toledana' que había creado Martín Velasco, Rodrigo Gavela encajó a la perfección. Ahí comenzó su verdadera progresión como atleta. "Hasta entonces, yo había conocido sistemas en los que la persona se tenía que adaptar al sistema del entrenamiento, pero con Antonio Serrano era al revés y a mí me resultaba mucho más lógico y me iba mejor: el entrenamiento se adaptaba al corredor".

El Campeonato de España de 1992 en maratón fue un espaldarazo (ARCHIVO PERSONAL)

Se puede decir que explotó, deportivamente hablando, en el año 1990. Mejoró mucho en cross, aunque no le favorecía precisamente el barro, y debutó en la competición que acabaría marcando su vida, el maratón, en San Sebastián, con 24 años. No sólo ganó sino que además consiguió una marca de 2 horas y 13 minutos, la mejor que nunca hubiera conseguido un debutante con su edad (24 años). Se convirtió en internacional. Compitió en Japón, en el Campeonato del Mundo que se celebró el año siguiente en Londres y en el que España quedó cuarta por equipos. También ese año corrió el maratón de Berlín, donde hizo la mínima para los JJOO de Barcelona 92. Unos meses más tarde, en marzo de aquel histórico 1992, en el Campeonato de España e Iberoamericano celebrado en Barcelona (en el que compartió carrera con una leyenda como el tanzano John Burra), Gavela consiguió la plaza olímpica con la selección española, al quedar campeón de España e Iberoamericano de maratón. La puerta a cumplir el sueño de cualquier atleta. Y se citó con la historia.

Tenía 26 años cuando corrió el maratón en los Juegos Olímpicos de Barcelona 92. "Nos lo tomamos muy en serio", dice ahora recordando aquella experiencia que cambió su vida para siempre. "Casi no participé de la vida en la villa olímpica, porque habían situado a los deportistas españoles en los edificios que franqueaban lo que era la plaza de la Villa Olímpica, donde siempre había celebraciones de triunfos y medallas de todos los deportes que lo habían conseguido durante el día. Esas fiestas no permitían descansar bien. Y a eso añadimos que no se podían cerrar las persianas porque las ventanas abrían hacia fuera y no había aire acondicionado. Dormir allí no era fácil". Por ese motivo, Rodrigo Gavela y los otros maratonianos (Montiel y

Rodrigo con el 421 en Barcelona 92 (ARCHIVO PERSONAL)

El de Fabero tras el esfuerzo olímpico (ARCHIVO PERSONAL)

Diego García) y fondistas españoles (Martín Fiz y Antonio Serrano), se concentraron lejos de Barcelona, en Palafrugell (Gerona), ya que el maratón era la última prueba y, desde que se inauguraron los Juegos, debían pasar aún tres semanas hasta que llegara su momento. El berciano sí estuvo presente en la ya casi legendaria ceremonia inaugural, en la que, además, "como nos colocaron por estatura, nosotros íbamos de los primeros hombres, pero detrás y muy cerca de la selección de baloncesto y de voleibol femenina que eran las últimas de las mujeres (por ser las más altas). Toda la comitiva de España iba encabezada por el entonces Príncipe Felipe, que fue el abanderado de la selección española".

"Donde nos concentramos en las últimas semanas era un lugar ideal para entrenar, con buenas instalaciones y en unas condiciones climatológicas idénticas a Barcelona (mucho calor y humedad) para realizar la mejor adaptación posible. Un lugar donde podíamos descansar por la noche y entrenar duro. Eso sí: aprovechábamos para entrenarnos con las más altas temperaturas, ya que todos sabíamos que en el maratón de Barcelona iba a hacer mucho calor e iba a haber mucha humedad". Así que Gavela y el resto de los fondistas españoles salían a entrenarse nada más y nada menos que a las doce del mediodía y a las siete de la tarde de finales de julio y principio de agosto, cuando más calentaba el sol. Conocían bien los caminos de Palafrugell, pues no sólo estuvieron allí las tres semanas de los Juegos Olímpicos esperando a que llegase el momento del maratón, sino también casi dos meses anteriores, para aclimatarse a la humedad y el calor.

La cosa empezó a pintar bien. Gavela se fue el día antes a la Villa Olímpica y le sorprendió una intensa tormenta que hizo, obviamente, que en la ciudad de Barcelona se concentrase aún más humedad de la que solía haber habitualmente. "Es la mía", se decía el berciano. Había 112 participantes en aquella maratón y, si uno se fijaba solamente en las marcas, la del berciano le retrasaba hasta la plaza 108. Uno de los favoritos eran el australiano Monegueti. "Yo mismo me asustaba de lo bien que estaba entrenando los días previos", recuerda el fondista leonés, y explica lo que ocurrió ya en la carrera: "Salimos de Mataró y hacía mucho viento en contra, lo que no nos permitía ir rápido y nadie quería tirar. Íbamos todos detrás de Bordín, el campeón olímpico vigente en ese momento (y uno de los favoritos). Íbamos todos tan apretados que, en un avituallamiento, hubo una caída del japonés Taniguchi (el campeón del mundo en ese momento) y provocó una montonera que hizo que el grupo se partiera en dos. A mí me pilló en el grupo de atrás junto a Diego García. Se nos fueron a más de 30 metros y nadie quería tirar", recuerda Gavela que, pese a la intensidad del momento, pese al esfuerzo de la competición en todo el recorrido, puede recordar perfectamente cada kilómetro de aquella histórica maratón.

"Diego García y yo empezamos a darnos relevos y a tirar hacia delante, porque allí nadie quería moverse. Conseguimos enganchar con el grupo de adelante a la altura de la Sagrada Familia. Nos llenó de optimismo, claro, pero a mí sobre todo lo que más me motivó y animó fue que, al pasar por plaza de Cataluña, vi a un grupo muy grande de mi pueblo". Habían viajado en autobús desde Fabero y desde Ponferrada para animar a Rodrigo Gavela, que, según confiesa más de tres décadas después, no supo en aquel momento controlar perfectamente las emociones de ver allí a sus vecinos solamente por animarle a él: "Era el kilómetro 30, estaban allí y me animé demasiado, y soñé. Soñé con algo muy grande; me veía muy bien y sólo llevaba 5 corredores por delante, podía ver la cabeza a unos 80 metros (el coreano que ganó y dos japoneses) y entre ellos y nosotros iban otros dos corredores. Yo iba con Diego García y Taniguchi. Todo me parecía posible y arriesgué. Cambié de ritmo para coger a los de delante, con la mala suerte de que ellos también cambiaron en ese momento, de modo que, después de hacer varios kilómetros en 2'48'', no les había recortado nada, así que me vine abajo sicológicamente y un poco más adelante me pillaron otra vez Diego García, Taniguchi y un par de corredores más (entre ellos el alemán Freijan, que luego fue medalla de bronce)".

Aún quedaba esperanza. Barcelona se había echado a la calle para disfrutar de la maratón, cuyo recorrido Rodrigo Gavela conocía palmo a palmo. Por eso sabía que, después del llano en el que se le fueron varios rivales, llegaba la subida al Paralelo y, después, la subida a Montjuic, y eso le beneficiaba.

"Cuando empezamos a subir el Paralelo pude ver que uno de los japoneses empezó a hacer eses en la carretera. Y me dije a por él, aún seguía llevando la cabeza a "tiro de piedra" y subo muy bien. Empecé a recuperar puestos y terreno y en el kilómetro 40 me encontré al otro grupo de Fabero, lo

La Copa del Mundo de 1993 (ARCHIVO PERSONAL)

que me animó aún más; en ese momento iba el 9º y unos 500 metros después pillé a Diego y Taniguchi otra vez, justo en la cuesta más dura de la subida. Cambié de ritmo al pasarles para que no me cogieran el rebufo y me dio un calambre que me dejó fuera de combate. Se me bloqueó el bíceps femoral derecho y tuve que estirar como pude para desbloquearlo. Estaba a menos de un kilómetro y medio y no podía correr. Hice andando hasta la entrada al Estadio, con pequeños tramos al trote (hasta que me amagaba con otro calambre) y ya en la pista, pude trotar los últimos 300 metros. En ese tramo me pasaron 9 corredores". Tres de ellos le pasaron justo antes de entrar en el estadio (los tres norteamericanos). Acabó el 18º aquella carrera histórica de la que, para el resto de su vida, tuvo la espina clavada de que un golpe de suerte le podía haber acercado al podio.

Al año siguiente batió el récord de España de maratón y quedó 5º en la Copa del Mundo con sólo 27 años, pero dos meses después, en enero de 1994, se acabó su carrera deportiva en la elite internacional. Una hernia discal le dejó fuera de la alta competición para siempre, cuando aún tenía mucha capacidad de mejora. No sin antes haber completado una trayectoria verdaderamente llamativa y admirable que le destaca como uno de los mejores atletas leoneses de todos los tiempos.

NIEVES FERNÁNDEZ
CRISTINA FERNÁNDEZ

TIRO OLÍMPICO

BARCELONA 1992

03:132

La precisión con acento leonés

Hay deportes que llaman la atención del público tanto en retransmisiones televisivas como asistiendo de forma masiva a sus gradas en multitud de competiciones cada temporada, incluyendo por supuesto las citas olímpicas, siempre señaladas con mayúsculas en el calendario. Pero otros deportes considerados minoritarios, no suelen contar con mucho reconocimiento público en competiciones anuales, por eso son quizás los que más importancia dan a unos Juegos Olímpicos. Por una vez en una competición, por unos días, los deportistas que practican estas modalidades se sienten iguales, tan visibles y valorados como aquellos deportistas profesionales que practican disciplinas más populares. Un buen ejemplo de ello puede ser Nieves Fernández, la leonesa que participó en Barcelona 92 como miembro de la selección española de tiro olímpico.

Un deporte así no cuenta con mucho reconocimiento, no es habitual que haya público en las competiciones más allá de los familiares de los propios deportistas, y de hecho quienes lo practican, sobre todo a finales de los ochenta y principios de los noventa como era el caso de Nieves Fernández, tenían que soportar comentarios del tipo: "¡Anda! ¡Que disparas con carabina! ¿Pero eso es un deporte? Pues tengo yo una escopeta de esas en el pueblo, así que cuando quieres vienes y matamos unos cuantos pájaros" a lo que la tiradora leonesa respondía siempre con un contundente: "Yo no disparo a pájaros".

Carabinas, pistolas y escopetas de diferentes calibres, usadas a diferentes distancias, establecen los límites entre los distintos tipos de competición dentro del tiro deportivo, al que Nieves Fernández recuerda que llegó cuando estudiaba en el instituto Ordoño II de León, conocido como La Palomera, cuando un profesor de gimnasia realizó una prueba entre sus alumnos con el objetivo de buscar talentos para este deporte. "Yo no había tocado un arma en mi vida. El que tenía una escopeta en casa era mi hermano y a mí la verdad es que nunca me había llamado la atención", recuerda Nieves, que a pesar de ello parece que hizo una muy buena prueba y consiguió que el profesor la enviase al cercano colegio de los Jesuitas, donde estaban intentando crear una sección femenina en el club que por entonces ya tenían en marcha y que era de los pocos que entonces se dedicaban a esta modalidad deportiva dentro de la comunidad autónoma de Castilla y León.

"A quien se lo debo todo lo que conseguí dentro del mundo del tiro olímpico es al Hermano Almunia, eso es algo que tengo clarísimo", recuerda Nieves Fernández, en referencia a aquellos entrenamientos en las instalaciones del colegio de los Jesuitas, que no estaban a la altura de otros centros y, aunque hacía frío, contaban con algunos 'privilegios', como era el caso de poder transportar las dianas gracias a una manivela o las propias carabinas que prestaban a las participantes en el aquel club, al que Nieves Fernández llegó cuando tenía tan sólo 15 años y al que también acudieron desde otros colegios e institutos de la ciudad otras jóvenes leonesas que habían conseguido superar las pruebas realizadas para intentar captar talentos. "La verdad es que pasó lo de siempre, que éramos todas más o menos de la misma edad y que fuimos haciendo piña, y con eso ibas a entrenar contenta. Además, al principio recuerdo que me animaba mucho comprobar que yo era capaz de ir mejorando de día en día, eso obviamente te motiva, porque con el paso del tiempo, con el paso de los entrenamientos y cuando ya has conseguido alcanzar un cierto nivel, pues es muchísimo más complejo conseguir una evolución, o al menos sentirla, y eso hace que te desesperes un poco", sostiene la tiradora leonesa.

El equipo español de tiro con las dos leonesas, Nieves (2d) y Cristina (d) (ARCHIVO PERSONAL)

Hubo una competición que marcó un antes y un después dentro de su carrera en el mundo del tiro deportivo. La convocaba la que sin duda era, y probablemente sigue siendo, la marca referente del sector, llamada Gamo, y en aquella ocasión el premio no era otro que una carabina de precisión, mucho mejor que cualquiera de las que hasta entonces había tenido en sus manos Nieves Fernández. Se proclamó ganadora de aquel campeonato, consiguió su carabina "y eso indudablemente me hizo subir un peldaño en cuanto a la calidad, por las posibilidades que ofrecía". Empezaron a

Junto a representantes de Islas Vírgenes (ARCHIVO PERSONAL)

llegar entonces los campeonatos autonómicos, nacionales y, cuando contaba con tan sólo 17 años, la primera cita internacional para la deportista leonesa.

No sólo es cuestión de pulso y concentración. El tiro olímpico requiere entrenamiento físico, mental y mucha técnica. En la primera de las pruebas europeas que disputó Nieves Fernández recuerda que sufrió poco menos que una taquicardia, que notaba cómo le latía el corazón en el pecho, lo que hacía muy difícil centrarse en la diana. "Es un deporte muy sacrificado. No sólo son las horas de entrenamiento y de preparación, sino que en las propias competiciones a veces puedes estar minutos esperando para hacer un disparo y, cuando llega el momento, te lo juegas todo en un segundo. Yo, aquella vez, recuerdo que me decía a mí misma que era completamente imposible que pudiera hacer diana con los nervios que tenía. Parecía que se me iba a salir el corazón", dice la tiradora.

Confiesa Nieves que el pulso puede tener mucho que ver para la pistola, que es una de las modalidades del tiro deportivo, pero que en el caso de la carabina influye más la técnica. Ella practicó este deporte con la carabina de aire comprimido, con la que se dispara a una distancia de diez me-

Cristina celebró su cumpleaños en los Juegos (ARCHIVO PERSONAL)

tros, y de calibre 22, con la que se dispara a 50 metros y en tres posiciones (tumbada, de rodillas y de pie). Junto a Cristina Fernández componía la pareja de tiradoras leonesas que llenaron de esperanza a los aficionados de esta provincia cuando llegó la histórica cita de Barcelona 92.

"Fui a los Juegos Olímpicos de Barcelona porque al ser España el país anfitrión contábamos con plazas aseguradas en todos los deportes, y ese fue mi caso porque al final no conseguí la plaza olímpica que se ganaba según la clasificación obtenida en los Campeonatos del Mundo y en los

Nieves en Barcelona 92 (ARCHIVO PERSONAL)

Campeonatos de Europa. La verdad es que me dio mucha rabia, muchísima, porque quedé muy cerca de ganarla. Yo podía haberlo conseguido y, en el caso de que lo hubiera hecho, eso hubiera servido para que yo consiguiera mi plaza y así fuera otra de mis compañeras de selección que finalmente se quedó fuera", recuerda aún con rabia Nieves Fernández, que junto a la mencionada Cristina Fernández se pasó un año y medio en el centro de alto rendimiento situado en la localidad barcelonesa de Mollet del Vallés para preparar la cita olímpica. "Entrenábamos allí porque nos teníamos que adaptar a las condiciones climáticas de la zona donde luego íbamos a competir, y todo aquello fue muy sacrificado pero se puede decir que también apasionante. Vivíamos básicamente para entrenar durante todo el tiempo que pasamos allí".

Llegó la gran cita, con la que sueñan miles de deportistas, y confiesa Nieves Fernández que el mejor recuerdo que conserva de los Juegos de Barcelona era el ambiente que se vivía en la villa olímpica, donde, como ya se ha dicho, sentía que era valorada como deportista más de lo que lo había sido en toda su vida. "No lo disfruté todo lo que debía porque estaba muy nerviosa, mucho. Para mí, era algo así como hacer el examen de una oposición para la que te llevas preparando durante mucho tiempo y te lo juegas todo en un rato, y eso me impedía disfrutar de todo lo que teníamos allí, de aquella ciudad para deportistas en la que recuerdo que había máquinas de bebidas isotónicas que eran gratuitas, solo había que darle al botón, y eso, con el calor que hacía y después de los entrenamientos, pues la verdad es que venía muy bien y me sorprendió gratamente". Un comedor gigante, gimnasios, fisioterapeutas y, a fin de cuentas, "facilidades" era

Cristina junto a su familia (ARCHIVO PERSONAL)

lo que se encontraron los deportistas. "Era alucinante porque, la verdad, hasta aquel momento, yo creo que no sólo el tiro que yo practicaba sino el deporte en general no se valoraba en España tanto como se valora ahora, y en ese sentido los Juegos Olímpicos de Barcelona marcaron un antes y un después".

Nieves y Cristina Fernández no vivieron la ceremonia inaugural que además de formar parte de las historias personales de cada uno de los que la protagonizaron o asistieron al estadio olímpico de Montjuic, en realidad forma parte también de la historia de este país. Las tiradoras leonesas no pudieron ir porque su competición era al día siguiente por la mañana, prácticamente la primera de un calendario lógicamente intenso, así que su entrenador les pidió que se quedaran en la villa olímpica. Desde la ventana de su habitación veían al resto de deportistas salir hacia aquella ceremonia que les daba rabia perderse y, al final, decidieron vestirse con el traje oficial de la selección española y bajar a hacerse unas fotos, aunque no pudieran participar de la ceremonia que suponía un desplazamiento y horas de espera. Tuvieron la suerte, además, de que al bajar de su edificio en la misma calle de la villa olímpica se encontraron con otra leonesa, Margarita Ramos, que sí que iba para el estadio olímpico, y al menos se pudieron hacer unas fotografías con ella para inmortalizar aquel momento.

En lo estrictamente deportivo, al día siguiente, "la verdad es que se me dio bastante mal la competición. Me dio rabia porque estaba compitiendo bien, tenía muchas posibilidades de conseguir una buena clasificación y lo sabía, estaba a la altura de las mejores, pero quizá eso mismo fue lo que despertó en mí mucha presión. Al fi-

La concentración es clave en el tiro olímpico para mejorar la precisión

nal no me clasifiqué ni para las fases finales, me quedé más o menos en el medio de la clasificación, y eso lo que me supuso fue un disgusto terrible, uno de los mayores de mi vida: Sé que estar allí es un premio, pero que no te salgan las cosas como esperas es una gran decepción", recuerda con tristeza la leonesa, que entonces tenía tan sólo 23 años y que después de aquello no abandonó ni mucho menos el tiro olímpico, sino que lo siguió practicando hasta los 32 años, "hasta mi primer embarazo", dice con una sonrisa. Nieves fue ejemplo para muchas leonesas, fue pionera en un deporte que en esta provincia prácticamente no se conocía, y tuvo que superar barreras habituales, como la presencia mucho más habitual de los hombres por un lado, y el desconocimiento del tiro deportivo por parte del público, lo que provocaba que no se valorasen como merecían sus logos y su talento.

Algo similar es lo que cuenta la otra leonesa que representó a España en tiro en los juegos de Barcelona 92, Cristina Fernández. En su caso, su contacto con este deporte minoritario no fue en ninguna prueba de las que buscan talentos por los centros educativos, sino en su propia casa. Su padre era muy aficionado al tiro, con carabina de aire comprimido, al plato, la caza... De hecho, recuerda que en su casa hay una fotografía en la que su madre está embarazada de ella y tiene una pistola de aire comprimido entre las manos. Su hermano también probó este deporte, pero no le gustó tanto como a Cristina, quien cuen-

Nieves junto a la atleta Margarita Ramos (ARCHIVO PERSONAL)

ta que entrenaba en el pasillo de la casa familiar, disparando desde la cocina hasta la habitación de su hermano, y que obviamente tenía que advertir a todos los que allí vivían que no fueran al baño sin avisar. "Independientemente de mis habilidades propias, yo llegué donde llegué gracias al apoyo y perseverancia de mis padres: madrugar el fin de semana para llevarme a entrenar cuando aún era muy pequeña para conducir, las horas en tren para acompañarme a los campeonatos, y su apoyo incondicional me fuera bien o mal. Creo que es importante valorar esa ayuda silenciosa que no espera reconocimiento, pero lo merece", asegura Cristina Fernández.

Comenzó a destacar y también recibió en su día al ya mencionado Hermano Almunia, que la ofreció entrenarla, pero prefirió seguir con su padre, que era quien la había iniciado en este deporte. Con sólo 11 años ganó su primer campeonato, contra rivales que eran todos chicos, se fue animando, fue mejorando... y terminó por presentar la solicitud para ingresar en el Centro de Alto Rendimiento Deportivo

Cristina en la playa olímpica durante los Juegos de Barcelona (ARCHIVO PERSONAL)

de Mollet del Vallés. Allí estuvo tres años, en un ambiente en el que "se dormía, se comía y se respiraba deporte, hasta el punto de que las clases se adaptaban a los entrenamientos y no viceversa", de modo que cuando llegó la histórica cita de Barcelona 92 se fue a la villa olímpica y, además de su compañera leonesa, lo hizo con los que entonces ya eran sus mejores amigos, su pandilla, deportistas (entre ellos su novio) de lucha, tenis de mesa o cualquiera de los otros deportes que se entrenaban en el CAR en el que terminó pasando parte de su vida deportiva. Eso hizo que el ambiente fuera obviamente bueno, aunque Cristina confiesa, más de tres décadas después, que hubiese preferido que aquellos Juegos Olímpicos se celebrasen en otro país lejano, lo que considera que le hubiera quitado presión. "Estaba disparando y tenía detrás a mis padres y a mi hermano y, la verdad, hubiera preferido que no estuvieran allí cuando no hice más que un ocho", se lamenta.

A pesar de ello, a pesar de que la competición terminó para ella en una hora y el primer día oficial de los Juegos Olímpicos, se pudo quedar una semana más en la villa olímpica, viviendo el ambiente que ella también define como "indescriptible", muy amigable, con todo el mundo dispuesto a hablar con cualquiera, con ganas de compartir la experiencia de vivir unos juegos y ver a todo tipo de deportistas de todos los países del mundo.

Aunque había conseguido la plaza, poco tiempo antes de que empezasen los Juegos, tras una dura competición con Cristina Antolín, la que entonces era su principal rival por el segundo pasaporte olímpico (el primero estaba claro que era para la otra leonesa, Nieves Fernández), Cristina Fernández considera que no estaba en el mejor momento de su carrera, que era demasiado joven, y después de los Juegos siguió en el CAR, siguió compitiendo y si-guió mejorando. De hecho, estaba mejor preparada para conseguir esa

Nieves durante uno de los entrenamientos en las instalaciones de León

plaza cuando llegó la clasificatoria para Atlanta 96, aunque finalmente no lo logró. Por eso, ciertamente decepcionada, se fue a pasar aquel verano a Londres con una amiga, más de un mes, tiempo durante el que la federación de tiro se puso en contacto con su casa porque habían recibido una de las llamadas 'carta blanca' para que pudiera ir otra representante española a la cita norteamericana. Sin embargo, en aquellos tiempos sin teléfonos móviles, sus padres no la pudieron localizar en Londres, ciudad en la que vive prácticamente desde entonces.

PILUCA ALONSO

BALONCESTO

BARCELONA 1992

La más alta de las Dominicas

Una de las alumnas del colegio de las Dominicas llamaba la atención por su altura. Llamaba la atención a cualquiera, no hacía falta ser entrenador de baloncesto ni profesor de Educación Física, porque levantaba del suelo mucho más que el resto de sus compañeras. Se llamaba Piluca Alonso y a ella, con sus diez o doce años, no le interesaba para nada el baloncesto.

Sin embargo, su profesora de educación física la hizo cambiar de opinión. La apartó del grupo y la convenció para que practicara el deporte para el que, sin lugar a duda, contaba con unas condiciones antropométricas ideales. No tardó en convencerla y Piluca, aunque no se interesase en un principio por el baloncesto, se fue poco a poco dejando llevar y comprobando, al mismo tiempo, que destacaba mucho en el deporte de la canasta, pese a que aún faltaban muchos años para que el deporte femenino comenzase a adquirir la importancia que hoy ha conseguido en buena medida pero que aún lucha por ampliar.

Eran principios de los ochenta. Piluca había nacido en el barrio del Crucero el 8 de octubre de 1968 y no había tenido ni el sueño ni las aspiraciones de alcanzar la élite de ningún deporte. Pero, cuando su profesora la apartó del grupo, "no podía negarme". No llegaba entonces a los 195 centímetros que mide actualmente, pero ya destacaba mucho por encima de la media. Y la suya fue una carrera muy precoz. Del equipo de su colegio de las Dominicas pasó al Casa Galicia, luego al Vigo, al Tintoretto, al Zaragoza, al Dorna de Valencia… Es decir: los mejores equipos de baloncesto femenino del momento. Una carrera a la altura de muy pocos deportistas, siempre rompiendo barreras, siempre abriéndose paso por donde le decían que no podía pasar, siempre peleando porque el baloncesto femenino tuviera el reconocimiento que merece.

A los 14 años ya era profesional. "Me llamaron para la selección española cuando tenía sólo 12 o 13 años, en unas campañas que se llamaban 'Operación Altura' y en las que llamé la atención por motivos obvios", recuerda ella, que advierte de los cambios que no sólo el deporte sino toda la sociedad ha experimentado desde entonces. "No era precisamente la época de los teléfonos móviles ni de los correos electrónicos, así que te tenía que llegar a casa una carta de la federación. Y yo recuerdo que todos los días, al llegar del colegio, iba ansiosa hasta el buzón de mi casa, con la esperanza de que me hubieran llamado para la selección, hasta que un día, pese a todo para mi sorpresa, la carta estaba allí", afirma Piluca, que tiene guardadas

Piluca de juvenil entrenando en León (MAURICIO PEÑA)

todas las cartas que la Federación Española de Baloncesto le envió siendo sólo una niña.

Pero su talento y su altura no llamaban la atención únicamente en el patio de su colegio, sino que también destacaba en las concentraciones de la mismísima selección española de su categoría. Quizá así se pueda explicar que, con sólo 14 años, Piluca Alonso ya era profesional de baloncesto: "Me vieron en una concentración de la selección española y me dijeron que les gustaría contar conmigo. A mí me hacía mucha ilusión, claro está, pero era demasiado pequeña como para tomar una decisión así, que implicaba irme de casa y entrenar muy duro por algo que, en aquel momento, no sabía si iba a seguir adelante o no", recuerda de sus primeros pasos en el baloncesto profesional. "Me dijeron que se pondrían en contacto con mis padres y lo hicieron, llamaron a mi casa y hablaron con ellos, les dijeron lo que me ofrecían, las posibilidades que todo aquello tenía, y mis padres lo que hicieron fue dejarme la decisión a mí, pese a que era muy joven, me dijeron que no podían obligarme ni a irme ni a quedarme, que me tocaba a mí elegir, y aposté por irme a Vigo. Estábamos todos un poco sorprendidos porque, en realidad, aquella vez era una de las primeras que yo había salido de mi casa sola para participar en una concentración".

Vigo fue su primer destino dentro del baloncesto profesional. Jugaba en el equipo júnior de la ciudad, pero entrenaba ya con el sénior, con el que era, en realidad, el equipo de su entrenadora. Ahí comenzó algo que le pasaría durante toda su trayectoria deportiva, prácticamente hasta que se retiró, como ella misma reconoce: tenía que desdoblarse. Primero jugaba con las infantiles y las juveniles, siendo júnior empezó con las sénior... Mucho sacrificio, mucho esfuerzo, mucha renuncia y mucho tesón detrás de una carrera que convierte a Piluca Alonso en una de las leyendas de este deporte en España.

Su debut oficial con la selección española fue en un campeonato que se celebró en Cádiz, aunque antes ya había disputado algunos partidos amistosos. Poco a poco fue asentándose en el combinado nacional, convirtiéndose en una de las mejores, sin duda uno de los referentes del equipo en el juego interior. Y, de pronto, pese a que obviamente lo habían anunciado, pese a que se llevaba hablando de ello desde hacía años, llegaron los legendarios Juegos Olímpicos de Barcelona 92, en los que todos los deportistas sueñan con estar y, aquella vez, sobre todo los españoles. Pese a ello, recuerda más de tres décadas después Piluca Alonso, "me pilló de sopetón".

Ese "sopetón" consistía en que las fechas se fueron echando encima. Al ser el equipo anfitrión, España no necesitó jugar ninguna fase clasificatoria para participar en los juegos, lo que facilitó las cosas en todos los deportes, claro está, pero también restó ese punto de competitividad que tan importante es para poder rendir al máximo.

Al no tener que disputar fases previas, desde el Comité Olímpico Español se puso en marcha el llamado Plan ADO, que consistía en unas becas para nuestros mejores deportistas, algunos de los cuales, su mayoría, pasaban a vivir cuatro años, los cuatro previos a la celebración de los Juegos de Barcelona, en la residencia universitaria Blume, en Madrid. "Yo ya era profesional y lo que ofrecían en aquellas becas, en aquel momento, era mucho menos de lo que me ofrecían fuera, de lo que estaba ganando en los clubes privados, y me lo estuve pensando, claro está, porque a mí me apetecía mucho participar en

La leonesa con la mascota olímpica (ARCHIVO PERSONAL)

El equipo español en el pabellón con Piluca arriba a la derecha (ARCHIVO PERSONAL)

los Juegos Olímpicos de Barcelona y me dejaron muy claro que para eso había que entrar en el Plan ADO, pero finalmente, después de reflexionarlo y hablarlo con mi gente, decidí renunciar al sueño olímpico".

Es preciso recordar que el baloncesto femenino ni siquiera hoy está bien pagado, con lo cual mucho menos lo estaba a principios de los noventa, de modo que el Comité Olímpico quería suplir la falta de presupuesto, o su preferencia por otras modalidades, apelando a los deportistas a una especie de amor a la patria que, en algunos casos, como éste, suponía renunciar a unas condiciones mucho mejores simplemente por cumplir el sueño de la inmensa mayoría de los deportistas, que no es otro que ser olímpico. Como cualquiera, la leonesa Piluca Alonso quería participar en los Juegos, pero las mencionadas condiciones que se imponían desde el Comité Olímpico le obligaron a entrar en un periodo de reflexión, decidir si quería hipotecar varios años de su carrera, que todo el mundo sabe que en el caso de los deportistas es muy breve, por cumplir ese sueño de ser olímpica. Finalmente, decidió renunciar a Barcelona 92, a pasar cuatro años encerrada en la residencia Blume de Madrid, y siguió adelante con su trayectoria deportiva por los diferentes clubes que en aquella época formaban la élite del baloncesto femenino español.

Con esa frustración en el cuerpo, Piluca Alonso siguió siendo llamada, en cambio, a cada convocatoria de la selección española, dando por supuesto que no sería llamada para formar parte del combinado nacional cuando llegara la fecha definitiva de los Juegos Olímpicos. Llegó entonces una decisión que muchos, ni siquiera la propia jugadora leonesa, podía entender, y es que pocas semanas antes de que comenzase la concentración para preparar la cita de Barcelona, la selección decidió prescindir de la alero Yolanda Moliné y, en cambio, llamó a Piluca Alonso, que acudió a la llamada, pese a su extrañeza, porque en aquella época no se podía renunciar a la selección si una jugadora era convocada oficialmente, bajo riesgo de sanción que la impediría jugar también a nivel de clubes. Con "una sensación turbia", resume la leonesa, se presentó en la convocatoria del combinado nacional, en el que desde su llegada le dijeron que no iba a jugar un solo minuto. "Supongo que aquello fue mi castigo". La frustración iba en aumento porque todos los aficionados al baloncesto femenino sabían de su calidad y, por tanto, les extrañaba que la leonesa quedase siempre en el banquillo, motivo por el que le hacían preguntas que ella, por profesionalidad y respeto a los técnicos de la federación, no podía responder en aquel momento.

Pese a todo, Piluca Alonso vivió el llamado espíritu olímpico y participó en una experiencia que todos los que la disfrutaron reconocen como inolvidable: aquella ceremonia inaugural de 1992 en el estadio olímpico de Montjuic. Recuerda que las mujeres iban en los pri-

A la derecha la jugadora leonesa durante la ceremonia inaugural (ARCHIVO PERSONAL)

Piluca, con el 8, fue internacional en 171 ocasiones (ARCHIVO PERSONAL)

meros lugares del equipo olímpico español, lo que significa muy cerca del entonces Príncipe Felipe, por eso pudieron contemplar cómo todos los espectadores del estadio se pusieron en pie en el momento que entró el monarca, que era el abanderado español. "Supe lo que es sentir que vas en volandas, como flotando, algo muy especial". Recuerda más de tres décadas después la jugadora leonesa, que quizá tiene en aquella ceremonia su mejor recuerdo de Barcelona 92, ya que deportivamente ni fue bien para ella a título personal ni para la selección española de baloncesto femenino de la que formaba parte a título general, que terminaron siendo quintas, lo que significa que consiguieron un diploma olímpico, "pero podíamos haber optado a medalla porque teníamos equipo para ello y no se cumplieron las expectativas que había generado antes de que comenzase la competición".

Pese a todo, son más los recuerdos hermosos que Piluca Alonso se trajo de Barcelona 92, como fue el caso de cruzarse por la villa olímpica con deportistas que, en realidad, eran estrellas internacionales, como podía ser el velocista Carl Lewis o los jugadores de baloncesto Larry Bird o el inolvidable Drazen Petrovic. Pero el hecho de no poder debutar en unos Juegos Olímpicos dejó una sensación agridulce que persiguió durante años a Piluca Alonso, pese a que justo después de que terminara la competición Manolo Coloma sustituyó a José María Buceta como seleccionador, con lo que se suponía que volvería cierta normalidad al quitarse la presión que había por el hecho de celebrarse las olimpiadas en casa.

De este modo, Piluca Alonso pudo volver a disfrutar de defender los colores de la camiseta nacional. Aunque ya no fuera en unos Juegos Olímpicos, sí pudo disfrutar de una victoria histórica en una competición también muy importante en lo deportivo y que marcó un hito en la historia del baloncesto español: la primera medalla de oro en un Campeonato Europeo. Fue en Perugia, Italia, un triunfo incontestable ante Francia en la final que marcó la senda sobre todo para el baloncesto femenino, aunque Piluca Alonso reconoce que también experimentó una sensación ciertamente contradictoria mientras celebraba aquella victoria: "No estaban ya en aquel equipo todas las jugadoras que habían formado parte de la selección en los Juegos Olímpicos de Barcelona 92, y obviamente te alegras mucho de conseguir algo tan importante, de abrir el camino para las que venían detrás nuestro, te alegrabas por ti y por las nuevas, pero al menos a mí me resultaba inevitable acordarme de las que ya no estaban, de las que no pudieron conseguir aquella medalla de oro pese a que seguramente la habían merecido, pero supongo que estas son las cosas que tiene el deporte".

Desde la distancia, Piluca Alonso, que hoy reside en Valencia pese a que tiene muy presente León y vuelve cada verano a su tierra, recuerda que los triunfos de un equipo casi nunca se basan en individualidades y, en el caso de las selecciones, se deben a que existe una estructura general que permite a quienes llegan a lo más alto competir al máximo nivel. "Si conseguimos aquella medalla en Perugia no fue sólo por las que estábamos allí en aquel momento, sino también y sobre todo por las que se dejaron la piel en las diferentes etapas anteriores, abriendo camino, como humildemente creo que hemos hecho también algunas de las jugadoras que hemos participado a lo largo de nuestra trayectoria deportiva en la selección nacional".

De comentarista ya una vez retirada (ARCHIVO PERSONAL)

MÓNICA PULGAR

BALONCESTO

BARCELONA 1992

La 'repe' que alcanzó la cima del baloncesto

"No hay nada que se parezca a unos Juegos Olímpicos. Por mucho que te lo cuenten, por mucho que se vea por televisión, participar en los Juegos Olímpicos es lo más grande que hay, algo completamente indescriptible, mágico, que probablemente va más allá de lo que es el mundo del deporte". Lo dice la leonesa Mónica Pulgar, que participó en los Juegos Olímpicos de Barcelona 92 como parte de la selección española femenina de baloncesto, una experiencia que recordará toda su vida.

Junto a su hermana gemela Sonia, 'la Repe' dice ella, pues así es como se llaman mutuamente, destacaron en prácticamente todos los deportes que practicaron. De hecho, sus entrenadoras de fútbol en el equipo de su pueblo, Trobajo del Camino, destacan de ellas su forma de entenderse, su complicidad sobre el campo, y que podrían haber llegado lejos también en el mundo del fútbol. Fueron parte del Huracán Z, el equipo de fútbol de esta localidad cercana a la capital leonesa, que escribió algunas de las primeras páginas de la historia del fútbol femenino en la provincia de León y en la comunidad autónoma de Castilla y León, puesto que en sus primeros compases eran los equipos leoneses los únicos de la comunidad y tenían que jugar con los conjuntos asturianos para poder competir. Pero el fútbol femenino, que por suerte ha experimentado un brutal crecimiento a lo largo de los últimos años, jalonado con la consecución del Mundial en el verano de 2023, no era en los años ochenta un deporte que prometiera un esperanzador recorrido para quienes lo practicaban. Por eso las hermanas Pulgar se decantaron por el baloncesto, ya que, además de talento tenían altura, y un don especial para cualquier deporte colectivo que se propusieran practicar.

Las dos gemelas pronto empezaron a llamar la atención de los entrenadores y seleccionadores del momento, y las dos tuvieron que abandonar León para seguir creciendo como jugadoras. Sonia lo hizo con destino a Lugo, para jugar en la Primera División, y Mónica puso rumbo a Madrid, gracias a que se la había concedido una beca ADO (dentro de un Programa realizado por la Asociación de Deportes Olímpicos para apoyar el desarrollo y promoción de los deportistas nacionales de alto rendimiento a nivel olímpico) para vivir durante dos años en la mítica residencia Blume y preparar los Juegos. Los técnicos veían que la selección española de baloncesto femenino tenía serias opciones de conseguir una buena clasificación en los Juegos Olímpicos de Barcelona y decidieron apostar por el talento. No en vano, la trayectoria del conjunto nacional era claramente ascendente, como se demostró al año siguiente de los Juegos, cuando consiguieron el oro en el Campeonato Europeo celebrado en Perugia (Italia). Después de aquella victoria llegaron muchas más, pero aquella de Italia en 1993, en la que estuvo presente otra leonesa, Piluca Alonso, fue la primera vez que una selección nacional absoluta española de baloncesto conseguía la medalla de oro.

En Barcelona 92, a la selección española le correspondió formar parte del grupo B junto a los EE UU, China y Checoslovaquia. Sólo ganó el partido ante las checoslovacas con un ajustado resultado de 59-58. Por ello, tuvo que disputar un partido ante Italia para jugar después el partido que otorgaría el quinto puesto. Se venció a las italianas por 92-80 y ello dio la clasificación, que sería ante las checoslovacas, a las que se les venció curiosamente con el mismo marcador que en la primera fase, 59-58. En su primera participación en unos Juegos, España lograba la quinta posición y con ello el diploma olímpico. El equipo estaba al nivel de las mejores selecciones a nivel internacional, y como ya se ha mencionado, al año siguiente tal gesta sería superada.

Recuerda Mónica Pulgar cómo fue dando importantes pasos dentro del mundo del baloncesto femenino español. Formaba parte de la selección júnior que en Alcalá de Henares se colgó la plata en un Europeo, siendo derrotadas por sólo tres puntos por las rusas en la final de aquella competición. El sabor era obviamente amargo en aquel momento porque habían estado muy cerca de la victoria y alcanzar

El equipo español de baloncesto con Mónica Pulgar abajo a la derecha (ARCHIVO PERSONAL)

el objetivo del oro, pero en el caso de Mónica se puede decir que al terminar aquel partido recibió una noticia que le hizo olvidar por un momento el mal trago de la derrota: le propusieron entrar a formar parte de la selección absoluta y entrenarse durante dos años en Madrid con sus compañeras para preparar los históricos Juegos de Barcelona 92.

"Si hay algo que nunca olvidaré es la sensación de la ceremonia inaugural. El día anterior estábamos por la villa olímpica y recuerdo que mi compañera Beatriz Cebrián me empezó a decir: ¿Pero ese no es el Príncipe? Y yo no hacía más que decirle que cómo iba a ser el Príncipe, que no iba a estar con nosotras en la villa olímpica, que no podía ser... y al final resultó que

Junto a una estrella como Larry Bird (ARCHIVO PERSONAL)

sí era". Estaba el Príncipe en la villa olímpica y apareció también al día siguiente cuando toda la comitiva española estaba esperando su momento para entrar en el Estadio Montjuic, ese momento que ha pasado a la historia de este país y que recuerdan no sólo los que lo vivieron en primera persona sino los millones de españoles que lo siguieron por televisión. El protocolo obligaba a la selección española a esperar en el Palau Sant Jordi a que les dieran el visto bueno para comenzar con su particular desfile, y en ese momento volvió a aparecer el entonces Príncipe Felipe, lo que provocó el delirio entre los españoles. Fue el abanderado del conjunto nacional y, tras él, toda la comitiva de deportistas. Recuerda la leonesa Mónica Pulgar que todas las luces del estadio se apagaron justo cuando iba a entrar el equipo español, y se encendieron de golpe una vez que ya estaban todos sobre la pista de atletismo. "Allí se le puso la piel de gallina a

La acreditación olímpica (ARCHIVO PERSONAL)

todo el mundo, fue una sensación muy especial, no se puede contar, no es comparable a nada".

Fue un momento emotivo para el país entero y lógicamente también para quienes, en realidad, fueron protagonistas, como fue el caso de Mónica Pulgar, que mantiene también muy vivos los recuerdos del ambiente que se respiraba en la villa olímpica. "Ibas al comedor y te encontrabas con famosos, te acercabas a la pista de atletismo y estaba entrenando el mismísimo Carl Lewis. Nos pasábamos el día alucinadas de la gente que nos íbamos encontrando por allí, tan pronto aparecían los chicos de la selección de baloncesto como las chicas de la selección de balonmano... Y, si alguna vez teníamos tiempo libre, nos pudimos dar el lujo de ver entrenar a aquel llamado Dream Team", en referencia a la selección de baloncesto norteamericana en la que participaron por primera vez en la historia en Barcelona 92 los jugadores profesionales de la NBA, estrellas inolvidables como Charles Barkley, Larry Bird, Pat Ewing, 'Magic' Johnson, Michael Jordan, Karl Malone...

Mónica (arriba 2i) con sus compañeras en las instalaciones de Barcelona (ARCHIVO PERSONAL)

Llegó el momento de la competición, que al fin y al cabo es el verdadero motivo que lleva a los deportistas a los Juegos Olímpicos y para el que se preparan durante años, como era el caso de la jugadora leonesa. El papel de la selección española femenina fue aceptable, pero lo cierto es que todas se quedaron con la sensación de que podían haber conseguido mucho más. Terminaron siendo quintas, diploma olímpico, lejos de las medallas a las que, como es lógico, les hubiera gustado optar, y todo por culpa de un mal inicio de la competición, puesto que en el primer partido perdieron contra China por sólo tres puntos. "En el primer partido salí algo nerviosa. Digamos que noté la presión de estar en un momento que sin duda era tan importante, pero bueno, yo creo que lo superé, me dije a mí misma que 'he llegado hasta aquí por algo' y me supe sacudir la presión de encima. Me dieron minutos, porque yo no era la base titular en aquel momento, y los aproveché lo mejor pude", recuerda la leonesa, que tenía entonces sólo 21 años.

Mónica con los hermanos Jofresa (ARCHIVO PERSONAL)

Pero más allá de la competición, la experiencia de los Juegos Olímpicos la acompañará toda su vida. Se habla siempre de la emoción que todos los españoles sintieron cuando se celebró la ceremonia inaugural, pero también resultó muy especial, sobre todo vivida desde dentro, la ceremonia de clausura, puesto que, como es lógico, para entonces todos los deportistas ya se habían librado de la pre-

Epi, una de las grandes leyendas del baloncesto español con el equipo femenino (ARCHIVO PERSONAL)

sión de la competición y sólo quedaba disfrutar del momento, dejando atrás el esfuerzo realizado y la tensión propia de quien compite al máximo nivel. La fiesta se prolongó durante la madrugada y en ella se unieron deportistas de distintos países que compartieron un momento para la historia al que le pusieron banda sonora José Carreras y Sarah Brightman y terminó con las rumbas gamberras de Peret y Los Manolos.

Javi Fernández, entonces en León en el Elosúa, junto a la leonesa Mónica Pulgar (ARCHIVO PERSONAL)

Un momento inolvidable en Barcelona 92 junto al rey Felipe VI, entonces príncipe (ARCHIVO PERSONAL)

Con satisfacción celebra Mónica Pulgar la explosión del deporte femenino que se ha experimentado en los últimos años en España, aunque al mismo tiempo se lamenta de que el fútbol sigue copando mucho más protagonismo que el resto de los deportes. Mientras, sigue vivo en su memoria el recuerdo de unos Juegos Olímpicos que cambiaron en cierto modo la cara de una ciudad, Barcelona, y del deporte español, que a partir de entonces logró un reconocimiento internacional que hasta entonces se reducía a determinados deportistas, por lo general, al deporte individual. Mónica Pulgar no se cansa de repetir lo alucinante que resulta participar en unos Juegos Olímpicos: "Es el sueño de todos los deportistas, lo más grande, lo mejor que te puede pasar. ¡Magia!".

ROCÍO RÍOS

ATLETISMO

ATLANTA 1996

Una asturiana de raza leonesa

Nació en León el 13 de marzo de 1969, pero enseguida se fue a vivir a Asturias, donde hizo toda su carrera deportiva. Allí sigue disfrutando del atletismo, corriendo junto a las jóvenes y viendo a sus hijos progresar también como atletas, aunque en este caso en modalidades de velocidad.

Su padre era leonés, del barrio de las Ventas, su madre y abuela asturianas. Con ellas se criaron las cinco hermanas, más bien con la abuela, ya que su madre tenía que volver frecuentemente a León. Cuando tenía tan sólo nueve años se quedó a vivir definitivamente con la abuela en su querido Gijón, aunque venían de vez en cuando a tierras leonesas a visitar a su madre. No oculta que de niña le gustaba quedarse en Gijón, "porque es donde teníamos la vida hecha, íbamos al colegio y teníamos a todas las amigas".

En su casa nadie hacía deporte, pero comenzó a jugar a balonmano a los diez años porque cuando su hermana mayor quedaba con amigos, para poder salir su abuela le decía que tenía que llevarle a ella y a su hermana pequeña, con siete y diez años. El caso es que las dejaba al lado de un colegio esperándola y era cuando veía que jugaban a balonmano, hasta que un día entró al colegio y le preguntó al entrenador, Juan Barro, si podía jugar. Sólo pudo practicarlo un par de años, tuvo que dejarlo porque la metieron en un internado. Después, en séptimo de EGB, la cambiaron de colegio y había una niña que era campeona de Asturias alevín de carreras de fondo, con la que quedaba los fines de semana para jugar, pero entre semana no podían quedar porque esta le decía que tenía que entrenar. Un día Rocío le dijo si podía acompañarla al entrenamiento y ahí empezó su relación con el atletismo, viendo cómo practicaba su amiga decidió ir un día con su chándal rosa y, en un campo de fútbol lleno de barro, enseguida demostró que tenía unas cualidades privilegiadas para el fondo. A Herminio, el entrenador de su amiga, le debió dar buena impresión, porque le dijo que la trajera a entrenar todos los días. Tanto destacó desde el principio en modalidades de fondo y medio fondo, que su abuela le decía que ya no sabía dónde poner tantas medallas, tantas copas... y tanto barro en casa.

Reconoce que durante su carrera deportiva tuvo algunos altibajos, y en varias ocasiones estuvo a punto de dejarlo, pero era muy competitiva y siguió porque le gustaba ganar. Cuenta que hubo una época, siendo ya júnior, que estuvo a punto de tirar la toalla: "estaba con el Maybe Gijón Atletismo, y lo iba a dejar porque trabajaba todo el día y a las siete de la tarde me tenía que ir a entrenar y claro, era la

El atletismo pronto fue su vida (ARCHIVO PERSONAL)

adolescencia, me gustaba ir a la discoteca, aunque eso sí, no me perdía ni un entrenamiento". Fue en una liga de clubes donde corrió una prueba de 1.500 metros y quedó tercera cuando dijo que hasta aquí, pero apareció un reconocido entrenador asturiano, David Méndez, y le dijo que quería entrenarla. "Era un entrenador exigente que tenía fama de muy duro, las atletas que él entrenaba eran todas muy buenas. Las veía vomitando después de entrenar y cómo las gritaba y yo pensaba: con este ni de coña". Empezó a entrenar con él y a los tres meses se metió en el mundial de cross: "Me ayudó mucho, empezó a quitarme de salir, y a decirme que tenía que entrenar más, cuidarme, comer un poco mejor...".

La progresión de Rocío Ríos fue enorme, en el 94 batió el récord de España en 10.000 metros, media maratón y maratón, estaba entre las tres mejores atletas de España de media maratón. David, su entrenador, había querido en 1991 que pasara a la modalidad más larga, la maratón, pero ella se negó: "Si le hubiera hecho caso un poco antes hubiera ido a Barcelona 92, pero no quería hacer maratón porque pensaba que era para gente mayor, yo veía que los maratonianos tenían cerca de cuarenta años". Pudo dedicarse a entrenar, ya que aparte de los fijos que tenía por participar en alguna prueba, consiguió la beca ADO del Consejo Superior de Deportes. Antes de ser olímpica hizo récord de España venciendo a Ana Isabel Alonso por casi cinco minutos, "me hizo muchísima ilusión salir en el Marca", y seguía destacando en las pruebas de fondo y medio fondo, de hecho acababa de ser subcampeona de España perdiendo al sprint en un 10.000 metros en Valencia cuando su entrenador la convenció para hacer una maratón con 23 años. Fue en Sama de Langreo, y no sólo ganó, sino que batió el récord de España con una marca de 2:31:46, marca que volvió a superar en Berlín donde paró el crono en 2:29:20. Orientada ya a la larga distancia, en 1995 fue al mundial de cross, y a un Campeonato Ibérico de 10.000 donde competía también Julia Vaquero. Las dos consiguieron mínima olímpica y Rocío Ríos seguía estando entre las mejores de España. Se dio la paradoja de que ese mismo año, en la maratón de San Sebastián, consiguió su mejor marca en maratón, un 2:28:20 con el que consiguió el billete para Atlanta, aunque en esa misma carrera Ana Isabel Alonso hizo el que actualmente es récord de España pero en definitiva, Rocío tenía dos mínimas olímpicas.

De su participación en los Juegos de Atlanta todo son buenos recuerdos para Rocío Ríos desde el primer momento, en el aeropuerto conoció a futbolistas como De la Peña o Raúl, un sueño para ella: "Fueron los únicos Juegos a los que asistí, y además quedé quinta, una pasada, tuvimos un susto ya que hubo un atentado de bomba, pero quedó en nada y fue fantástico". "Convivíamos con todos los deportistas: de balonmano, fútbol, hípica, gimnastas… en el comedor te sentabas y podías estar hablando con cualquier ídolo que tenías también de otros países", recuerda con entusiasmo. Todo son buenos recuerdos para ella, pero si tiene que quedarse con algo fue con el desfile inaugural, "entrábamos en una rampa, yo iba tan volada que casi

Rocío con el dorsal 271 en un cross defendiendo los colores del equipo nacional (ARCHIVO PERSONAL)

me mato por ir despistada, fue impresionante, igual que la de clausura, que también fue genial, en realidad me apunté a todo lo que pude y disfruté muchísimo los Juegos".

Rocío Ríos con Ana Isabel Alonso (i) y Carmen Fuentes (d) en el Mundial de medio maratón de Belfort, donde obtuvieron el bronce por equipos en 1995 (ARCHIVO PERSONAL)

Siguió a buen nivel unos años, y también seguía discutiendo con su entrenador, incluso a veces no le hacía caso; le afectaba cuando estaba disgustada y no competía bien, "pero luego volvía y le pedía perdón". Así hasta que un día en el año 2000 la deja de entrenar y empezó entonces a compartir entrenamientos con Bayón, un compañero a quien entrenaba Roberto Nicieza, uno de los técnicos de atletismo más reconocidos de Asturias, "entrenaba con ritmos de los chicos, hacíamos miles a menos de 3 minutos, entrenaba como un chico". Hizo una maratón en San Sebastián y no le salió bien, paró el crono en 2:40, un tiempo superior a lo acostumbrado por Rocío, y desde entonces dijo que no hacía más maratones, con lo que se pasó al cross nuevamente, consiguiendo muy buenos puestos. El año 2003 completó una temporada de ensueño, seguía compitiendo a buen nivel en mundiales y cross, estaba en la élite en las modalidades de fondo femenino español, pero comenzó a tener microrroturas de fibras en los gemelos y se quedó fuera de los Juegos Olímpicos de Atenas en 2004. Se había mudado a Madrid para entrenar en la Blume, pero se-

En los Juegos Olímpicos de Atlanta junrto a la Reina Sofía (ARCHIVO PERSONAL)

guía con el calvario de las roturas de fibras y nadie sabía por qué, "tampoco se preocuparon demasiado, que si la hidratación, que si la alimentación"... y de ahí ya no salió.

Además de los méritos señalados anteriormente, en su trayectoria cuenta con veinticinco medallas en campeonatos de España en distancias que van desde los 3.000 metros al maratón, destacando cuatro campeonatos de España de 10.000 metros, uno de 5.000, tres de media maratón y uno de maratón; sigue teniendo en la ac-

Arriba con el Príncipe Felipe y abajo con Alberto de Mónaco, dos recuerdos para siempre (ARCHIVO PERSONAL)

tualidad el récord de España en media maratón de sólo mujeres con 1:10:06 (cuando corren por separado hombres y mujeres) y mantuvo durante veinte años el de media maratón con 1:09:59. Con todo ese palmarés, Rocío sigue siendo muy cercana, una 'paisana' que no duda

Cartel de unas Jornadas en León donde participó Rocío

en atender el teléfono a cualquier persona que le reclame, de hecho en el año 2023 estuvo en su tierra natal en una mesa redonda con motivo de la prestigiosa Media Maratón de León junto con Ana Isabel Alonso y Pilar Viñuela. Allí recordaba los años 80, cuando participaba en el 'Memorial Bertoldino' en sus primeros pasos como atleta de alto nivel. Pero como sucede en no pocos casos, a pesar de haber sido internacional cuarenta y nueve veces, a pesar de haber obtenido la mejor clasificación de una atleta española en unos Juegos Olímpicos en modalidades de fondo y poder presumir de su diploma olímpico, cuando se retiró, nadie de la Federación Española de Atletismo la llamó para interesarse por ella; con un simple gesto de agradecimiento por la dedicación ha-

Rocío Ríos de pie la tercera por la derecha, en la ceremonia inaugural (ARCHIVO PERSONAL)

bría sido suficiente para poner en valor tanto esfuerzo de esta leonesa que no tuvo una infancia fácil, que emigró a la vecina Asturias muy joven por circunstancias de la vida. "A día de hoy sigo haciendo pista, me está prestando hacer 'milquis' y 800 metros en pista, llevo poco más de tres meses haciéndolo y hay quien me dice cosas como ...después de lo que fuiste..., pero me gusta ir a entrenar con mis hijos, que son sub'18, aunque salgo a correr con niñas de 17 años y voy a rebufo, pero me presta por la vida". Una de las personas de las que más se acuerda Rocío Ríos es de su amiga y rival Carmen Valero, que falleció en enero del 2024. Carmen fue la primera atleta femenina en representar a España en unos Juegos Olímpicos, y ayudó mucho a Rocío Ríos en algún momento de su vida, "gracias a ella seguí haciendo atletismo en alguna temporada de su vida".

Destacó siempre por su capacidad de sufrir (ARCHIVO PERSONAL)

El diploma olímpico por ser quinta (ARCHIVO PERSONAL)

MANUEL MARTÍNEZ

ATLETISMO

ATLANTA 1996 - SÍDNEY 2000 - ATENAS 2004 - PEKÍN 2008

El lanzador leonés para la historia

Durante años fue la imagen del deporte leonés, el más internacional, el más reconocido. Empezó siendo un niño y acabó convertido en el veterano del lanzamiento de peso, cumpliendo así una labor de puente entre las diferentes generaciones de atletas que él mismo nunca hubiera sospechado. Tampoco sospechaba que le iban a reconocer por la calle, incluso en los Juegos Olímpicos le saludaban los que se suponía que eran mucho más famosos que él. Le costó digerir el peso de la fama, la responsabilidad de ser uno de los favoritos, pero lo consiguió con el paso del tiempo. Y recibió, aunque no fuera en su debido momento, el premio que merecía y que sólo la lacra del dopaje de sus rivales hizo que no le llegara cuando debía.

Manuel Martínez no es un deportista al uso. Después de muchos años dedicados al deporte, se ha adentrado en el mundo del arte: de la escultura a la poesía, pasando por la interpretación, tanto en el cine como en la televisión. Un personaje singular y polifacético que ahora tiene su propia fundación y huye de los agobios urbanitas para regentar un bar en un pueblo leonés. Lejos quedan aquellos tiempos, a finales de los ochenta, cuando descubrió la grandeza del deporte de la mano de Marian Frade en el colegio San Claudio, haciendo entrenamientos en el Hispánico. "Mi entrenador fue Carlos Burón. Según cuenta él, me vio mientras estaba entrenando y me dijo que probase. Con él hice miles de horas entrenando. Es un entrenador que puede hacer que des tu mejor versión en lo deportivo, es realmente exigente y se hace muy duro la verdad, te exprime al máximo, pero en mi caso, por ejemplo, mejoré 7 metros en mi lanzamiento en un solo año, consiguiendo los 19,53 metros, que fue el récord de España con 19 años".

De hecho, batir récords fue el denominador común de su crecimiento como atleta. Destacaba en todas las competiciones, en todas las categorías, y, obviamente, empezó a rondar en su cabeza, y la de sus preparadores, la posibilidad de participar en unos Juegos Olímpicos. "Mis primeros recuerdos de algo que tenga que ver con los Juegos Olímpicos se remontan a cuando era un niño y, como tantos niños españoles, veía por televisión aquel programa que se llamaba 'La Bola de Cristal', en el que Pablo Carbonell, el que luego fuera cantante de Los Toreros Muertos, cantaba una canción que se titulaba 'Sé olímpico' que me hacía mucha gracia".

No llegó a participar en los Juegos de Barcelona 92 por los pelos. "Hice la mínima, que entonces estaba en torno a los 18 metros, dos semanas después de que se hubiera cerrado la fase clasificatoria".

Con Manuel Martínez hubo más medallas (ARCHIVO PERSONAL)

Tenía entonces 18 años. Y le quedaba mucho por aprender. No tiene problema en sincerarse: "Yo era un chaval monosílabo, descerebrado, el abusón del patio del colegio, que en mi caso era San Claudio, algo de lo que no puedes imaginar lo que me arrepiento cada vez que me acuerdo". Gestionar la fama y, sobre todo, la presión de la competición no es fácil para nadie y menos para una persona, como es el caso, extraordinariamente sensible: "Cuando empecé a competir al más alto nivel, la verdad es que no era consciente de lo que me estaba pasando, no era más que un niño que hacía lo que le mandaban y parecía que lo hacía bien, lo que provocó que la retroalimentación me fuera positiva, al menos en aquel momento".

La primera de sus cuatro citas olímpicas llegó en 1996: "Los Juegos de Atlanta supusieron para mí un cambio de personalidad, en todos los sentidos, una experiencia humana como nunca había vivido antes. Por mucho que te lo cuenten, por mucho que te lo puedas imaginar, no sabes lo que es el verdadero espíritu olímpico hasta que estás allí, hasta que vives una temporada en la villa olímpica". Era muy joven, campeón español pero desconocido en el panorama internacional del deporte. O eso creía él: "Una de las cosas que más sorprendió de todo lo que viví en los Juegos de Atlanta es que, estando en el comedor de la villa olímpica, se me acercaron algunos de los deportistas españoles más famosos del momento para saludarme. Yo tenía 21 años y supongo que estaba envuelto en la bruma de juventud, pero la verdad es que aluciné. Eran los Gasol, Navarro... y hasta Rafa Nadal. Por mi físico de entonces supongo que se me reconocía fácilmente después de haberme visto alguna vez, así que se me acercaron ¡ellos a mí! Yo no podía creerlo, la verdad, pero todo aquello me sirvió para desmitificarlos, para deshacer la entelequia del mito, que de ese modo pasa a ser cotidiano".

Vivió con intensidad la ceremonia inaugural de los Juegos Olímpicos de Atlanta: "Fue emocionante pero me resultó demasiado larga, incómoda. En aquellos Juegos, en general, se puede decir que los americanos no se quisieron gastar demasiado dinero, y nos tenían alojados en colegios mayores de un campus universitario. Sirva como ejemplo que, para ir al comedor de la villa olímpica, teníamos que coger un tren eléctrico y al final tardábamos 45 minutos en llegar".

Alguien con su experiencia está autorizado para hablar de las semejanzas y diferencias en cuanto a la organización de unos Juegos Olímpicos, pues no en vano llegó a participar en cuatro ediciones: "Los de Sídney fueron, en mi opinión, los Juegos Olímpicos mejor organizados de los cuatro en los que estuve. Y eso que, como los lanzadores llegamos los últimos, pese a que ya llevábamos un mes en Australia, entrenando en Adelaida, y habían calculado mal, nos alojaron en barracones porque ya no había sitio en el resto de las instalaciones, pero la villa olímpica era muy cómoda, tenía una es-

Manuel Martínez, otro gran lanzador para el deporte leonés (MAURICIO PEÑA)

tructura circular que facilitaba mucho los desplazamientos internos. Y qué decir del estadio, que estaba lleno mañana, tarde y noche y eso que cabían nada más y nada menos que 110.000 espectadores".

Aunque aún tenía mucha proyección por delante, estaba en un buen momento de forma en la cita australiana, así que le fue bien en lo que tiene ver estrictamente con la competición: "Cuajé una buena actuación. Había tenido una lesión de rodilla un año antes, había conseguido la marca justa para conseguir la plaza olímpica. Allí conseguí batir el récord de España, me metí en la final en mi último lanzamiento, y la verdad es que todo aquello fue un impulso para mí y para mi carrera, una motivación que, además, me dio mucha confianza para seguir mejorando". Su crecimiento era imparable, se iba convirtiendo poco a poco en deportista profesional y, al final, estuvo nada más y nada menos que veinte años: "Fui algo así como la transición dentro del mundo del lanzamiento de peso, el que conectó a lo que podíamos llamar la vieja guardia de los años ochenta con las

Los Juegos Olímpicos contaron con la presencia de Manolo en cuatro ocasiones (ARCHIVO PERSONAL)

La presencia de Manuel Martínez en la elite mundial duró varios años (ARCHIVO PERSONAL)

siguientes generaciones, porque competí durante tanto tiempo que vi pasar a tres generaciones de lanzadores y terminé siendo el más veterano".

En 2004 llegó la cita con sabor más agridulce para él y los aficionados leoneses que, desde la distancia, estaban pendientes de sus lanzamientos a través de la televisión. Agridulce porque consiguió colgarse una medalla olímpica, el sueño de la mayoría de los atletas, pero las malas artes de algunos de sus rivales provocaron que ese premio llegara con 9 años de retraso, después de un complicado proceso judicial que descalificó a algunos de los que se habían subido al podio por haber consumido sustancias prohibidas. Por el camino, Manuel Martínez perdió contratos, reconocimiento, proyección... pero lo que nunca le podrán borrar son algunos recuerdos de unos Juegos que se celebraron en el mismo lugar donde habían nacido: "Atenas fue inolvidable para mí en todos los sentidos. Lo organizaron muy bien y la competición de lanzamiento se disputó en el estadio original, en Olimpia, sin duda la más espectacular de toda la Historia, ante 20.000 espectadores que, como imaginarás, no era ni es habitual en un deporte como el lanzamiento de peso".

Reconoce el atleta leonés que las sensaciones fueron especiales en Atenas desde el primer momento: "Recuerdo que, al llegar, dimos un paseo sin rumbo, por estirar las piernas y conocer un poco los alrededores, y, de pronto, empezamos a sentir escalofríos, los pelos de

Su actividad deportiva dio paso a la artística (ARCHIVO PERSONAL)

punta, y nos preguntábamos qué estaba pasando, hasta que nos dimos cuenta de que, sin quererlo, sin haberlo pretendido, nos habíamos metido en el estadio olímpico, y era evidente que algo pasaba, que allí había una energía especial". Son más deportistas los que comentan que Atenas fue especial para ellos porque se puede decir que el espíritu olímpico estaba más presente que en otras citas. "Son sensaciones muy especiales durante todo el proceso. Piensa que el calentamiento lo hacíamos en la palestra, entre el templo de Ateneo y el templo de Júpiter, que entrábamos por un túnel, vestidos como los atletas clásicos. La consecuencia, en mi caso, es que entré a la prueba de clasificación directamente llorando, con un estado de nervios y de emoción que provocó que hiciera dos lanzamientos malísimos. Menos mal que, en el último, conseguí la clasificación para la final".

Desde la distancia que da el paso del tiempo, desde la madurez, Manuel Martínez describe a la perfección lo que pasa por la cabeza de quien se juega en unos pocos segundos muchos años de sacrificio, de esfuerzo, de superación... y el miedo al fracaso: "Es mucha la tensión que tiene que soportar un deportista en un momento así. Se puede decir que, en el caso del lanzamiento de peso, al final es todo casi milimétrico, que te pasas veinte años depurando la técnica, afinando el reloj para llegar de la mejor manera a esa situación que, con lo que ha evolucionado este deporte, se resuelve por pequeños detalles. Date cuenta que un lanzador tiene que cumplir con unos 185 ítems en un

En las pistas de atletismo de la universidad hizo muchas horas de entrenamiento (MAURICIO PEÑA)

En Atenas 2004 Manuel Martínez pudo celebrar otro gran éxito en su carrera (ARCHIVO PERSONAL)

solo segundo, en cada uno de sus lanzamientos, y a mí aquella vez me fue mal, muy mal". Aún se lamenta de no haber rendido como se esperaba de él, como él mismo esperaba, pero lo importante es que el premio llegó, aunque fuera demasiado tarde. "Tenía la forma para haber conseguido la medalla allí mismo, sin tener que esperar nueve años a que resolvieran lo del dopaje de alguno de mis rivales. Estaba en forma como para ganar. De hecho, 15 días después, logré marcas con las que hubiera sido oro en Atenas. Fue la mayor decepción de mi carrera, un punto de inflexión en todos los sentidos".

Ese punto de inflexión quizá tenga mucho que ver con la sensibilidad, la sabiduría, con la que hoy habla Manuel Martínez de sus éxitos y sus fracasos, de las oportunidades perdidas y de los aciertos y el talento que indudablemente atesoraba y que le hicieron, en algunos momentos de su carrera, ser uno de los deportistas españoles más conocidos por el público en general, con permiso de los deportes considerados de masas. "La medalla llegó casi una década después y es obvio que no puede saber igual, cualquiera lo puede imaginar, además de las pérdidas económicas que eso supone en cuanto a la posibilidad de conseguir patrocinadores después de haber sido medallista, o a caché para acudir a competiciones".

Aún le quedaba otra cita olímpica. Fue en 2008, en China, donde llegó como el más veterano. "Había sido padre de dos niñas en 2006, y la verdad es que estaba extenuado con el volumen de entrenamientos, la falta de sueño regular, la cantidad ingente de trabajo… No estaba convencido, a fin de cuentas, pero fui a Pekín a por todas y fueron unos Juegos Olímpicos muy bien organizados, en los que China se gastó muchísimo dinero. Lo disfruté a nivel personal, porque ya sabía lo que era la experiencia olímpica, que como es lógico engancha, y además esta vez era todo muy cómodo porque los deportistas estábamos alojados en dos grandes torres. La ceremonia inaugural fue brutal".

En cualquier caso, su palmarés deja poco lugar a dudas de que se trata de una de las leyendas del deporte español y, obviamente, también del deporte leonés. Además del bronce tardío de Atenas, Manuel Martínez ganó dos medallas en el Campeonato del Mundo de Atletismo en pista cubierta en los años 2001 y 2003, y tres medallas en el Campeonato Europeo de Atletismo en pista cubierta entre los años 2000 a 2005. Esos logros no están a la altura de cualquier deportista, y le convierten en el referente que es hoy, convertido en entrenador en el Centro de Alto Rendimiento de León, en dinamizador cultural e impagable promotor de quienes se inician en el atletismo, que tienen en él un ejemplo de lo que es formarse como deportista sin dejar de lado el crecimiento personal.

El leonés con su medalla de los Juegos Olímpicos de Atenas (ARCHIVO PERSONAL)

Capítulo 4

EL SIGLO XXI

SANTIAGO CASTELLANOS

NATACIÓN

SÍDNEY 2000

Un bracista leonés para Sídney

Son varios los deportistas leoneses que han llegado a disputar unos Juegos Olímpicos pero que prácticamente no tuvieron relación con esta provincia más allá de que fue, por diferentes motivos, su lugar de nacimiento. Un buen ejemplo de ello puede ser el nadador Santiago Castellanos, al que se puede considerar madrileño por los cuatro costados porque allí, en Torrejón de Ardoz, ha vivido prácticamente toda su vida, pero nació en León y de una manera u otra siempre ha tenido presente esta provincia en toda su trayectoria.

Su padre era ingeniero industrial "de cuando los ingenieros industriales hacían un poco de todo", pero se especializó en maquinaria marina, motivo por el que, cuando Santiago era muy pequeño, se fueron de León. Se llama Andrés Castellanos y era compañero en el estadio Hispánico de Carlos Carnero, referente absoluto de la natación no sólo en León sino en toda España (que también ocupa su espacio en este libro), llegando a quedar en alguna ocasión campeón de Castilla y León. Allí fue donde se puede decir que Santiago aprendió a nadar y, cuando la familia se instaló en Madrid, se apuntó a las escuelas de natación de Alcalá, ya que en Torrejón de Ardoz no existía en aquel momento un club. Recuerda ahora con una sonrisa que les hicieron unas pruebas y seleccionaron a su hermana pero no a él, "porque sólo sabía nadar a braza, y hay algunos que piensan que un bracista no es un nadador".

Pero el talento lo llevaba dentro Santiago Castellanos y entraba con él a la piscina, así que no tardó en destacar en las pruebas de categorías inferiores en las que participaba, superando con facilidad a todos los representantes del Club de Natación Alcalá en el que ingresó después de que, en un principio, fuese rechazado en una selección previa, pero en el que sólo duró un año. Sus marcas hicieron que fichara por el que históricamente ha sido uno de los referentes de la natación en España: el club Canoe. Y el talento de este leonés con acento madrileño seguía emergiendo de todas las piscinas en las que competía: el primer verano en el Canoe, siendo júnior, ganó a un campeón de España que lo había sido hasta ese momento en todas las categorías inferiores. Hubo un momento que se puede considerar trascendental en la trayectoria de Santiago Castellanos: en un campeonato celebrado en La Rioja le presentaron a Carlos Carnero, de quien tanto había escuchado hablar a su padre. Carnero le ofreció irse al Santa Olaya, club gijonés que se acabaría convirtiendo en referente nacional, pero los problemas con los derechos de cesión de Canoe hicieron que tuviera que esperar otra temporada. En ese se-

Santiago Castellanos, en primer término, durante la ceremonia inaugural (ARCHIVO PERSONAL)

gundo año, el nadador nacido en León pagó las consecuencias de la tensión dentro del club y, al final, estuvo prácticamente sin nadar durante todo ese periodo. Pero, curiosamente, aquel año de parada no deseada se convirtió en el año en que Santiago Castellanos más tiempo pasó en León, pues motivos personales le hacían regresar a la capital leonesa muy a menudo y, aunque pensaba entrenar de vez en cuando en la piscina del Hispánico en la que en su día habían coincidido su padre y Carlos Carnero, lo cierto es que no lo hizo tan frecuentemente como se había planteado.

Llegó el momento de viajar a Gijón y, entonces, se encontró con una situación también muy tensa en el club Santa Olaya. Había cambiado la junta directiva y existían enfrentamientos no del todo velados entre los directivos y el entrenador que, pese a los éxitos deportivos, generaron situaciones que se pueden calificar de rocambolescas, como el hecho de que algunos nadadores, como fue el caso de Santiago Castellanos, que aquel año participó en una Copa del Mundo, llegasen a entrenar algunos días en las piscinas municipales de Gijón, pagándose su propia entrada, a pesar de que el club contaba con unas instalaciones de primer nivel. El resultado para el nadador leonés fueron otros diez meses sin entrenamientos que, en cualquier otro caso, hubieran supuesto el final de su carrera, pero al año siguiente le surgió otra oportunidad que le hizo recobrar la ilusión por competir al máximo nivel: el fichaje por un club canario que iba adquiriendo cada vez más prestigio, el Metropole de Las Palmas de Gran Canaria.

Todo cambió. En la natación, como en casi todos los deportes, además de la técnica y la preparación específica son muy importantes las sensaciones, las que tiene el deportista cuando compite y cuando entrena, y en eso, en trabajar las sensaciones, se basaba buena parte del entrenamiento de la que pasó a partir de entonces a ser su preparadora, Paloma García, "una entrenadora de la vieja guardia, con un carácter bastante parecido al de Carlos Carnero", como la define el propio Santiago Castellanos, que añade: "exactamente lo que más falta me hacía a mí en aquel momento, que pagaba a mi entrenadora con el dinero que cobraba de mi ficha, entrenando cada día en el centro de tecnificación de la Federación Madrileña de Natación". Comenzó entonces lo que se puede considerar toda una batalla por la clasificación para los que entonces eran los Juegos Olímpicos de Sídney, una batalla que Santiago Castellanos tuvo que pelear "dentro y fuera del agua". Diferentes problemas en la gestión de la federación complicaron mucho las cosas e hicieron algunas situaciones verdaderamente surrealistas que no tienen que ver con lo estrictamente deportivo, en lo que la mejoría del leonés fue evidente en todos los aspectos, ya que en los campeonatos que se celebraron durante el invierno ni

El equipo español en una de las competiciones internacionales (ARCHIVO PERSONAL)

siquiera estaba entre los 16 mejores pero, en los de primavera, en el llamado Open de España, quedó primero y consiguió la marca mínima que le permitió clasificarse para el Campeonato Europeo, que aquel año se celebraba en Finlandia. Allí llegó, se puede decir, la hora de la verdad para conseguir el pasaporte olímpico y, consciente de la importancia del momento y de las polémicas decisiones que a menudo se tomaban por parte de los seleccionadores o de la federación, Santiago Castellanos quiso dejar las cosas claras antes de saltar al gua: "Íbamos tres bracistas, lo cual se puede decir que no es ni medio normal, y con todo aquel ambiente la verdad es que me mosqueé, pensé que me la podían jugar después diciendo que, aunque hiciese la marca, preferían llevar a éste o al otro, así que me reuní con los directivos y dejamos muy claro que quien quedase primero iría a Sídney para participar en la prueba de relevos, y así fue: gané y conseguí la plaza olímpica. Creo sinceramente que hice muy bien en dejar las cosas muy claras antes de tirarme al agua, porque sin ir más lejos uno de los que entonces era mis compañeros no lo hizo y le terminaron dejando fuera cuando yo creo que se merecía la clasificación".

Llegaron en los meses posteriores otras citas que, pese a su importancia, fueron "más suaves", un Campeonato de España y una Copa de Clubes, esta última celebrada en Canarias. Allí estaba Santiago Castellanos aún con la incertidumbre de si respetarían su acuerdo o no, hasta que llegó un momento que nunca olvidará: "Estaba en la habitación del hotel, tirado en la cama, medio dormido, escuchando música con los cascos, y de repente apareció Carlos Olivo, uno de los compañeros, y me dio dos bofetones para que espabilara. Me dijo: 'Chaval, que vas a ser olímpico, que lo pone el Marca'. Yo la verdad es que, entre que estaba medio dormido y la situación, no me lo terminaba de creer, pero sí, el Marca publicaba aquel día la lista de la selección española de natación que iría a Sídney 2000 y allí estaba mi nombre. Así fue como me enteré y, obviamente, fue una gran alegría, para mí, para mi familia, para mi entrenadora...".

Confiesa el leonés que "estaba justo" pero que retomó la forma para participar en la competición que se había ganado, el 4x400 estilos, aunque confiesa que, por parte del seleccionador, hubo lo que él reconoce como un error de planificación, "porque llegamos a Australia dos meses antes de que empezaran los Juegos para estar en una concentración en una ciudad llamada Albury, donde por cierto llovía sin parar, y, la verdad, nuestro pico de forma fue en ese momento, dos

Con Estiarte, el abanderado español en los Juegos (ARCHIVO PERSONAL)

meses antes de la competición, por eso al final no conseguimos el resultado deseado".

La villa olímpica de Sídney esperó a los deportistas de todo el mundo con una espectacular infraestructura, hasta el punto de que se podían desplazar desde sus alojamientos al comedor o al centro de la ciudad en autobús, en tren o incluso en barco. La acreditación debía estar siempre a la vista y, paseando algunos de los que se acabaron convirtiendo lugares más populares de Sídney (en buena medida gracias a haber acogido aquellos Juegos Olímpicos) cuenta Santiago Castellanos que vivió una de las situaciones que más le sorprendió de su experiencia olímpica: "La gente te veía con la acreditación y sabían que eras deportista, así que algunos se te acercaban para charlar y lo que más me llamó la atención es que más de un australiano, después de preguntarme cuál era mi deporte, me empezaba a hablar de natación, de los entrenamientos, de los nadadores que eran referentes para ellos, vamos, que la gente entendía de natación, cosa que en España nunca me había pasado antes, pero Australia es otro nivel en ese sentido, de hecho se podían ver imágenes con las caras de nadadores en las carpas, en los autobuses...".

Casas prefabricadas organizadas en diferentes distritos concentraban a la población deportista en aquella villa olímpica, en la que había máquinas de refrescos y de bebidas isotónicas gratuitas para todos, lavanderías también gratuitas, una especie de intranet prehistórico que, sin poder contar aún de forma masiva con internet, al menos permitía a los deportistas ponerse en contacto entre sí... A los nadadores españoles les tocó en aquella ocasión estar cerca de los tenistas Carles Moyá y Juan Carlos Ferrero, además de la selección de balonmano "pero sin lugar a duda el lugar más mágico de toda la villa olímpica era el comedor. Era algo alucinante, una cosa descomunal, una barra larguísima con comida de todo el mundo... vamos que yo, durante mi experiencia olímpica, tengo que confesar que creo que cogí un par de kilos, y además recuerdo que en la cola de espera para las ensaladas fue donde conocí a Iñaki Urdangarín".

Entre los momentos especiales, Santiago Castellanos recuerda, como es lógico, el de la ceremonia de inauguración, que siempre es espectacular y que él define como "la bomba". Cuenta que "no nos enteramos mucho del show, porque cuando empezaba nosotros aún estábamos en el gimnasio de aquel estadio, que era enorme. Recuerdo que me hice una foto con Manel Estiarte, que era el abanderado español. Luego te van llamando por países y, en el momento en que salimos a la pista de estadio, recuerdo ver como un millón de flashes, y eso que entonces no había tantas cámaras digitales como ahora, ni mucho menos. Vamos, que yo llevaba una cámara desechable, no te digo más, y la única que tenía una digital era la fisioterapeuta de la selección, y eso que aún eran de muy poca calidad".

En un grupo de deportistas con la equipación española (ARCHIVO PERSONAL)

La competición no fue tan dulce. El momento de forma tanto de él como de sus compañeros no era el mejor, que habían alcanzado dos meses antes, como ya se ha dicho, y terminaron siendo decimoséptimos. "Yo no mejoré nada desde el Europeo y casi no termino. Cuando empecé a nadar salí a muerte, como es lógico en un momento así, y de hecho con buenas sensaciones porque veía que me estaba comiendo a un alemán con el que ya había competido muchas veces, pero en los últimos 25 metros me desfondé y vi pasar a aquel alemán... no me quedó otra que ponerme la bandera de España como si fuera una capa y disfrutar de la experiencia", cuenta Santiago Castellanos, que no quiere cerrar el resumen de su participación en unos Juegos Olímpicos con mal sabor de boca sino con una anécdota que resume la seriedad de una competición de estas características. "Estaba calentando para lanzarme a la piscina, con mi gorro, mis casos con música... intentado concentrarme. De pronto siento algo en la cabeza, un leve movimiento, de hecho pensé que era una mosca o algo así, así que intenté espantarla, pero resulta que al girarme lo que vi fue a uno de los jueces que, con un *Typex*, estaba borrándome la marca del gorro para que no se viera. Aluciné".

JUANÍN GARCÍA

BALONMANO

ATENAS 2004 - PEKÍN 2008

El artista del balonmano

Era difícil sospechar viéndole de niño entrenar en el patio del colegio La Granja o en el pabellón de los Maristas, con unas piernas tan delgadas, esa altura y ese pelo desaliñado, que Juan Antonio García Lorenzana se iba a convertir en una de las grandes leyendas del balonmano a nivel internacional y, obviamente, en uno de los deportistas leoneses más destacados de todos los tiempos. Siempre aprovechó las oportunidades que le llegaban en el Ademar, el equipo de su tierra, y con su constancia en los entrenamientos, fue capaz de mejorar aspectos determinantes en un deporte como el balonmano como la técnica en el lanzamiento o la condición física. Pero sobre todo fue ese 'don' e instinto natural para jugar a balonmano y la experiencia que fue acumulando poco a poco, lo que le llevó a convertirse en uno de los mejores extremos izquierdos de toda la historia del balonmano a nivel mundial.

De niño tenía tantas ganas de hacer deporte que le daba igual la disciplina: atletismo y tenis de mesa fueron los primeros en los que destacó. Tenía un problema en los pies, pero eso no le impedía jugar a todas horas y crecer como deportista. Veía a sus hermanos mayores jugar al balonmano y una Navidad pidió un balón a los Reyes Magos. No le dejaban jugar con los mayores por miedo a que le hicieran daño y él se quedaba haciendo lanzamientos imaginarios contra una pared, hasta que un día a los mayores les hizo falta su balón y él tuvo clara la condición que les iba a poner: que le dejaran jugar con ellos. Y no paró de jugar y crecer hasta convertirse en el máximo goleador de la historia en la Liga Asobal de balonmano y el máximo goleador de la selección española; y jugó tanto que en su trayectoria deportiva se proclamó campeón del mundo, de la 'Champions', de varias Ligas, varias Copas del Rey, Copas Asobal, Supercopas... y conseguir una de las distinciones de las que mejor recuerdo guarda y que marcó un antes y un después en su vida: la medalla de bronce que se colgó con la selección española en los Juegos Olímpicos de Pekín 2008, en los que además fue elegido como parte del equipo ideal de aquella competición. Por supuesto, es el máximo goleador de la historia del Ademar, el club de su vida, en el que se hizo profesional y al que volvió después de haber militado durante casi una década en el mejor equipo del mundo en balonmano, el FC Barcelona.

La primera convocatoria con el equipo nacional absoluto fue en el año 2002 siendo seleccionador César Argilés. El balance de aquella experiencia internacional para Juanín fue que ganaron una Supercopa en Alemania, y un cuarto puesto en el Mundial de Portugal. Terminaron con mal sabor de boca los 'Hispanos', ya que se escapó la posibilidad de jugar la final al perder la semifinal en la prórroga frente a la potente Croacia, pero al menos aquella cuarta posición valió para que España se clasificase para los Juegos Olímpicos de Atenas 2004, los primeros para el jugador de Viloria de la Jurisdicción, donde se finalizó en séptima posición y Juanín fue incluido en el siete ideal como mejor extremo izquierdo de la competición.

"Otros jugadores decían que estando allí cumplían un sueño, pero yo la verdad es que nunca me había atrevido a soñar tan alto. De pequeño, sí, soñaba con jugar en el Ademar, pero lo de la selección ni me lo planteaba y mucho menos unos Juegos Olímpicos. En la selección era un objetivo claro, ya que se había conseguido el bronce tanto en 1996 como en 2000", cuenta Juanín en su biografía. "La verdad es que viví la experiencia de los Juegos de forma intensa. Disfruté todo lo que pude. Fui a ver atletismo, waterpolo, baloncesto, gimnasia... El ambiente en la Villa Olímpica era espectacular. Eran casi todos edificios bajitos, como si fueran pisos de estudiantes, y en las ventanas había banderas de los países correspondientes. Los cubanos colgaban banderas del Che y de Fidel. Los cubanos me impresionaron mucho. Estábamos por la Villa Olímpica y la verdad es que allí nadie parece una estrella del deporte, sino que somos todos simplemente deportistas. Incluso hay algunos de los más famosos a nivel internacional, como pueden ser tenistas o jugadores de la NBA, que prefieren vivir

Juanín en la villa olímpica de Pekín en 2008 (ARCHIVO PERSONAL)

el ambiente de la Villa Olímpica antes que estar en un hotel de lujo. Pero lo de aquellos cubanos que se nos acercaron en Atenas no lo olvidaré jamás, más allá de que ninguno allí dentro estuviéramos especialmente endiosado. Acababan de ganar un oro olímpico en béisbol, que es algo de lo que muchos deportistas se pasan viviendo el resto de sus vidas, pero estos en cambio nos ofrecían sus camisetas. Ingenuo de mí, creía que las querían cambiar por algunas de las nuestras, pero ya me extrañó que a las

Un recuerdo de la ceremonia inaugural (ARCHIVO PERSONAL)

camisetas con las que habían competido ni siquiera las habían quitado las etiquetas para intentar que parecieran nuevas. Les dije que qué querían a cambio de la camiseta y me responden con su guasa caribeña: 'Pues lo que quiero, hermano, son 70 caballos', haciendo al mismo tiempo con los dedos el inconfundible gesto del dinero. No podía creerme que alguien ganara un oro olímpico sin quitar las etiquetas de su camiseta para venderla después. Se la compré".

Con una forma de ser discreta y humilde, este leonés suele pasar desapercibido a pesar de haberse convertido en leyenda de forma inesperada, incluso para él mismo: "Recordé lo afortunados que éramos y me dediqué a comportarme como un turista, con mi cámara de fotos colgada del cuello, mi pin de España y mi sombrero. Visitaba el gimnasio pero sólo para mirar, el comedor era el más grande que he visto nunca, un Mc Donald's enorme dentro... Me dolió mucho perderme la ceremonia inaugural, pero jugábamos al día siguiente a primera hora. La Villa Olímpica estaba completamente vacía aquella noche. Sí que pude ir, en cambio, a la ceremonia de clausura, pero no es lo mismo porque ahí ya se no acude por países".

De aquellos juegos, el jugador leonés recuerda muy especialmente la final de los 10.000 metros que pudo ver en el estadio olímpico. "Fue el mayor espectáculo que he visto y que veré en toda mi vida, algo apasionante, indescriptible, una carrera para la historia entre dos leyendas, Haile Gebrselassie y Kenenisa Bekele. Al final Gebrselassie quedó cuarto y casi tiene que abandonar, pero fue una carrera con alternativas constantes, que el público disfrutó desde el primer metro y que dejó en el aire un ambiente especial, lo noté perfectamente y así lo recuerdo, como si todo el mundo supiese que acababa de asistir a un acontecimiento histórico". El destino fue bastante cruel con la selección española de balonmano en lo deportivo, perdieron en cuartos contra Alemania en los penaltis después de haber hecho una gran actuación a lo largo de todo el partido. España acabó clasificada en séptimo lugar, lo que significa que consiguió el diploma olímpico, y a Juanín García Lorenzana lo seleccionaron como uno de los mejores jugadores de los Juegos Olímpicos, el mejor en su puesto: extremo izquierdo del equipo ideal. Luego, la EHF puso en marcha un sistema de votación por internet para elegir al mejor jugador de balonmano del mundo. "Los paisanos de León, cuando iba por el Húmedo, me paraban para preguntarme qué podía hacer para me eligieran a mí, porque entonces internet no era tan popular como ahora". Al final fue el segundo, pero el primero fue un portero, Henning Fritz, motivo por el que la prensa local tituló la noticia: "Juanín: El mejor de los que corren".

Faltaban cuatro años para la siguiente cita olímpica de Pekín, en la que España obtuvo la medalla de bronce y Juanín consiguió ser el máximo goleador de aquella competición. Durante ese tiempo, el jugador leonés había abandonado su club de toda la vida, el Ademar, y había fichado por el cada vez más todopoderoso FC Barcelona, al que la crisis económica dejaba como dominador absoluto

En una visita a la Gran Muralla (ARCHIVO PERSONAL)

El leonés junto a dos grandes leyendas mundiales, Nadal y Kobe Bryant (ARCHIVO PERSONAL)

para obtener todos los títulos nacionales, ya que equipos como Portland San Antonio y Ciudad Real dependían principalmente de empresas de construcción. Llegó a la cita olímpica con más experiencia y con un vestuario en el que muchos de sus compañeros lo eran también del conjunto catalán. "Pekín no tuvo nada que ver en cuanto a organización. Creo que habían trabajado con mayor previsión. En Grecia, no sé si por aquello del espíritu mediterráneo, lo acabaron todo a carreras, a última hora, pero en Pekín estaba todo pensado al milímetro, hasta el punto de que había un voluntario sólo para abrirnos la puerta del edificio de España que, a partir de la segunda semana, ya se había familiarizado con todos los españoles a pesar de ser chino que directamente te despedía diciendo: "Hasta luego, Lucas".

Recuerda Juanín que en la Villa Olímpica el ambiente era igual de espectacular. "Conoces a mucha gente, todo el mundo está receptivo, no hay ni un solo mal rollo… Bueno, alguno que viene dado por la competición, claro, porque recuerdo entrar en el ascensor del edificio español con Víctor Tomás y encontrarnos con la tenista Carla Suárez llorando como una magdalena. Nos quedamos tan cortados que no sabíamos ni qué decirla. Daba mucha pena. Pero encontré también a unas brasileñas que jugaban en el Cleba, a viejos conocidos e, incluso, me encontré al difunto Kobe Bryant".

En Pekín el equipo español lograba la medalla de bronce en balonmano masculino (ARCHIVO PERSONAL)

En Pekín Juanín sí que pudo participar de la ceremonia inaugural: "Es agotador porque la ceremonia dura más de tres horas, la mayoría de las cuales te pasas esperando en un pabellón, muerto de calor. Allí, a pesar de que podía estar en otra parte si hubiese querido, vi a Rafa Nadal firmar autógrafos de pie durante más de tres horas. Cada vez que venía uno de sus asistentes a intentar rescatarle, decía que tranquilo, que estaba bien. Impresionante lo de ese crack", recuerda Juanín.

Una de las anécdotas más destacadas de cuantas vivió en Pekín el jugador leonés es que después de aquella ceremonia inaugural, en un Mc Donald's que estaba en la propia villa olímpica, donde acudió con algunos compañeros "porque nos moríamos de hambre de tanto como había durado aquello. Aprovechamos que aún no había llegado la multitud porque la ceremonia no había terminado del todo. De pronto notamos que alguien muy grande se nos ponía detrás. ¡Era Kobe Bryant!, Flipábamos. Nos hicimos fotos con él, fue súper amable, le dijimos que éramos amigos de Gasol y respondió: "Los amigos de Pau son mis amigos". Lo recuerdo como algo súper emocionante. Luego, empezó a llegar gente y, junto a Bryant, pasó Lebron James, que se nos coló y, por algún motivo que no puedo imaginar, no nos atrevimos a decirle nada. Empezaba a llegar la gente y todos los de la NBA no pasan precisamente inadvertidos, así que Lebron James saltó el mostrador y empezó a coger todas las hamburguesas que pudo ante la mirada de los dependientes, que lejos de llamarle la atención le pedían que se hiciera fotos con ellos. Repartió las hamburguesas entre sus compañeros (a muchos de ellos yo ni siquiera los conocía, aunque supongo que fueran estrellas mundiales) y se esfumaron justo antes de que el Mc Donald's se convirtiera en una especie de hormiguero en el que no podías moverte".

En lo deportivo, la selección española de balonmano consiguió resultados muchísimo mejores que en Atenas... "pero de milagro", recuerda Juanín. En la fase de grupo sufrieron muchísimo contra Brasil, ganando sólo por un gol, y en cuartos contra Corea ganaron con algo más de holgura. La semifinal fue contra Islandia, selección con la que habían jugado varios partidos amistosos y a la que habían ganado en todos menos en uno. "Ese día nos salió un partido horroroso y lo pagamos. Una lástima. Pasamos un día durísimo porque sabíamos que habíamos perdido una grandísima ocasión, pero al menos al día siguiente nos levantamos a tope y conseguimos ganar en la final de consolación contra Croacia y colgarnos el bronce". Una medalla muy meritoria para el conjunto nacional y sobre todo para el leonés, que en aquel partido metió otros 9 goles que le convirtieron en el máximo goleador de los Juegos y volvió a entrar en el 7 ideal.

"Viendo la final antes de la ceremonia, nos lamentábamos de la oportunidad perdida. Pero con nuestra medalla en el cuello, aunque fuera de bronce; todo el mundo quería hacerse fotos con nosotros".

La medalla de Juanín era un nuevo gran éxito para el deporte leonés (ARCHIVO PERSONAL)

SORAYA GARCÍA

BALONMANO

ATENAS 2004

La olímpica que nunca esperó ser profesional

Del patio del colegio Cervantes pasó al patio del instituto Ordoño II y de ahí, con el paso del tiempo, a unos Juegos Olímpicos. Soraya García Leite no podía imaginar en lo que se iba a convertir su trayectoria deportiva cuando empezó a jugar a balonmano cuando sólo sumaba 8 años, con sus compañeras de clase, con sus amigas, con su pandilla, sin más aspiraciones que las de hacer un poco de deporte y divertirse. Jugó y jugó a balonmano, porque Soraya disfrutaba en cada entrenamiento, y tantas horas dedicó a practicar balonmano, que con el paso del tiempo comenzó a destacar, hasta ser parte importante de la historia del balonmano femenino español.

Pasó por las Escuelas Deportivas Municipales del Ayuntamiento de León y tuvo como entrenadores a algunos de los referentes del balonmano en esta ciudad, como Isidoro Martínez y el conocido como Luisja. Estudió en la Universidad de León la licenciatura de Gestión y Administración Pública y jugó en los equipos universitarios leoneses, el Deleba primero y el Cleba después. "Íbamos pasando de categoría en categoría sin darle mucha importancia, sin pensarlo demasiado. Yo creo que las chavalas de ahora son más conscientes de todo, de la profesionalidad que se puede alcanzar en este deporte con mucho esfuerzo y sacrificio, porque lo han visto a través de los medios de comunicación o de las redes sociales o lo que sea, pero de aquella la verdad que jugábamos porque nos lo pasábamos bien. Yo nunca jamás de la vida pensé en hacerme jugadora profesional de balonmano. Te vas enterando de cómo van las cosas a medida que vas creciendo, y la verdad es que yo que pude jugar tantos años al balonmano porque siempre me dieron facilidades para poder complementarlo con mis estudios, cosa que siempre me fue relativamente sencilla aunque hubo casos en los que, claro, dependía de los profesores", afirma Soraya García Leite, que acabaría siendo uno de los pilares de la defensa de la selección española.

Como a otras jugadoras leonesas, la unión de los equipos Atlético León y Deleba para crear el Cleba abrió nuevas posibilidades, nuevas puertas a la élite de este deporte. "Empezamos a cobrar algo, muy poco, casi una cantidad testimonial, pero el resumen es que, en conjunto, la apuesta era mucho más profesional y eso hacía que todo el mundo se lo tomase más en serio, cambió la mentalidad y eso fue bueno para las jugadoras, para el club, para los aficionados... supongo que también para la ciudad". Consiguieron rápidamente el ascenso y también la propia Soraya consiguió su particular ascenso, ya que mientras militaba en el Cleba fue convocada por primera vez a una concentración de la selección española, en la que acabaría siendo una de las habituales con el paso del tiempo y participando en ese sueño de todos los deportistas que son unos Juegos Olímpicos.

De su primera llegada al conjunto nacional femenino Soraya recuerda que tenía tan sólo 22 años y que se puso especialmente nerviosa porque seguía sintiéndose "como una pardilla de León", pese a que en la selección entonces había muchas jugadoras más veteranas que ella. "Nunca he sido cobarde y además aquello era para mí descubrir un mundo completamente nuevo, un mundo en el que cobrábamos por jugar, en el que te daban mucha ropa, un mundo que, claro, molaba mucho y del que ya no te quieres bajar, y eso que ahora no lo recuerda nadie porque el fútbol, como siempre, lo eclipsa un poco todo, pero yo recuerdo que las chicas de mi generación tuvimos que luchar mucho también por la igualdad y conseguimos mejorar en muchos aspectos, porque al principio, por ejemplo, por mucha selección

Con la selección en los Juegos del Mediterráneo (RFEBM)

que fuéramos, la realidad es que éramos nosotras mismas quienes nos teníamos que lavar la ropa de los entrenamientos". No olvidará nunca la leonesa la sensación cuando, en su debut, ante la selección de Holanda, sonó por primera vez el Himno de España con ella y sus compañeras vestidas de corto sobre la cancha.

Después de la primera convocatoria para una concentración con la selección española, a la jugadora leonesa le empezaron a llegar ofertas de otros clubes, y finalmente se decantó por Vícar de Almería, uno de los más destacados del balonmano femenino nacional. "La verdad es que reconozco que me sorprendía bastante que me pagasen por jugar a balonmano, porque el femenino no se valoraba demasiado en ninguna parte, pero aquello fue una experiencia extraordinaria, ya que me sirvió para mejorar como jugadora porque nos enfrentábamos a equipos de mucho nivel", reconoce la lateral leonesa especializada en tareas defensivas, a la que luego su trayectoria deportiva le terminó llevando a destinos como Francia u Oviedo.

Soraya García y Juanín García, dos de los leoneses en Atenas 2004 (ARCHIVO PERSONAL)

Pero como ha sucedido a tantos deportistas, incluso a algunos que han tenido carreras muy longevas, todo se fue precipitando y los acontecimientos fueron sucediendo muy rápido, quizá demasiado, hasta el punto de que Soraya García Leite disputó en el periodo de dos años y medio un Mundial, unos Juegos Olímpicos, un Campeonato de Europa y unos Juegos Mediterráneos.

Como es lógico, pese a la importancia de todas esas competiciones y de los buenos resultados que la selección española femenina de balonmano consiguió en algunos de ellos, de la que guarda un especial recuerdo la jugadora leonesa es de los Juegos Olímpicos de Atenas 2004.

La clasificación para conseguir una plaza olímpica no la recuerda como especialmente complicada, ya que el nivel de las selecciones europeas está, y probablemente siga estando, muy por encima de las del resto de continentes. De hecho, para los Juegos Olímpicos de Atenas llegó automáticamente al concluir la selección nacional en quinta posición el Mundial de la categoría que se disputó a finales de 2003 en Croacia, imponiéndose a Noruega por 27-26 en el partido por el quinto puesto.

Lo que sí recuerda la jugadora leonesa, y confiesa que nunca olvidará, es la experiencia de participar en unos Juegos Olímpicos, algo que permanece indeleble en la memoria de todos los que lo han vivido porque, de una manera o de otra, suele marcar su vida, tanto la

Junto a Pau Gasol en el aeropuerto (ARCHIVO PERSONAL)

personal como la deportiva. "Lo tienes todo a tu disposición: te tratan exactamente igual que al más famoso de los deportistas del mundo, algunos de los cuales están allí comiendo a tu lado o te lo cruzas por los pasillos, y eso impresiona mucho, sobre todo cuando vienes de un deporte tan poco valorado como el balonmano femenino", resume Soraya. La leonesa fue uno de los referentes del combinado nacional que igualó en los Juegos el puesto que obtuvieron en el reciente Mundial, y por lo tanto, consiguieron el diploma olímpico.

Francisco Aldeguer fue el seleccionador nacional en aquella cita olímpica en la que el conjunto español obtuvo un digno sexto puesto. Perdieron tres partidos en la difícil fase de grupos, aunque consiguieron ser un equipo muy competitivo, perdiendo por dos goles contra Dinamarca, que finalmente fue la campeona olímpica. En esa primera fase recuerda la leonesa los nervios del debut, que hizo que las después bautizadas como "Guerreras" no pasaran del empate frente a Angola el primer partido, en un encuentro que dominaban por siete al descanso. Se clasificaron por golaveraje para los octavos de final, y en el primer cruce ganaron a China, haciendo muy buen partido todo el equipo y sobre todo una gran Soraya García. Cuando luchaban por meterse en la pelea por las medallas perdieron contra Ucrania por un ajustado 23-25. Finalizaron la competición perdiendo contra Hungría, que era la gran favorita, en el partido por el 5º y 6º puesto; una buena actuación de las españolas que, hasta ese momento, sólo habían participado en unos Juegos Olímpicos, los de Barcelona en el 92 por ser la selección anfitriona.

Pero, más allá de lo deportivo, los Juegos Olímpicos se viven con intensidad tanto antes como durante los días que se celebra la

El equipo femenino de balonmano (ARCHIVO PERSONAL)

Soraya en primer plano durante la ceremonia inaugural (ARCHIVO PERSONAL)

competición. Como el resto de los que la han vivido alguna vez, Soraya recuerda especialmente la ceremonia inaugural: "Es impresionante todo lo que tienen montado. Sé que suena a tópico, pero es que la realidad es que no se puede describir la sensación que genera algo así. Te ponen por países, pasas muchas horas de pie, pero al final el resultado es muy emocionante, tanto que pasas todo el tiempo con los pelos de punta". La tensión de saberse en una cita tan importante pasó factura a las españolas no sólo en lo deportivo, sino porque, además, reconoce la jugadora leonesa, tampoco pudieron disfrutar del ambiente de la villa olímpica o de conocer una ciudad tan fascinante como Atenas. En aquella ocasión, la selección española de balonmano femenino volvió a España antes de la ceremonia de clausura, en cuanto nos eliminaron, entre otras cosas porque teníamos que preparar los Juegos Mediterráneos que se celebraban aquel año en Almería. "Nos daban cierta libertad, es verdad, pero tampoco la disfrutamos mucho. Ni nos soltaron ni nos soltamos nosotras. Yo, personalmente, al final no fui a conocer la ciudad, pero sólo puedo decir cosas buenas de la experiencia olímpica, de verte con todos aquellos grandes deportistas. Estábamos repartidos por países dentro de la villa olímpica y era habitual cruzarte con nuestras gimnastas o con los jugadores de la selección española de baloncesto, de los que estábamos muy cerca, como Ricky Rubio o Pau Gasol, que de aquella eran unos ñajos".

CAROLINA RODRÍGUEZ

GIMNASIA RÍTMICA

ATENAS 2004 - LONDRES 2012 - RÍO 2016

Historia de una trayectoria ejemplar

El mundo del olimpismo está lleno de historias ejemplares, historias de superación, deportistas que demostraron tener, además de talento, una extraordinaria capacidad de mejora, una fuerza de voluntad que más allá de lo que puede entender el común de los mortales... o alguien que nunca haya soñado con participar en unos Juegos Olímpicos. Entre los muchos casos que se podrían considerar ejemplares, los que se deberían enseñar en el futuro a los más pequeños como referente para que intenten seguir sus pasos, hay uno de ellos, al menos de los que tienen que ver con la provincia de León, que destaca por encima del resto: el de Carolina Rodríguez, la gimnasta que compitió en tres Juegos Olímpicos diferentes y que además no fueron consecutivos.

Es uno de esos casos en los que, con independencia de los resultados, que también fueron buenos, estos quedaron en un segundo plano porque se puede decir que Carolina hizo historia sin la necesidad de esperar a la puntuación de los jueces. Cuenta Carolina Rodríguez que vio por televisión la participación de la selección española de gimnasia rítmica en los Juegos de Atlanta 96, cuando ella solo contaba con 10 años, y que en ese momento decidió que quería ser olímpica, representar a su país en unos Juegos como hacían aquellas gimnastas que hicieron historia colgándose el oro. Estaba entonces con su hermano, que poco después fallecería en un accidente de tráfico, y que éste le dijo: "Pues si te lo propones seguro que lo consigues porque eres muy cabezona". El tiempo le dio razón y, de paso, Carolina pudo honrar la memoria de su hermano, a quien siempre ha tenido muy presente.

Algunos deportistas han tenido trayectorias muy largas en el tiempo, lo que les ha permitido estar en dos y hasta tres ediciones de los Juegos Olímpicos, pero se cuentan con los dedos de una mano los casos que, como el de esta brillante leonesa, consiguen estar en tres ediciones no consecutivas: Atenas 2004, Londres 2012 y Río 2016. A la primera cita llegó poco menos que por sorpresa, porque hasta entonces (y la verdad es que después también) ella siempre había competido, y destacado, en campeonatos individuales, pero parecía que le quedaba lejos la posibilidad de alcanzar la competición olímpica a través de la prueba de conjuntos con la selección española. Pero lo logró, merecidamente, después de mucho sacrificio, mucho esfuerzo y mucho talento. Pasaron muchas cosas, a la vez, demasiadas para una joven que acababa de alcanzar la mayoría de edad. El desgraciado accidente de su hermano se produjo diez días antes de que se disputara la prueba que podría haberle abierto la puerta de Atenas 2004 dentro de la competición individual, pero obviamente ella no estaba en aquel momento en las mejores condiciones y no consiguió la clasificación. Como es lógico, la decepción deportiva se sumaba a la pérdida de alguien tan cercano para ella, pero en ese momento llegó la llamada de la directora técnica de la federación, Pancracia Sirvent, por indicación de la que entonces era seleccionadora y entrenadora de conjuntos, Rosa Menor ("una gran entrenadora"), que le ofrecía formar parte del conjunto que iba a representar a España en la vuelta de los Juegos a sus orígenes. "Me parecía un poco una locura porque faltaban sólo 9 o 10 meses, pero me fui a Madrid y empecé a entrenar con mis compañeras".

Llegó el momento en el que Carolina Rodríguez cumplió su sueño y, al llegar a la villa olímpica, empezó a sentir lo que, con su dulzura y desde la distancia que aporta la madurez, ella define ahora como "una sensación de la que nunca me cansaría". El ambiente en la ciudad olímpica llamó especialmente su atención, sobre todo compartir comedor, gimnasio o pasillos con deportistas famosos, leyendas en algunos de los casos como el nadador Ian Thorpe. Deportivamente, los resultados fueron bastante buenos, especialmente si se tiene en cuenta que la selección española de gimnasia rítmica venía de sufrir

Carolina Rodríguez ha representado a España en numerosas competiciones (ARCHIVO PERSONAL)

todo un varapalo en la anterior cita olímpica, los Juegos de Sídney, donde no se cumplieron ni mucho menos las expectativas. Las españolas se clasificaron para la final y terminaron séptimas, lo que les valió el diploma olímpico y se consideró como el principio de la recuperación del conjunto nacional.

Después de aquellos Juegos de Atenas, y cuando ya estaban los de Pekín en el horizonte, a Carolina Rodríguez la echaron injustamente de la se-

Carolina y su entrenadora Ruth Fernández (ARCHIVO PERSONAL)

lección española. "Me dijeron que era mayor", recuerda la leonesa, que en aquel momento tenía 21 años y terminó compitiendo al máximo nivel hasta los 30. Una de esas injusticias del deporte que a menudo no llegan a conocerse por parte del público en general y que sufren en la intimidad los deportistas. Pero la gimnasta leonesa no se echó atrás, nunca lo ha hecho, y siguió dedicándose a la gimnasia rítmica en cuerpo y alma. Su entrenadora, Ruth Fernández, le propuso ir a una Copa de España y, al año siguiente, fue convocada a un control de la selección nacional. Carolina desconfiaba. No quería irse de León y se había llevado ya demasiados palos dentro del competitivo y selectivo mundo de la gimnasia. Pero una vez más la voz de la responsable del Club Ritmo, auténtico referente de este deporte no sólo en esta provincia sino en toda España, le marcó el camino: "Si es una buena entrenadora la que te ha llamado, con que te vea hacer un ejercicio es más que suficiente para contar contigo". Y así fue. Salió todo tal y como decía Ruth Fernández y Carolina consiguió meterse entre las 24 mejores y, después, bien es cierto que con suspense hasta última hora, consiguió el pase para los Juegos Olímpicos de Londres en una repesca en la que sólo había cinco plazas disponibles. Pero el sueño

яо2о

se hizo realidad y, a los 26 años, la ejemplar deportista leonesa volvía a ser olímpica, volvía a vivir ese ambiente de la villa olímpica y a disfrutar de una experiencia que todos los que la han vivido califican de "inolvidable" y hacerlo, además, desde lo que ella misma define como "una cierta madurez" que le permitió vivir cada momento con la intensidad que merecía.

"Eran los primeros Juegos de Ruth y a mí me hacía mucha ilusión eso también, lo saboreé mucho pese a que se puede considerar que mi edad entonces, 26 años, era poco normal y me tocaba competir con niñas a las que en muchos casos sacaba casi diez años". Para entonces, se puede decir que Carolina ya tenía la experiencia suficiente como para comparar, y recuerda que los Juegos de Londres 2012 destacaron por su organización, por cómo estaba todo pensado y cuidado hasta el último detalle. "Me llamaban especialmente la atención los voluntarios, que estaban repartidos por toda la ciudad, que no cobraban nada y se pasaban horas y horas trabajando para hacérnoslo todo un poco más fácil a los deportistas, para ayudarnos en todo lo que necesitáramos y, además, siempre con una sonrisa de oreja a oreja".

Las imágenes de gimnasia rítmica siempre están llenas de gran plasticidad (ARCHIVO PERSONAL)

Lo deportivo no salió tan bien como se podía esperar pero, como recuerda esta leyenda del deporte leonés, "la competición ya era un premio". Reconoce que las sensaciones no fueron buenas desde el principio pese a que llevaba su ejercicio muy entrenado. "Supongo que fueron los nervios, que hacían que la pelota se me escurriera entre las manos como si fuera de mantequilla, aunque luego, en el momento que pisé el tapiz a la hora de la verdad, se me pasaron". Terminó clasificada en décimo cuarto lugar. No era el puesto que esperaba ni probablemente el que merecía, pero se dio por satisfecha con lo conseguido, sin saber ni siquiera ella misma que le quedaba mucha trayectoria deportiva por delante, pese a la edad, pese a las lesiones, sobre todo una de tobillo y una de rodilla de las que fue operada "para poder hacer una vida normal, no con la intención de competir al máximo nivel en el mundo del deporte".

Pero quedaban muchas sorpresas por delante, algunas de las cuales fueron allí mismo, en Londres, durante la ceremonia de clausura. Con pena reconoce Carolina que nunca ha podido estar en una de las ceremonias inaugurales de los tres Juegos Olímpicos en los que ha estado, pero sí que estuvo en la ceremonia de clausura de Londres 2012 y no lo olvidará nunca. Como en las que dan inicio a unos Juegos, en las ceremonias de clausura también se presentan los deportistas por países, aunque pronto pasan a mezclarse todos y a partir de ahí una fiesta que a buen seguro todos guardan en su memoria. Fue el caso de Carolina en Londres, donde alucinó al ver que algunos de los más importantes artistas británicos empezaban a aparecer por el estadio para participar de aquel apoteósico final, entre otros los legendarios Oasis, que para entonces ya se habían separado pero se volvieron a reunir para interpretar su célebre 'Wonderwall' ante los millones de espectadores que seguían la ceremonia por televisión. La leonesa alucinaba con el espectáculo y, para sí misma, se decía que algo faltaba, algún guiño a la infancia cuando, de pronto, aparecieron las Spice Girls, cada una por una esquina del estadio, en una actuación que emocionó incluso a los más escépticos.

Después de aquellos Juegos Olímpicos de Londres ya nadie contaba con Carolina Rodríguez. Probablemente ni siquiera ella misma, conocedora como era de que la gimnasia rítmica es un deporte en el que la máxima competición pasa factura y la vida deportiva de las gimnastas es bastante reducida. "La verdad es que, pese a las operaciones, yo me encontraba muy bien, cada día mejor, y decidí intentarlo sin mucha presión. Ni yo me imaginaba que pudiera estar de nuevo en unos Juegos Olímpicos". Pero la clasificación se hizo realidad ante sus ojos para su sorpresa, llegando incluso a terminar con el aro, que fue el aparato que le había costado la clasificación para la final en los Juegos Olímpicos de Londres. "Acabé mi ejercicio,

Cinta, en la fotografía, pelota, aro y mazas son los complementos en los ejercicios (ARCHIVO PERSONAL)

miraba la clasificación y no me lo creía, tanto que pensaba que era un error. Estaba entre las 15 mejores y me había ganado el derecho a estar en los Juegos Olímpicos de Río, mis terceros Juegos, con 30 años, algo increíble, la verdad".

Hubo un detalle especialmente emotivo en aquel momento y es que mientras ella y su entrenadora Ruth Fernández festejaban la clasificación para la cita brasileña, Carolina Rodríguez vio en la grada a una de sus compañeras, Sara Llana, otra gimnasta leonesa que había intentado conseguir plaza olímpica en aquella prueba y en cambio no lo había conseguido. "Estaba llorando, me acerqué a ella y me dijo: ya estoy empezando a ahorrar para ir a verte a Río". Aquello, como es lógico, emocionó a las dos, que eran conscientes de que Carolina estaba protagonizando un momento histórico dentro del mundo de la gimnasia rítmica en general y del deporte leonés en particular.

"Río no fue ni mejor ni peor que los demás, al menos para mí que a aquellas alturas ya había visto otros dos Juegos Olímpicos. Es cierto que hubo muchas quejas, que a algunos no les gustaba cómo se había hecho la villa olímpica, que debía de ser todo prefabricado, pero yo, la verdad, no estaba allí para fijarme en la calidad de los materiales sino para disfrutar del momento, que era muy especial para mí", reconoce la leonesa, que no pudo sacarse la espina de participar en alguna de las ceremonias inaugurales. En el caso de Río de Janeiro, llegó incluso a ofrecer a la federación pagarse ella misma el billete y la estancia para poder estar en aquel momento que sabía sería único, pero la escasez de plazas le impidió cumplir su sueño. Ese y otro le quedó pendiente entonces: conocer a Rafa Nadal, uno de sus ídolos.

Pero, por lo demás, se puede decir que Carolina Rodríguez sí que ha hecho realidad todos los sueños que se ha propuesto. A su espectacular palmarés deportivo hubo que añadir en Río otro diploma olímpico, pues la leonesa terminó la competición en octavo lugar. "La verdad es que, entonces, hasta las jueces me animaban, me veían entrenar y me decían que lo tenía que hacer así en la competición. Se veía que tenían ganas de que yo lo hiciera bien, y yo me sentía contenta, ilusionada... pero siempre he sido muy perfeccionista, supongo que en este deporte no se puede ser de otra manera, y yo no dejaba de buscar la forma de arañar algunos puestos, quedar un poco más arriba... hasta que vino Ruth, mi entrenadora de toda la vida y me preguntó: '¿Pero qué más te da si ya has hecho historia?'. Y yo pensé: Pues es verdad".

La armonía de los movimientos sobre el tapiz es una condición indispensable (ARCHIVO PERSONAL)

ÓSCAR YEBRA

BALONCESTO

ATENAS 2004

El alero viajero

Dicen los que le vieron jugar que hacía muy bien unas cuantas cosas, quizá no tantas para convertirse en una gran estrella del baloncesto, pero sí suficientes como para que todos los entrenadores quisieran contar con él. Seguridad, eficacia y versatilidad. Dicen también que cuando empezaba el partido, o cuando empezaba su presencia en el partido (era el sexto hombre perfecto) se sabía cuál iba a ser la aportación de Óscar Yebra en su primer lanzamiento: si lo metía, era imparable para lo que quedaba de partido; si lo fallaba, todo podía pasar.

Es con diferencia el más viajero de los jugadores de baloncesto leoneses, quizá de los más viajeros entre los españoles. Ha jugado en ligas de medio mundo, reside desde hace años en China y puede presumir de un currículum deportivo verdaderamente espectacular, a la altura de muy pocos privilegiados: 431 partidos, 9,3 puntos, un notable 39 % en triples y 15 temporadas en la Liga Endesa. Nos centramos aquí, como no podía ser de otra manera para este libro, en dos momentos concretos de su trayectoria: sus inicios en la ciudad de León, donde nació en 1974, y su presencia con la selección española de baloncesto en los Juegos Olímpicos de Atenas 2004.

Como le ocurre a otros muchos deportistas que acaban llegando a la élite, los inicios no tuvieron que ver con el deporte que acabaría marcando su vida: "Yo jugaba al fútbol sala. Mis hermanos decidieron cambiarme de deporte con 8 años porque ellos ya jugaban y yo había dado un estirón. El primer año fue muy difícil para mí, pero después las cosas fueron cada vez mejor. Aprovechaba para estar con ellos cada vez que podía, de hecho a menudo recordamos esa historia", relataba en una entrevista a Javier Ortiz.

Estudió en Luis Vives pero en el ámbito del baloncesto se puede considerar otro fruto de la cantera del Colegio Leonés, para el que tiene bonitas palabras de recuerdo: "Con el trabajo de Pepe Estrada salimos muchos aquella época". Yebra empezó pronto a destacar, tanto que con 16 años llamó a su puerta el Joventut y se puede decir que, de alguna manera, comenzó entonces su itinerar por el mundo, ya que no llegó nunca a asentarse demasiado tiempo en un solo club y, de hecho, en los que más tiempo ha pasado cuando se contempla con perspectiva toda su trayectoria deportiva es porque fue sumando temporadas en diferentes etapas en un mismo club. Por lo que se refiere al Joventut, dice que "el secreto allí era echar horas y horas. Cuando llegué entrenábamos seis o siete al día, incluyendo físico. Ahora quizás es más habitual, pero entonces no sucedía tan-

Yebra vivió la época más dorada del baloncesto de su León natal (MAURICIO PEÑA)

to", apunta. Reclamado por el gerente de Baloncesto León, Ramón Fernández, y por el entrenador, Gustavo Aranzana (dos personajes fundamentales para la historia del baloncesto en León) regresó a su tierra natal: "Consideramos que era lo mejor. En el Joventut había varios jugadores de mis características y veíamos difícil debutar en la Liga por eso. Fue una muy buena opción. Tuve mucha fortuna con Gustavo Aranzana y coincidir con jugadores que me ayudaron mucho como Xavi Fernández, Reggie Johnson o Joe Wolf", comenta.

Ese crecimiento como jugador se vio ratificado con su convocatoria, en el año 1996 con la selección nacional absoluta, en lo que se llamaba una fase 'ventana': "Jugué dos partidos amistosos, uno de ellos contra el Partizán de Belgrado y un segundo que se celebró en León, así que no hace falta decir lo especial que fue para mí", recuerda el leonés, que al año siguiente estaba con la selección B.

Seguir el itinerario primero por España y luego por todo el mundo de este viajero alero leonés es verdaderamente complicado. Cuando finalizó su contrato en León tuvo la primera experiencia fuera, en la temporada 98-99, con el Limoges. "En la liga de verano de Treviso me vio su entrenador y me pareció buena la idea de formarme en otro tipo de baloncesto. Fue un año muy bueno y me dio la oportunidad de volver el año siguiente con otro status", explicaba el jugador al periodista Javier Ortiz en una entrevista para la Liga Endesa. Gijón (dos temporadas) fue el puente hasta Valladolid, quizá el club y el momento en el que lució al máximo, de nuevo con Aranzana en el banquillo de inicio. La merecida internacionalidad le impulsó al Valencia Basket durante dos temporadas, pero regresó a Valladolid otras dos para poner fin a su trayectoria en la máxima competición española en la temporada 2007-08.

Como en casi todos los casos de los mejores, también hubo altibajos en lo que se refiere a su presencia en la selección. Ya estaba teniendo cierta regularidad en las convocatorias del combinado nacional cuando, en 2003, "Alberto Herreros decidió volver a la selección, después de haber estado un largo periodo sin acudir a las convocatorias, y me quedé fuera. Lo daba todo por perdido, como es lógico, pero estando de vacaciones me llamaron, Manel Comas primero y Mario Pesquera después, para que me fuera a Madrid a la concentración".

Llegó la oportunidad de disfrutar de unos Juegos Olímpicos, el acontecimiento deportivo que cualquier deportista quiere tener en su trayectoria como profesional del deporte. "A nivel emocional, los Juegos Olímpicos son lo más especial que puede haber para un deportista. Se puede buscar todo el romanticismo que quieras. Fue el 'highline' de mi vida, un recuerdo que guardaré para siempre", resume él que, desde la madurez que dan tantos años dedicados al baloncesto (actualmente es entrenador en China, donde vive desde hace casi ya una década), no tiene reparos en re-

Al Baloncesto León llegó desde el Joventut (MAURICIO PEÑA)

conocer la importancia de conseguir algo así y que quizá no se valoró todo lo que merecía: "Creo que además tiene mérito porque yo siempre jugué en equipos pequeños, y llegar así a estar en la selección creo que tiene una dificultad extraordinaria. Ya tenía 30 años cuando me llamaron para participar en aquellos Juegos Olímpicos, y creo sinceramente que fue un premio para mí por tanto tiempo de trabajo, de entrenamiento, de honestidad y de profesionalidad".

Llegados a Atenas, unos Juegos Olímpicos especialmente históricos (de alguna manera todos lo son) porque se celebraban en el mismo

Aranzana con Yebra durante un partido (ARCHIVO PERSONAL)

lugar donde habían nacido, cuenta el alero leonés que "la ceremonia inaugural fue increíble y tengo que reconocer que creo que solo vi la mitad, porque estaba tan emocionado que vi la mitad a través del visor de mi cámara de vídeo y la otra mitad en la realidad. Fue una cosa de locos, aquel estadio olímpico, con tanta historia, lleno de gente, compartiendo una misma emoción, un mismo sentimiento".

Todos los deportistas que tienen la suerte de disfrutar la experiencia de vivir en una villa olímpica cuentan vivencias y encuentros especiales. Óscar recuerda uno que le hizo especial ilusión, y que, como no podía ser de otra manera, tenía color leonés: "Con muchos de los que fueron mis compañeros de selección en aquella cita histórica ya me conocía, algunos incluso eran amigos porque habíamos coincidido muchas veces. Por ejemplo, recuerdo que en la villa olímpica yo estaba alojado muy cerca de Manolón Martínez, que nos estábamos saludando y, justo en ese momento, llegó la Reina Sofía a visitar a todos los deportistas españoles, y nos hicimos una foto con ella. Fue especial para mí encontrarme con Manolo en Atenas, fue especial para los dos, estoy seguro, porque nos conocíamos desde que teníamos los dos 13 años".

En lo estrictamente deportivo se puede decir que no hubo suerte, al menos la suerte que merecía una selección española que entonces ya estaba formada por la generación que la acabaría llegando a la gloria, a las cotas más altas que ha alcanzado el combinado nacional en baloncesto, aunque también se puede decir que la suerte estaba por llegar, porque con el tiempo sí consiguieron llegar donde merecerían. La lástima es que, para entonces, el leonés Óscar Yebra ya no estaba entre los seleccionados.

El caso es que en relación a lo estrictamente competitivo, en Atenas Óscar Yebra recuerda que "ganamos todos los partidos de la fase previa, pero tuvimos la mala suerte de que Estados Unidos, que obviamente era el rival que todos queríamos evitar, se clasificó cuarto de su grupo porque empezaron verdaderamente mal la competición, y al final nos terminó perjudicando haber sido primeros del nuestro, porque nos cruzamos con los norteamericanos en cuartos y caímos eliminados. Fue una gran decepción porque teníamos un buen equipo, como se demostró con el paso del tiempo. Luego, nos repusimos de aquella derrota y conseguimos terminar séptimos, es decir, diploma olímpico, para mí un orgullo pero la verdad es que nos supo a poco".

Como entrenador ha destacado en China

El equipo olímpico español de baloncesto con el jugador leonés agachado (ARCHIVO PERSONAL)

Pese a lo que pudiera parecer, no llegó entonces la retirada de Óscar Yebra, que podría haber cerrado con su participación en los Juegos Olímpicos una trayectoria deportiva que está a la altura de muy pocos jugadores, pero su inquietud, su amor por el baloncesto y sus ganas de conocer mundo le llevaron a seguir viajando y conociendo otras ligas.

Cuando cerró su etapa en España, en el verano del 2008, le llamaron desde el Mahram Teherán. "Quería ir al extranjero y que eso me aportase algo diferente. Cuando salió la propuesta mi agente, Arturo Ortega, me dijo que quizás era demasiado exótico para lo que yo quería. Pero averigüé que las condiciones de seguridad eran las idóneas y me entregué totalmente. Fueron seis meses magníficos y me habría quedado allí. Salvando el tema de la religión y de algunas restricciones por ello, la forma de ser de los españoles y de los iraníes es muy parecida y mantengo magníficos amigos allí", asegura. Después, regresó a España, tuvo dos experiencias en las ligas federativas: primero en la EBA con el Lliria y, por último, en el Melilla, de la LEB. Allí, en la ciudad autónoma y al filo de los 37 años, se retiró como jugador y se puede decir que a partir de entonces comenzó una prometedora carrera como entrenador.

Formando a jugadores jóvenes sigue entregado en cuerpo y alma a su pasión. Dice que el baloncesto "es una forma de vida. Una vez que lo tienes dentro, ya no te lo quitas de encima". Y tiene muy claro que es lo que tiene que pedir a los jóvenes jugadores que sueñan con convertirse algún día en estrellas: "El trabajo mental es lo que diferencia a las personas una vez que adquieren un cierto nivel de talento o de habilidad, que es algo innato y se acaba desarrollando a base de horas de trabajo. Todo el mundo sabe tirar a canasta, defender o rebotear. Un tirador es algo que vive de porcentajes continuos. Si fallas los cuatro primeros tiros, debes saber que los siguientes los vas a meter. Tiene que haber un trabajo mental, pero la confianza y ese trabajo mental de saber que se puede fallar es lo que te hace fuerte". Sabe de lo que habla, lo dice con conocimiento de causa.

Yebra junto al lanzador leonés Manolo Martínez hablando con la Reina Sofía (ARCHIVO PERSONAL)

NOEMÍ
FELIZ

NATACIÓN

PEKÍN 2008

Una sirena berciana

"Nací en Ponferrada en 1988 porque a los de Bembibre nos llevaban a nacer al Hospital del Bierzo, y supongo que siga siendo así, pero yo soy de Bembibre. Allí viví hasta los 12 años, que recuerdo perfectamente que nos fuimos en el mes de septiembre". Noemí Feliz tiene claro de dónde viene y recuerda con exactitud el momento en el que abandonó su tierra natal, que siempre ha tenido muy presente a lo largo de toda su trayectoria. No en vano, regresa al Bierzo siempre que puede y en 2018 obtuvo el reconocimiento de todos los bembibrenses, que le dedicaron un hermoso homenaje en su Gala del Deporte.

El mérito de esta olímpica berciana es descomunal, si se tiene en cuenta que, cuando ella empezó, en la comarca no había las instalaciones deportivas que la lógica llevaría a considerar necesarias para poder crecer hasta hacerse profesional del deporte. De hecho, fue lejos de Bembibre donde se acercó por primera vez al deporte de la natación: "La descubrí en Laredo. Mi familia tenía un piso allí, en una urbanización con piscina, y en ella yo siempre coincidía con dos nadadoras vascas. Me quedaba mirando cómo entrenaban y la verdad es que me gustaba. Al volver, me apuntaron a natación en Ponferrada. Yo había acudido a unos pocos cursos formales, de aprender a flotar y eso, tenía las habilidades básicas, pero fue principalmente en la escuela de natación donde empecé a tomármelo un poco más en serio", recuerda ella, que viene de una familia muy relacionada con el mundo del deporte, como demuestra el hecho de que dos de sus tíos, Pedro y Cape, jugaron al fútbol primero en el Atlético Bembibre, en la que se podría considerar como la época más gloriosa del equipo que sigue levantando tantas pasiones en la localidad berciana, y luego en diferentes conjuntos españoles.

Del cursillo para aprender a flotar pasó Noemí Feliz a los primeros entrenamientos y, pronto, fueron llegando las competiciones provinciales y regionales. Francisco García Isla fue uno de sus primeros entrenadores "En el primer Campeonato de España en el que participé, cuando era alevín, me acuerdo de que quedé tercera. En infantiles, hice récord de España y fui campeona en 100 metros libres. Creo que todo eso fue porque en Ponferrada, para sorpresa de muchos, había mucho nivel, muchas nadadoras potentes". En 1999, con solo once años, fue seleccionada por primera vez con Castilla y León para participar en el Trofeo José Sagreos, celebrado en Valencia. Allí consiguió tres medallas, dos de oro y una de plata en la categoría jóvenes promesas. Siendo infantil, obtuvo tres medallas de oro y una de plata en

A nadar aprende casi todo el mundo; aprender a competir requiere de un gran trabajo (ARCHIVO PERSONAL)

los Campeonatos Absolutos de Castilla y León; y en los Campeonatos de España de su categoría batió el récord de España en 100 metros libres con 59,11 segundos.

El talento estaba ahí y ya nadie podía dudar de la proyección de esta berciana en la natación. Como es lógico, llegó la especialización, y "poco a poco me fui centrando en los 100 y 200 metros libres y en 200 estilos", recuerda ella, que se tuvo que desplazar al CAR de Valladolid para seguir progresando como nadadora y desarrollar todo el potencial que indudablemente atesoraba. No fue fácil tomar aquella decisión: "Habían mandado un entrenador de Valladolid a Ponferrada, pero más tarde se fue y dijeron que ya no iba a volver. Entonces me di cuenta de que en Ponferrada, entrenando con el Club, no iba a avanzar porque estaba acostumbrada a entrenar mucho. Así que las únicas opciones eran ir al CAR de Valladolid o no hacer nada más en lo que a natación se refería". El esfuerzo mereció la pena y, con mucho sacrificio, los resultados fueron llegando: "Vivía en una residencia y obviamente fue un salto de calidad en mi trayectoria deportiva, porque mejoré mucho mis marcas, ya que allí vives en una residencia, entrenas dos veces al día...". Fue alternando el CAR Valladolid con la residencia Blume, donde se reúne en régimen de concentración permanente desde hace décadas la élite del deporte español. "Siempre se hablaba de hacer un centro de preparación para nadadores en Ponferrada", se lamenta Noemí, un centro que nunca llegó a hacerse realidad.

En 2004 logró un triunfo más que destacado, al quedar primera en los 100 metros libres del Campeonato de España Júnior y, además, sumar otras dos medallas de plata (200 metros estilos y 200 metros libres) y un cuarto puesto (400 metros libres). Llegaron después algunos otros hitos en su carrera, como su participación en el Mundial de Montreal en 2005, después de su destacadísima participación en el relevo de 4 x 200 de los Juegos del Mediterráneo, donde consiguió la medalla de plata. Convenció al seleccionador para incluirla entre las 15 mejores nadadoras del país, siendo en aquella ocasión, y en alguna más que de las que vendrían después, la menor de todo el equipo nacional.

Y es que, obviamente, con esas marcas y esos resultados en las competiciones en las que participaba, Noemí Feliz reconoce que "desde que era muy pequeña, ya en alevines, empecé a ir a las concentraciones de la selección española. Obviamente, los Juegos Olímpicos son lo más, pero como yo entonces era tan joven la verdad es que creo que pierdes un poco el sentido de las cosas".

Pese a ser joven, tenía muy claras cuáles eran sus preferencias, y ella misma reconocía en una entrevista del año 2004 en la revista Fusión que "lo doy todo en la competición, salga como salga. Mi forma de ser me ayuda siempre a seguir hacia delante, a no frenarme en las competiciones".

El Bierzo es una comarca con pocos nadadores, pero Noemí supo salir adelante (ARCHIVO PERSONAL)

Equipo olímpico español de natación en Pekín con Noemí en el centro (ARCHIVO PERSONAL)

Con esos conceptos muy claros, Noemí Feliz siguió creciendo como nadadora y quizá uno de los entrenadores que más marcó su trayectoria fue Vladimir Koupliakov, con el que fue al Campeonato del Mundo absoluto y logró la clasificación para Pekín en una prueba que se celebró en Cádiz, en el mismo año 2008. "La verdad es que teníamos un equipo de 4 x 200 muy fuerte", reconoce ella.

Conforme fue mejorando como nadadora se empezó a definir la idea de convertirse en deportista olímpica: "La idea de ser olímpica no se materializó hasta 5 o 6 años antes de ir a unos Juegos. Sólo se convirtió en un verdadero objetivo durante el último ciclo", reconoce ella. Así que en 2008, con sólo 19 años y siendo, una vez más, la más joven del equipo, llegó el momento con el que sueñan tantos deportistas durante toda su vida y, sobre todo, cuando el sacrificio de los entrenamiento obliga a ponerse un objetivo que permita que no decaiga la motivación. "La natación es el deporte que se encarga de abrir la competición, así que estuvimos allí desde el primer momento, disfrutando de la ceremonia inaugural, que fue espectacular".

Las internacionalidades llegaron pronto

La actuación de la berciana fue verdaderamente buena y los resultados del conjunto español cumplieron las expectativas esperadas: "Son muchas las cuestiones de las que tienes que estar pendiente para estar perfecta en el momento de la competición, muchos pequeños detalles que puedes pasar por alto en otro momento, pero en unos Juegos Olímpicos la verdad es que debes estar concentrada desde el inicio en todo. No es algo fácil. Te sales de tu rutina, debes estar pendiente de todo, de la comida, de los entrenamientos...". Terminaron las décimo cuartas, algo que no resta importancia a la experiencia de vivir unos Juegos Olímpicos desde dentro, pues está al alcance de muy pocos deportistas y que deja, como es sabido, algunos recuerdos que quedan para siempre en la memoria. "La villa olímpica es como una ciudad, hay un país en cada calle, hay comedor, tiendas, gimnasio, te encuentras a famosos por las calles... Estuve dos semanas allí y la verdad es que lo disfruté al máximo. Conforme pasan los días, cada vez son más los que han terminado sus competiciones y, por decirlo de alguna manera, se suman a la ola".

No dejó la natación entonces, sino que siguió compitiendo durante otros cinco años. Desde la distancia, tiene claro lo que aporta la natación: "Sobre todo disciplina, mucha disciplina. En la manera de hacer deporte se ve reflejado cómo es una persona. También despierta la constancia de permanecer y la superación de ir a más".

Tuvo que estar desde muy joven fuera de casa para poder llegar a la elite (ARCHIVO PERSONAL)

LYDIA VALENTÍN

(COE)

HALTEROFILIA

PEKÍN 2008 - LONDRES 2012 - RÍO 2016 - TOKIO 2020

La escuela de Camponaraya llega al olimpo

Por su palmarés se puede decir que es una de las mejores deportistas españolas de todos los tiempos. Y, obviamente, la mejor, o por lo menos la más laureada, de la historia del deporte leonés. Pocos nombres brillan con la intensidad y la constancia de Lydia Valentín, atleta berciana que ha dejado una marca imborrable en el levantamiento de pesas, erigiéndose como un icono de perseverancia, determinación y excelencia atlética. Su trayectoria deportiva, marcada por una serie de logros asombrosos y un compromiso inquebrantable con la lucha por la justicia, ha inspirado a cientos de deportistas en todo el mundo. Se puede decir que la de Camponaraya, para conseguir todos los títulos que tiene, ha tenido que ganárselo primero en el gimnasio, después en la competición y más tarde en los despachos, donde las trampas de algunas de sus rivales le arrebataron momentos de gloria que, para poder disfrutarlos, tuvo que acudir a los tribunales de la justicia ordinaria. En especial, su participación en los Juegos Olímpicos ha sido una epopeya de coraje y triunfo, donde ha forjado un legado que trasciende el deporte mismo.

Lydia Valentín nació el 10 de febrero de 1985 en Ponferrada, en el seno de una familia modesta asentada en la cercana localidad de Camponaraya, convertida con el paso del tiempo, gracias a ella pero también a muchos más que le precedieron y a muchos más que siguieron su camino, en el epicentro de la halterofilia nacional. Desde temprana edad demostró una pasión desbordante por el deporte, y pronto descubrió su talento innato para el levantamiento de pesas. Sus primeros pasos en este exigente deporte fueron humildes, nadie podía pensar dónde iba a llegar la berciana, pero su dedicación y su férrea determinación rápidamente la destacaron como una promesa del levantamiento de pesas español. Con el apoyo de su familia y el respaldo de sus entrenadores, Lydia se embarcó en un viaje de descubrimiento y superación que la llevaría a conseguir subir al podio olímpico.

Contó con varios entrenadores a lo largo de su carrera deportiva, especialmente durante sus primeros años como atleta. Sin embargo, como ha reconocido en infinidad de entrevistas, uno de los entrenadores más destacados en sus inicios fue Jesús Hoyos, quien jugó un papel fundamental en su desarrollo como levantadora de pesas. Hoyos fue el entrenador de Lydia en sus primeros años en el Club de Pesas de Ponferrada, donde comenzó a entrenar y competir en el deporte con el que terminaría haciendo historia. Bajo la tutela de su entrenador, la haltera desarrolló la técnica y condición física nece-

La halterofilia consiguió con Lydia Valentín cotas insospechadas (MAURICIO PEÑA)

sarias para destacar en un deporte como la halterofilia, sentando las bases para su futura carrera como atleta de élite.

Aunque Jesús Hoyos fue uno de los primeros entrenadores de Lydia Valentín y tuvo un impacto significativo en su carrera inicial, es importante destacar que el éxito de una atleta como ella es el resultado de la colaboración con varios entrenadores a lo largo de los años, cada uno aportando su experiencia y conocimiento para ayudarla a alcanzar sus metas deportivas.

La primera incursión olímpica de Lydia Valentín tuvo lugar en los Juegos de Atenas 2004, cuando apenas contaba con 19 años de edad. Compitió en la categoría de 75 kg, enfrentándose a las mejores levantadoras de pesas del mundo. Aunque no logró subirse al podio en esa ocasión, su participación en los Juegos Olímpicos fue un hito significativo en su carrera, brindándole una experiencia que, como se puede suponer, le resultó más que enriquecedora y motivadora para redoblar sus esfuerzos.

Fue en los Juegos Olímpicos de Londres 2012 donde Lydia Valentín alcanzó su primer gran triunfo olímpico. Compitiendo nuevamente en la categoría de 75 kg, demostró una fuerza, habilidad y determinación sobresalientes que la llevaron a ganar la medalla de bronce. Este logro histórico no solo la consagró como una de las mejores levantadoras de pesas del mundo, sino que también la convirtió en la primera mujer española en obtener una medalla olímpica en esta disciplina. El momento en que ondeó la bandera española en el podio, con lágrimas de emoción en sus ojos, quedó grabado en la memoria colectiva española y se convirtió en un símbolo de orgullo y esperanza para futuras generaciones de atletas, del mismo modo que símbolo es también su peculiar forma de posar para los fotógrafos, una forma ciertamente repetida y conocida porque han sido numerosas las ocasiones en que

Secuencia gráfica del enorme esfuerzo que suponen las competiciones (MAURICIO PEÑA)

ESPAÑA

la berciana ha tenido motivos para la celebración, un gesto que se ha convertido prácticamente en una de sus señas de identidad, formando un corazón con sus manos y una sonrisa enorme mirando a cámara.

Pero el espíritu indomable de Lydia Valentín no se detuvo en aquellos Juegos Olímpicos de Londres. Decidida a superar sus propios límites y alcanzar nuevas cimas de grandeza, se preparó con tenacidad y dedicación para los de Río 2016. En esta ocasión, su desempeño fue aún más impresionante. Compitiendo nuevamente en la categoría de 75 kg, Lydia se alzó con la medalla de plata, consolidando su posición como una de las figuras más destacadas de la halterofilia a nivel mundial. Su actuación en Río fue un tributo a su incansable determinación y su capacidad para superar adversidades con determinación.

Más allá de sus logros en el podio olímpico, Lydia Valentín ha dejado un legado perdurable en el deporte español y en la comunidad deportiva internacional. Su ejemplo de perseverancia, pasión y determinación ha inspirado a innumerables atletas de todas las edades y disciplinas a seguir sus pasos y perseguir sus sueños. Además, su compromiso con la igualdad de género en el deporte ha contribuido a romper barreras y abrir nuevas oportunidades para las mujeres en un ámbito tradicionalmente atribuido a los hombres.

Pero la historia de Lydia Valentín en el mundo de la halterofilia no solo se define por sus impresionantes logros en la plataforma, sino también por su coraje y determinación fuera de ella. A pesar de haber conseguido medallas olímpicas que la convirtieron en una leyenda del deporte español, su camino hacia la gloria estuvo marcado por una batalla judicial que desafió su legado y su honor como atleta.

Tras los Juegos Olímpicos de Londres 2012, donde Lydia Valentín ganó la medalla de bronce en la categoría de 75 kg, surgió una controversia que sacudió los cimientos de su carrera. Informes de dopaje en muestras de competiciones anteriores en las que Valentín había participado generaron dudas sobre la integridad de su desempeño

Las participantes en la final de Londres (WIKIMEDIA)

en el escenario olímpico. A pesar de que ella siempre mantuvo su inocencia y negó vehementemente cualquier acusación de dopaje, la sombra del escándalo amenazó con empañar su legado y sus logros. Ante estas acusaciones, Lydia Valentín no se amilanó. Decidida a limpiar su nombre y proteger su legado olímpico, emprendió una ardua batalla judicial que se prolongó durante años. Con el apoyo de su equipo legal y el respaldo de la comunidad deportiva española, Valentín se enfrentó a las acusaciones con valentía y determinación. Se sometió a numerosas pruebas y exámenes antidopaje, demostrando su compromiso con la transparencia y la honestidad en el deporte.

Finalmente, en un giro dramático, las acusaciones de dopaje contra Lydia Valentín fueron desestimadas. Después de años de lucha y adversidad, la justicia finalmente prevaleció y su nombre fue limpiado de cualquier sospecha. Esta victoria no solo representó un triunfo personal para la haltera leonesa, sino también un mensaje poderoso sobre la importancia de la integridad y la ética en el deporte. La batalla judicial de Lydia Valentín por su legado olímpico es un recordatorio de la fortaleza y la determinación que la han definido como atleta y como persona. Su compromiso con la verdad y su perseverancia frente a la adversidad la convierten en un ejemplo a seguir para atletas de todo el mundo. A pesar de los desafíos y obstáculos que enfrentó en el camino, Valentín nunca renun-

Un momento de la final con la leonesa (WIKIMEDIA)

En los Juegos Olímpicos de Río sumaba la berciana una nueva participación olímpica (COE)

ció a su sueño de representar lo mejor del deporte español en el escenario mundial, y su victoria en la batalla judicial es un testimonio de su mentalidad ganadora.

Buena prueba de la importancia de Lydia Valentín en la halterofilia es que puede presumir de un palmarés de estrella internacional, de leyenda del deporte español. Sirvan como ejemplo las dos medallas Olímpicas, bronce en los Juegos Olímpicos de Londres 2012 en la categoría de 75 kg y plata en los Juegos Olímpicos de Río 2016 también en la categoría de 75 kg, además de su destacadísima actuación en campeonatos Mundiales: Medalla de oro en el Campeonato Mundial de 2017 en la categoría de 75 kg. (otorgada posteriormente, debido a la descalificación de las competidoras que la superaron inicialmente, convirtiéndola en campeona del mundo) y medalla de bronce en

2011. Por lo que se refiere a los campeonatos europeos, la de Camponaraya ha obtenido varias medallas de oro en distintas ediciones y en diferentes categorías de peso. En cuanto a récords personales se puede decir que ha establecido múltiples récords nacionales y personales en las distintas categorías de peso en las que ha competido a lo largo de su carrera. También ha logrado marcas impresionantes en las competiciones internacionales, destacando su desempeño en las ya citadas participaciones olímpicas y mundiales.

Ese simbolismo, que de alguna manera siempre le ha acompañado a lo largo de toda su trayectoria deportiva, le ha servido para obtener numerosos reconocimientos, como es el caso del Premio Reina Sofía al Mejor Deportista Español en 2012 y 2016, el Premio Princesa de Asturias del Deporte en 2018, la Medalla de Oro de la Real Orden del Mérito Deportivo en 2019, así como reconocimientos y homenajes por parte de instituciones y autoridades deportivas españolas y autonómicas, como fue el caso del Premio Castilla y León del Deporte en 2016.

Estos son solo algunos de los logros y reconocimientos destacados en la carrera de Lydia Valentín. Su legado en el levantamiento de pesas español e internacional es indiscutible, y su contribución al deporte ha dejado una marca imborrable en la historia de la halterofilia y del deporte español en general.

De nuevo en Tokio Lydia Valentín participó en unas olimpiadas (COE)

La haltera junto a la estatua en Camponaraya, una tierra de levantadores (COE)

FRANCISCO ARCILLA

ATLETISMO

RÍO 2016

Un marchador leonés contra todo

Mediados de los noventa en la ciudad de León. Faltaba media hora para que comenzara una prueba de marcha para escolares en las instalaciones del Estadio Hispánico. El joven Francisco Arcilla era un alumno del colegio Luis Vives, con muchas ganas de hacer deporte y un talento aún por descubrir. En principio estaban inscritos para aquella prueba otros chavales que, por los motivos que fueran, a última hora decidieron que no participarían. Ese día, el encargado del colegio era su padre y fue él, al ver que ninguno quería hacer la marcha el que decidió, que la haría su hijo, con el que luego se apuntaría otro chico más. Cuenta Paco Arcilla que fue en ese momento, a pocos minutos de que comenzara aquella prueba, cuando le explicaron, o más bien le intentaron explicar, las normas de la marcha. "Me había emocionado, la verdad, acabé llorando cuando mi padre me metió en esa prueba y, cuando me fueron a explicar cómo tenía que correr, más bien que no tenía que correr, no entendí muy bien lo que me contaron con los nervios y todo el jaleo propio de una competición que estaba a punto de comenzar. Entendí que no podía doblar las rodillas en ningún momento y, al final, lo que hice fue correr los dos kilómetros de aquella prueba como si tuviera las piernas completamente rígidas, como un robot o algo así. Y, la verdad, después de todo, no quedé tan mal".

Francisco Arcilla había tenido el primer contacto con el atletismo en el mencionado colegio Luis Vives, donde probó todas las disciplinas del atletismo. En principio, no se decantaba por ninguna. Manuel L. Conde y el ex lanzador de jabalina Alija fueron sus primeros entrenadores. Llegaron más competiciones y el atleta tiene especial recuerdo de una combinada que se celebró en Castilla y León, en la que quedó segundo en marcha cuando sólo tenía once años. "Me vi forzado a hacer marcha, quisiera o no, pero la verdad es que tampoco me disgustaba". Siendo infantil participó en un campeonato provincial en el que corrió tres kilómetros marcha y, al terminar, cuando sólo había pasado media hora, también corrió los 3.000 metros lisos. "Es de mis mejores recuerdos", dice él. Pese a su corta edad, había muchas competiciones para los chavales que se iniciaban en el atletismo, y Arcilla tiene en la memoria un Campeonato de España que se celebró en Palencia y en el que participó representando a su colegio, el Luis Vives, en una prueba de campo a través en la que terminó siendo décimo cuarto. "Pero como equipo quedamos quintos", recuerda con orgullo este leonés con raíces en Viloria de la Jurisdicción y el rollo de Santa Ana, nacido en 1984.

Arcilla (47) destacó en una especialidad con poca tradición en León (ARCHIVO PERSONAL)

Siguió creciendo como atleta y, poco a poco, "quisiera o no", como dice él, se fue especializando en la disciplina en la que más destacaba: la marcha. Entró en el equipo Seur León, auténtica referencia del atletismo leonés, y empezó a entrenar con los mayores, haciendo fondo, pero ya con la marcha como prioridad. La distancia de las pruebas iba aumentando conforme aumentaba la edad de los participantes y, siendo cadete, la marcha se ampliaba a los 5 kilómetros. Empezó a ganar con claridad los campeonatos autonómicos. En su primer Campeonato de España, celebrado en Torrevieja, fue séptimo, y ya pudo ver a los que entonces eran los buenos, los referentes de la marcha nacional, a los que nunca había visto pero de los que había oído hablar muchas veces a sus compañeros de equipo: Daniel Plaza, Valentín Masana...

Llegó su primera medalla. Fue de plata, en el 2000, en un campeonato que se celebró en Segovia y del que Paco Arcilla salió extraordinariamente contento, no sólo por el metal sino porque además lo había conseguido con la misma marca del ganador de la edición anterior, en la que él había quedado el último de todos los que tomaron la salida. Al año siguiente, siendo ya juvenil, fue primero en el Campeonato de España que se celebró en Mollet de Vallés (Barcelona), cuando la distancia de la marcha ya era de 10 kilómetros. "Hasta ese momento lo hacía solo por divertirme, pero supongo que a partir de entonces cambió todo y pasó a ser algo más serio para mí". Su padre, buen conocedor del mundo del deporte, (que llegó a practicar la marcha cuando era totalmente desconocida en León) se convirtió en su entrenador prácticamente desde que era un niño.

El primer gran salto fue su convocatoria con la selección española de atletismo, a la que representó en la Copa de Europa que se celebró en Eslovaquia y donde tuvo la ocasión de compartir expedición con uno de los más célebres marchadores españoles: Paquillo Fernández. El leonés Francisco Arcilla, pese a su juventud, logró un buen resultado, ya que, aunque fue el tercero de los tres españoles que compitieron, en aquella prueba internacional, mejoró su marca. Siguieron llegando citas internacionales, la Copa de Europa Júnior en Cheboksary (Rusia) con un quinto puesto y una anécdota curiosa que sorprendió al equipo español: en la prueba parecía oírse corear "Arcilla, Arcilla, Arcilla" por parte del numeroso público, lo que sorprendió mucho a los responsables de la selección española, hasta que se dieron cuenta de que, en realidad, estaban diciendo: "Rasilla, Rasilla Rasilla', es decir, "Rusia" en ruso.

Ese mismo verano en el Campeonato del Mundo juvenil en Debrecen (Hungría), fue sexto y en el Campeonato de Europa júnior en Tampere (Finlandia), terminó tercero (1ª medalla internacional).

Ese año (2003) fue elegido 'Mejor atleta español del año' en categoría júnior. Llegaron después algunos sinsabores, como siempre pasa en el deporte, que a punto estuvieron de terminar con la carrera deportiva de Paco Arcilla, porque su décimo puesto en el Campeonato de Eu-

Compitiendo en Rusia en el año 2003 (ARCHIVO PERSONAL)

ropa sub'23 del año 2005, en el que se recorría una distancia de 20 kilómetros, le desmotivó por completo. "En la marcha en especial y el deporte en particular no siempre gana el que tiene un mejor físico o el que más ha entrenado. En concreto, en la marcha juega un papel determinante la fortaleza mental", dice el atleta leonés.

Pero esa desmotivación, bien trabajada, puede darse la vuelta y convertirse exactamente en todo lo contrario, como demostró Arcilla en el Campeonato de España que se celebró a las dos semanas, donde estuvo a la altura de los mejores (a punto de ganar el campeonato y por tanto, resarcirse del Europeo de dos semanas antes), tanto que, incomprensiblemente, los jueces le terminaron descalificando por lo que consideraban "marcha irregular", una decisión muy polémica que, en otro deporte con mucha más expectación alrededor, hubiera generado semanas de debate. "Creo que lo que pasó fue más algo así como '¿Pero quién es este, que se atreve a ir al lado de los mejores, si no le conoce nadie, si es todavía un sub'23? A mí me supo especialmente mal, pero estaba tranquilo porque contaba con el respaldo y la confianza del seleccionador, otros entrenadores, incluso algún juez internacional de marcha".

Otro mazazo para un deportista muy joven pero con un indudable talento y que veía cómo circunstancias extradeportivas le apartaban de seguir progresando como atleta.

En 2008 la cita fue de nuevo Rusia, un escenario especial para el leonés porque allí había sido quinto júnior en uno de los mejores recuerdos que, hasta la fecha, tenía como marchador. Lo primero que le sorprendió fue la cantidad de gente que había en torno al recorrido por el que pasaban los atletas, algo que no se podían ni llegar a imaginar en España, donde la marcha seguía siendo un deporte minoritario. "Siempre en el último momento", según reconoce él mismo, "me tenía que buscar la clasificación como mejor podía, y así fue a lo largo de toda mi carrera".

Empezó entonces a rondar su cabeza la idea de participar en unos Juegos Olímpicos. Nunca había sido una de sus obsesiones, ni siquiera uno de los sueños de niño, pero como es lógico el interés comenzó a crecer en cuanto veía por televisión que se convertían en deportistas olímpicos algunos de los que habían sido sus compañeros o rivales. Consiguió un doble billete para los Juegos Olímpicos de Río de Janeiro en 2016, pero cuando sólo faltaba un mes y medio para que se celebrase la ceremonia inaugural, otra vez surgieron criterios ciertamente aleatorios por parte de la federación, con decisiones que resultaban muy difíciles de comprender por parte de cualquiera.

En los Juegos Olímpicos se disputaban dos pruebas distintas de marcha, una de 20 kilómetros y otra de 50. En los Campeonatos del Mundo Roma, celebrados poco antes y donde se decidiría quien obtendría el pase para la cita olímpica, Francisco Arcilla disputó la prue-

Los marchadores españoles siempre han estado entre la elite mundial (ARCHIVO PERSONAL)

ba de 50 kilómetros y terminó el duodécimo, pero fue el segundo español, lo que se suponía que le daba la plaza para Río. La decisión, en cambio, fue que no iría a los Juegos. Eso significaba que sólo tenía ya una oportunidad, en el 20 km, y como tenía una buena preparación decidió que se superaría en esa prueba. Ese último tren pasaba por el Gran Premio Internacional de Cantones en La Coruña, a las dos semanas. Allí, cuando nadie lo esperaba, Arcilla no sólo mejoró su marca personal, sino que hizo la mínima olímpica y consiguió también la plaza para la prueba de 20 kilómetros, imponiéndose al que, por decirlo de alguna manera, ya era el candidato oficial de la federación para competir en los Juegos. Al atleta leonés, por motivos que alguien, en algún lugar, entenderá, le dejaron competir tan sólo en la prueba de 20 kilómetros.

La experiencia olímpica comenzó para él con cierto retraso, pues formó parte de la segunda expedición de deportistas españoles con rumbo a la ciudad brasileña. Faltaba solo una semana para que arrancase su competición, lo que también resultaba a todas luces incomprensible puesto que, para una prueba tan exigente como la marcha y con un clima tan húmedo y caluroso como el de Río de Janeiro, lo lógico hubiera sido que pasara más tiempo en el destino, aclimatándose, para poder rendir al máximo nivel, cosa que sí pudieron hacer otros deportistas españoles. Sí pudo participar el marchador leonés en la ceremonia inaugural, aunque reconoce no ser mucho de celebraciones, y disfrutó como espectador de algunas competiciones que se celebraban antes de que arrancase su competición, y guarda un recuer-

Los Juegos Olímpicos de Pekín fueron el culmen a su gran carrera

do especial de un deporte que siempre le apasionó y del que, en Río, pudo ver competir a algunos de los mejores del mundo: la gimnasia artística. "Empecé a llevarme decepciones. La acreditación que nos daban no servía para acceder a otros deportes, casi te tenías que colar para poder ver a gente que, en realidad, eran nuestros compañeros de selección".

La selección española de marcha se había desplazado a Francia de concentración en altura, un mes antes de que arrancaran los Juegos y allí había tenido que ir, obligado, Francisco Arcilla: "Siempre tuve fama de entrenar poco", dice el leonés entre risas. Lo cierto es que, cuando llegó la cita de Río de Janeiro, todo se empezó a complicar, y si extraño había sido el proceso de selección más lo fue la conversación que el atleta leonés tuvo con el seleccionador en el autobús que los llevaba de camino a su cita más histórica, la prueba de marcha de 20 kilómetros de aquellos Juegos. "Le he dado muchas vueltas, y obviamente se las empecé a dar en cuanto terminó aquella conversación, y la verdad es que no lo puedo entender. Lo único que se me ocurre pensar es que quería picarme, retarme de alguna manera, que saliera mi orgullo, porque básicamente lo que me vino a decir es que yo no solía rendir a mi mejor nivel con calor, que las pruebas en verano nunca habían sido mi fuerte. Sin embargo en la Copa de Europa de Metz (Francia) con un calor excepcional, fui 2º español en 20 km y fui campeón Iberoamericano en San Fernando (Cádiz), también con mucho calor. Vamos, que puso en duda mi capacidad como marchador para competir en aquella prueba olímpica, y yo la verdad que no pude entender y, aún pensándolo hoy, la verdad es que sigo sin entenderlo. Siempre he sido fuerte mentalmente, pero en aquel momento, la verdad, quedé noqueado. Fuese lo que fuese, indudablemente le quitó mucho encanto al momento, a mi momento".

No cuajó una buena actuación en su cita olímpica Francisco Arcilla, y reconoce él mismo que aquella conversación con el seleccionador en el autobús que los llevaba de camino a la competición no fue la principal causa, "aunque obviamente no ayudó". Cuenta que había mucha humedad, pero "yo calenté muy bien y, pese a la importancia del momento, pese a la conversación con el seleccionador, la verdad es que no estaba tan nervioso, al menos no tanto como lo había estado en otras ocasiones para otras competiciones, quizá no estaba ya concentrado. Luego, todo se me dio mal".

El circuito que había diseñado la organización para la prueba de marcha de 20 kilómetros era especialmente estrecho, lo que hacía más importante aún comenzar bien, algo que no hizo Francisco Arcilla. "No estaba bien colocado en la salida, esa es la verdad, y como consecuencia de ello a los 50 metros ya estaban delante de mí la mayoría de marchadores, porque el nivel era tan alto que pasabas del puesto 10 al 30 en un mínimo descuido. Luego, a partir de ahí, veía que no podía llegar a la altura de los mejores, que se estaba escapando mi oportunidad, y los tornillos se tambalearon", dice con una sonrisa amarga que no es capaz de disimular, ni siquiera casi ocho años después, la decepción de entonces. "Fue un palo gordísimo".

Después de aquello, el leonés Francisco Arcilla siguió compitiendo en campeonatos mundiales y europeos, pero reconoce que "se me fueron diluyendo las ganas, y eso a pesar de que nunca, en toda mi trayectoria, tuve que soportar graves lesiones". Estudió Biología en León y Física en Oviedo, opositó a maestro, profesión que a día de hoy sigue ejerciendo, y el gusanillo por el deporte lo mata compitiendo alguna carrera de montaña y pruebas de atletismo (jabalina).

Arcilla (d) homenajeado en la Diputación (MAURICIO PEÑA)

MARÍA
CASADO

RUGBY

RÍO 2016

Un sueño peleado

Hay muchas maneras de llegar a un deporte y la de María Casado con el rugby se puede considerar tan extraña o tan normal como cualquier otra. Estudiaba Filología Inglesa en León, donde había llegado procedente de su pueblo, Valencia de Don Juan, y la suerte quiso que le tocara una compañera de piso que estudiaba INEF en la Universidad de León. Le habló del rugby. En aquel momento, más allá de lo que había visto por televisión alguna de las pocas veces que había coincidido que retransmitían un partido de este deporte siempre minoritario, María no se había acercado al rugby nunca... y en realidad llevaba tiempo sin acercarse a ningún deporte, porque reconoce que estaba bastante fuera de forma. Primero fueron unas cervezas en la Céltica, un conocido establecimiento del centro de León, y después asistir como espectadora a uno de los partidos. No hizo falta mucho más. Se quedó sorprendida de los valores que se promovían en el rugby: sin el equipo no eres nadie y por encima de todo hay que respetar al árbitro, al rival y a los compañeros. "Esto lo quiero yo para mí", se dijo esta leonesa que acabaría haciendo historia dentro del deporte español.

Comenzó a partir de entonces a practicar rugby y reconoce que ponerse en forma le ayudó a entender mejor este deporte, por cuanto facilita la lectura del juego, la anticipación y, sobre todo, la resistencia a ese tipo de esfuerzos tan intensos e intermitentes. Se puede decir perfectamente que a partir de ese momento empezó a crecer como deportista y que nunca ha dejado de hacerlo. "Ahora mismo no concibo una forma de vida sin el rugby", sentencia esta leonesa de Valencia de Don Juan que actualmente es preparadora física de la selección española absoluta de rugby femenino y del Pozuelo Rugby Unión, que son los destinos en los que ha terminado para seguir de alguna manera vinculada al deporte que cambió su vida y del que escribió algunas de las páginas más gloriosas de su historia en este país. Entre ellas, su presencia en los Juegos Olímpicos de Río de Janeiro en 2016.

Pero volvamos a aquellas cervezas en la Céltica y al primer contacto con el rugby de María Casado. "No sabía nada de rugby porque nunca lo daban por televisión, porque al final se consume lo que se ve y la verdad que el rugby yo lo había visto como otro más de los deportes minoritarios que salen muy de vez en cuando por televisión. No conocía las normas ni a ningún jugador, claro está". Su primer contacto fue inolvidable y desde entonces ha seguido siempre muy de cerca el deporte del balón ovalado. "Lo primero fue el equipo de

El equipo español en el que la leonesa era una habitual (ARCHIVO PERSONAL)

la Universidad de León, que se puede decir que fue pionero porque en toda Castilla y León no había ningún equipo de rugby femenino. Se llamaba ULE primero y después El Albéitar, y no jugábamos más que un partido al mes y dentro de la competición de Galicia porque aquí no había un número suficiente de clubes como para poder hacer nuestra propia liga".

Fueron sus inicios en un deporte en el que pronto empezó a destacar y fue convocada para formar parte de la selección española. Se fue a Majadahonda, donde entrenaba todos los días dentro del programa ideado por el Consejo Superior de Deportes, y luego a Toulouse, "donde el rugby es una religión". Allí estuvo dos temporadas, empapándose de las mejores, conociendo los entresijos de un deporte que ya la apasionaba.

Nunca olvidará esta coyantina cómo fue la primera vez que acudió a la selección española, un equipo que acabaría marcando su vida. Estaban jugando un torneo en Asturias y era carnaval. Después de quedar eliminadas, salieron de fiesta, creyendo que ya lo tenían todo hecho, que al menos por un tiempo se había quitado las obligaciones de deportista. Pero en la grada de aquellos partidos estaba José Antonio Barrio, conocido en el mundo del rugby como 'Yunke', que había hablado con el que entonces era su entrenador, José Miguel Fernández. Convocó a cuatro de las jugadoras que había visto sobre el terreno de juego a participar en una concentración permanente con la selección española, cuatro jugadoras entre las que estaba María Casado y de las que finalmente solo quedaron dos dentro de la selección… y entre esas dos también estaba la jugadora leonesa.

"Estaba loca de emoción. Yo ya era una apasionada del rugby y conocía a muchas de las que a partir de ese momento se convertirían en mis compañeras, nombres como Berta García, Vanesa Rial, Paula Medín… a la gente no le querrán decir nada, pero para mí eran poco menos que ídolos en las que me había fijado a lo largo de toda mi trayectoria. La verdad es que no me lo podía creer, estaba al principio bastante nerviosa, pero luego me dije… ¡qué narices! Me relajé y empecé a disfrutar", cuenta esta jugadora nacida en Valencia de Don Juan en 1986, que en aquel momento contaba con sólo 23 años. La primera cita trascendental con la selección la llevó a Holanda, donde jugaron nada más y nada menos que nueve partidos en solo dos días. "Nunca me habían expulsado de un partido y allí lo hicieron por primera vez. Se puede decir que me anticipé demasiado a una jugada", dice entre risas recordando aquellos primeros encuentros con el combinado nacional.

A la vuelta de aquel torneo holandés, en las charlas con el entrenador y los responsables de la federación se hablaba de la modalidad deportiva del rugby 7, de cómo mejorar, de las características… y también de la posibilidad de que fuera olímpico.

A partir de ese momento, participar en unos Juegos se convirtió más que un sueño en una motivación, un objetivo que fue necesario pelear durante años. Hubo que esperar. Se especuló con la posibilidad de que el rugby 7 fuera deporte de exhibición en los Juegos de Londres 2012, pero finalmente no fue hasta Río 2016 cuando entró a for-

Imagen promocional de María Casado con España (ARCHIVO PERSONAL)

mar parte de la competición con todos los honores. Llegado este punto quizá sea preciso recordar que el rugby 7, el 'Seven' como se le conoce popularmente dentro del mundillo, se juega en una cancha de dimensiones completas con dos equipos de siete, en vez de quince jugadores, y los partidos tienen una menor duración: cada tiempo de los partidos de las clasificatorias de un torneo dura siete minutos, que aumentan a diez minutos en la final. Más allá de la duración, las leyes varían muy poco del juego de quince, aunque, por supuesto, por la cantidad de espacio disponible en la cancha, es un juego completamente diferente para el espectador. Una característica del juego de Seven es que a veces los equipos deciden retroceder inicialmente hacia su propia línea de 'try' atrayendo a la oposición hacia ellos, en un intento de crear espacios en otras zonas para luego avanzar y atacar.

Tanto en defensa como en ataque siempre fue una jugadora muy intensa (ARCHIVO PERSONAL)

Por el hecho de que el Rugby 7 se juega en una cancha con las medidas completas, los jugadores necesitan cubrir mucho terreno durante un partido, lo que significa que deben estar muy preparados físicamente y tener mucha velocidad, agilidad y resistencia. Por ello, las jugadoras de Seven son frecuentemente delanteras o 'forwards' (línea de tres cuartos del juego de quince), pero en el caso de esta leonesa ella misma confiesa que se trataba de "una 'utility' porque jugaba un poco de todo, aunque lo más habitual era como delantera".

Su trayectoria de club se desarrolló sobre todo en Madrid (ARCHIVO PERSONAL)

El caso es que el horizonte de Río de Janeiro, unos Juegos Olímpicos, es el sueño de cualquier deportista y en el caso de 'Las Leonas', como se apodó a las componentes de la selección española de rugby 7, se convirtió en una obsesión. Se prepararon nada más y nada menos que durante seis años para un partido, concretamente para el que debía decidir la plaza para participar en aquella cita olímpica, que se podría conseguir bien a través de la Liga Mundial o del Europeo, y todas las opciones del equipo español quedaron reducidas a una repesca del mundial. Se disputó en Dublín y las rivales eran las rusas.

"Se nos metió entre ceja y ceja y empezamos a prepararnos a conciencia, como nunca. Nos concentramos en la Casa do Brasil y el dinero que nos aportaban era tan poco que teníamos que poner de nuestro bolsillo, pero conseguir una plaza para Río, ganar a las rusas, se convirtió poco menos que en una cuestión de orgullo para nosotras y nos daba todo igual con tal de ganar", recuerda María Casado.

Aquel partido que se disputó a finales de junio de 2016, a solo un mes de que arrancasen los Juegos Olímpicos, permanecerá para siempre en la memoria de esta jugadora leonesa y de todas las que fueron sus compañeras. "Nosotras habíamos entrenado tanto, estábamos tan preparadas para aquel partido, que no sólo jugábamos de memoria, nos dábamos los pases, hacíamos las ayudas sabiendo exac-

Durante diez años estuvo en la elite del rugby (ARCHIVO PERSONAL)

tamente dónde iba a estar situada en el campo cada una de nuestras compañeras. Sabíamos también todo lo que iba a pasar durante el partido, lo habíamos trabajado muchísimo desde el punto de vista táctico, técnico y también psicológico, porque al final, como es lógico, tanto tiempo de preparación para una sola cita en la que te lo juegas todo termina generando mucha presión, y recuerdo que nos acompañó, y nos ayudó mucho, el psicólogo Pablo del Río".

Empezaron ganando las españolas aquel partido disputado en Dublín, pero luego, como se puede decir que formaba parte del guion, las rusas, algunas de las cuales terminaron dando positivo en los controles antidopaje, fueron igualando el marcador. "Eran superiores a nosotras físicamente, nosotras lo sabíamos y tuvimos que aprender a gestionarlo, a buscar sus puntos débiles, a potenciar nuestros puntos fuertes", sostiene Casado. Una recuperación por parte de las españolas en la última jugada de aquel partido le valió el triunfo a España, que resultó histórico no sólo por cuanto suponía la clasificación del combinado nacional para la primera edición de unos Juegos Olímpicos en los que el Rugby 7 formaba parte de la competición,

En los Juegos Olímpicos de Río (ARCHIVO PERSONAL)

La segunda por la derecha debajo de los aros olímpicos, un recuerdo inolvidable (ARCHIVO PERSONAL)

sino por la profesionalidad y entrega que demostraron 'Las Leonas' ante un partido tan trascendental como aquel.

Fue algo así como una liberación, pero no hubo demasiado tiempo para celebraciones. Faltaba menos de un mes para que comenzaran los Juegos Olímpicos de Río y habría que cumplir con muchas obligaciones, muchas fotos, entrevistas, recepciones oficiales… "que quitaban mucho tiempo de entrenar", recuerda la leonesa, que la noche anterior a la salida del avión con rumbo a Brasil conoció en un hotel cercano al aeropuerto de Barajas a muchos de los deportistas que hasta entonces solo había visto por televisión. "Si te soy sincera, yo que iba a ser olímpica no me lo creí hasta que me llegó la ropa oficial a casa, y después, en el aeropuerto y en aquel hotel, vi a muchos deportistas que eran famosos que estaban pidiendo más ropa, exactamente igual que yo, porque la que les habían mandado no les iba bien o lo que fuera. Luego, a la hora de salir, vi que había un avión solo para nosotros y que, en la puerta de embarque, estaban esperando para saludarnos Felipe y Letizia".

Al llegar a Río, confiesa la coyantina, me hacía ilusión todo, hasta que me sellaran el pasaporte. Creo que estuve con los pelos de punta todo el tiempo. La villa olímpica era increíble, había todo lo que pudieras necesitar, restaurantes, un comedor que era como un campo de fútbol abierto las 24 horas del día, centros médicos, espacios para jugar a la consola y relajarte, transporte interno… Cada país tenía su

El preolímpico fue toda una hazaña y el diploma olímpico logrado algo histórico (ARCHIVO PERSONAL)

propio edificio y en la fachada se ponía su bandera, salvo EEUU, creo que por motivos de seguridad". Dentro, la vida era apasionante, el buen ambiente la nota característica, y encontrarse a famosos se empezó a hacer habitual: "Vi a Gasol y a Nadal en un ascensor y me asombré de que, pese a ser estrellas internacionales, estuvieran allí como otros deportistas más".

La selección española femenina de Rugby 7 no pudo participar en la ceremonia inaugural porque su competición comenzaba justo al día siguiente. "Nos pusimos la ropa que se ponían todos los deportistas españoles para participar en aquel acto, pero en nuestro caso fue para ir a cenar. Teníamos que descansar para el primer apartido, ante Francia. Éramos con diferencia las más veteranas de la competición y no nos fue demasiado bien, la verdad, aunque creo que tenemos que estar orgullosas de haber conseguido un diploma olímpico. Terminamos séptimas y creo que hay que entenderlo porque nuestro pico de forma fue un mes antes, para aquel partido ante Rusia que preparamos tan concienzudamente, y los picos en el mundo del deporte no pueden durar eternamente".

Volvieron antes de tiempo y con mal sabor de boca, porque les hubiera gustado quedarse más tiempo, disfrutando como espectadoras de un espectáculo deportivo como son unos Juegos Olímpicos. María Casado quiso seguir enganchada a su deporte y apostó por llegar a los Juegos de Tokio, pero en el preolímpico se cruzó de nuevo la selección rusa, donde el dopaje ya era prácticamente una cuestión de estado, y apeó a las españolas, tomándose así la venganza de 2016. "Es lo que tiene el deporte. Tenemos un papel y tenemos que saber realizarlo en cada momento. El deporte tiene unos valores que ayudan a la sociedad y esas cosas no se pueden perder".

María Casado ha dejado una huella inolvidable para el rugby leonés (ARCHIVO PERSONAL)

SABINA ASENJO

ATLETISMO

RÍO 2016

Lanzadora, olímpica y madre

Lanzadora, olímpica y madre. Por ese orden le fue llegando, pero a buen seguro que no por ese orden se establecen las preferencias de esta berciana que ha demostrado, además de la capacidad de superación y sacrificio que siempre hacen falta para llegar a lo más alto del deporte, una coherencia y una forma ejemplar de luchar por los objetivos. Participó en los Juegos de Río de Janeiro 2016, logrando así uno de sus sueños. Después, cumplió otro, el de ser madre, y más tarde volvió a competir al más alto nivel para demostrar que la maternidad no incapacita a las mujeres, como siempre se había considerado y no sólo en el mundo del deporte, sino que a veces ocurre todo lo contrario.

Sabina Asenjo es de Lillo del Bierzo y, según cuenta, "no fui la primera olímpica de mi familia". Mantiene un cierto parentesco con otro de los leoneses que aparecen en estas mismas páginas, el también berciano Rodrigo Gavela, primo de su padre que, después de haber participado en los Juegos Olímpicos de Barcelona 92, montó una escuela de atletismo en Fabero. Hasta allí, "un poco por compromiso familiar", tenía que bajar Sabina desde Lillo, y confiesa que no lo hacía demasiado convencida, ya que "no me gustaba correr, nunca me ha gustado, y cuando me hablaban de atletismo fue en lo primero que pensé". Pero por suerte había otras disciplinas y una de ellas, la del lanzamiento, le terminó cambiando la vida por completo: "La verdad es que era muy mala pero me lo pasaba muy bien, así que volví a entrenar a aquella escuela de atletismo, y cada vez con más ganas", cuenta la hoy madre de dos niños, Tristán y Martín.

"Todo el deporte que había hecho hasta entonces era algo de baloncesto, porque como era muy alta y corpulenta siempre intentaban que me animase. Desde pequeña, siempre llamaba la atención por eso mismo, pero no me tiraba demasiado el baloncesto y cuando descubrí que el atletismo no era solo correr, me enganché. Se puede decir que desde entonces, cuando debía de tener aproximadamente 13 años, estuve entrenado sin parar hasta el 2019".

Destacó pronto en las pruebas de lanzamiento y se especializó en esta disciplina. Lo probó todo: el disco, la jabalina y el peso. Todos se le daban bastante bien, de hecho durante muchos años estuvo compatibilizando el peso con el disco, pero finalmente abandonó el peso y se convirtió en uno de los grandes referentes no sólo a nivel de España sino de Europa en lanzamiento de disco. De hecho, reconoce que hoy, cuando piensa en toda su trayectoria, recuerda el peso como si se le diera mal, cuando en realidad no era así.

León siempre tuvo grandes lanzadores y Sabina también fue olímpica (ARCHIVO PERSONAL)

No es un deporte mayoritario precisamente, ni un deporte con el que sea fácil ganarse la vida. Por eso, la berciana se tuvo que ir de casa en cuanto empezó a destacar para poder seguir creciendo como deportista. En primer lugar, hasta los 26 años militó en el equipo llamado Ponferrada Atletismo, después de que el que era entrenador, Nacho Morán, se pusiera en contacto con sus padres para decirles que Sabina reunía las condiciones para llegar a lo más alto de este deporte. Su llegada en 2012 al Centro de Alto Rendimiento Deportivo de León, donde ya entrenaban otros gigantes del lanzamiento, supuso un punto de inflexión en su carrera. Formó parte también de otros muchos equipos, desde el Salamanca (que era filial del Ponferrada Atletismo) hasta Valencia, Orense y, desde 2011, en el FC Barcelona. Todo ello sin mudanzas, en un principio, al ser un deporte individual.

Fue pasando por diferentes categorías y destacando en todas ellas, hasta que llegó a la absoluta y se puede decir que marcó una época: tiene 13 campeonatos de España. "Yo al principio no sabía ni que había un ranking. Sabía que había que hacer una marca mínima y poco más. De hecho, tampoco sabía cuál era esa marca mínima. Las cosas han cambiado mucho en muy poco tiempo". Así llegó la primera convocatoria con la selección española absoluta para participar en un encuentro que se hacía en Lisboa. "Bueno, baste decir que aquello fue toda una experiencia para mí, tanto que era la primera vez que cogía un avión". En aquella concentración participaron los que ya se consideraban 'gigantes' del lanzamiento, los que se puede decir que eran sus referentes más cercanos, como Manuel Martínez o Mario Pestano, que ya entrenaban en León. Aunque el CAR aún estaba lejos entonces, se ejercitaban en una esquina del pabellón Hansi Rodríguez. "Era algo muy enriquecedor, compartir la competición con algunos de los grandes de este deporte, y la verdad que es algo que se ha perdido con el paso del tiempo y lo considero una pena", afirma Sabina Asenjo recordando sus primeros pasos en el mundo del lanzamiento.

Cuando empezó a destacar, cuando empezó a obtener el reconocimiento a tantas horas de entrenamiento, a tanto sacrificio, empezó a planear en el horizonte la posibilidad de acudir a unos Juegos Olímpicos. "En realidad, siempre fueron mi objetivo. Nunca me los perdía cuando los daban por televisión, tengo recuerdos de varios veranos viéndolos de madrugada o cuando podía, y me daba mucha pena cada vez que terminaban". El caso de Sabina Asenjo viene a demostrar que nunca, ni el deporte en particular ni en la vida en general, se debe perder la ingenuidad de la infancia, la lucha por los sueños: "La verdad es que yo siempre soñé con ir a unos Juegos Olímpicos. Supongo que para los niños es más fácil, porque están todo el día jugando a algo, pero a mí, la verdad, de pequeña me tenían que obligar a hacer deporte porque no me gustaba nada. Al principio me parecía imposible, claro, pero conforme fueron pasando los años, conforme fueron pasando las competiciones, veía que estaba ahí, que las posibilidades eran reales, que tenía que seguir peleando para conseguirlo porque lo tenía al alcance de mi mano. No lo sé porque, en cambio, es algo que reconozco que, después, con la madurez, lo veía más difícil, y sin embargo supongo que esa tenacidad, esa inconsciencia si se quiere, de la juventud, me vino bien para seguir hasta conseguir cumplir el sueño".

El billete para los Juegos Olímpicos de Río hizo escala en Helsinki. En la capital finlandesa se disputó un Campeonato de Europa de Lanzamiento en el que Sabina Asenjo consiguió los 56 metros, "lejos de la mínima olímpica, pero no algo imposible". Trabajó muchísimo en el CAR de León con Carlos Burón, "entrenamientos durísimos", recuerda la berciana, hasta que, un año antes de que comenzaran los Juegos de Río, consiguió oficialmente la marca mínima para participar en ellos y cumplir el sueño de una niña, grande pero siempre niña de Lillo del Bierzo. Sin embargo, eso tampoco garantizaba que iba a estar en Río, "porque en un año pueden pasar muchas cosas y si no rindes lo que se supone que tienes que rendir te pueden cambiar desde la federación". Era junio de 2015 y quedaba mucho por preparar para el gran momento, para el instante decisivo por el que tanto había luchado y con el que tanto había soñado. "Pasé un invierno muy duro, la verdad, porque tenía muchos problemas de estómago". En el Campeonato de España de aquel año, la berciana lanzó el disco a 61,36 metros, cuando la mínima era 61, y llegó la que ella misma considera que fue su mejor competición, el Campeonato de España del año siguiente, que se celebró en Bilbao y en el que Sabina Asenjo, que ya había batido en numerosas ocasiones la plusmarca nacional, consiguió alcanzar los 61,89 metros, lo que a día de hoy sigue siendo el récord de España. "Era mi mejor momento, mi pico de forma", recuerda orgullosa ella.

Todo lo que pasó después son "recuerdos que guardaré hasta que me muera", por emplear sus palabras textuales. El atletismo es el último de los deportes en entrar en competición en unos Juegos Olímpicos (suelen hacerlo a lo largo de la segunda semana), de hecho quizá no hay ningún deporte tan vinculado a las olimpiadas y son muchos los aficionados y espectadores que dicen que, hasta que no comienza el atletismo, parece que no han comenzado de verdad los Juegos Olímpicos. Con ese calendario, lo previsto es que Sabina Asenjo y el resto de los miembros de la selección española de atletismo no volasen a Río hasta dos días antes de que empezase su competición, lo que hubiera hecho que la berciana se perdiese la ceremonia inaugural. Pero no. Ella quería estar allí, quería vivir aquel momento para la historia del deporte y la suya en particular. Por suerte, el entrenador quiso que viajasen todos sus atletas juntos y fueron en la primera de las dos expediciones, a tiempo para la ceremonia inaugural.

"Hablas con otros deportistas y te dicen siempre que la ceremonia inaugural es un rollo, que hay que esperar muchas horas, que pasas mucho tiempo de pie, pero yo soy muy friki, yo lo disfruté desde el primer momento hasta el último y jamás olvidaré la sensación de entrar en el estadio de Maracaná lleno hasta la bandera, con toda la emoción, con todo el ambiente que se genera". EE UU iba justo detrás del conjunto español en aquel evento y Sabina cuenta que veía perfectamente desde la distancia a las torres de los jugadores de la NBA de baloncesto. "Para que te hagas una idea de lo que es el ambiente que se crea en unos Juegos Olímpicos, los pines de cada país se convierten algo así como en la moneda de cambio, todo el mundo busca a deportistas de otros países para intercambiárselos, pero yo aluciné cuando vi nada más y nada menos que a Lebron James pidiendo pines al personal. No me lo creía". El abanderado de España en aque-

La berciana optó por el disco como su especialidad y lo dominó en España (ARCHIVO PERSONAL)

llos Juegos de Río fue Rafa Nadal, al que Sabina recuerda asediado por todos los deportistas que querían pedirle un autógrafo o hacerse una foto con él. "Lo más sorprendente, sobre todo cuando vienes de un deporte tan minoritario como es el lanzamiento de disco, es ver a gente top, deportistas de primer nivel mundial, haciendo lo mismo que tú. Eso me emocionó y, aunque disfruté desde el minuto uno de aquella ceremonia, tengo que confesar que cuando la llama se encendió en el pebetero lloré como una magdalena. Pensaba entonces que había merecido la pena todo el esfuerzo porque había hecho mi sueño realidad".

Después de la inauguración, llegan los nervios. Se acerca la hora de la verdad, el resto de deportistas con los que se convive en la villa olímpica van compitiendo, unos consiguen sus objetivos, otros se van para casa antes de lo pensado... y Sabina Asenjo tuvo que esperar semana y media hasta que llegó el momento de la competición de lanzamiento de disco. Todo iba de cara. Sobre el papel, sobre lo previsto, la berciana era la número 26 de las 32 participantes, y parecía que podía mejorar ese puesto. Le tocó en el segundo grupo de lanzadoras. Cuando terminó el primero, empezó a llover sobre Río de Janeiro. Otro deporte podría seguir adelante, pero no el lanzamiento, ya que el agua hace que el disco se resbale entre las manos de las atletas. Hubo que esperar. Después de dos horas paradas, gestionando los nervios, intentando mantener la tensión de los músculos, se retomó la competición cerca de la medianoche. "La verdad es que fui con

La inauguración de los Juegos siempre es larga pero un recuerdo imborrable (ARCHIVO PERSONAL)

una sensación un tanto agridulce, porque llevaba muchas expectativas. Por ranking estaba la 26ª y entraban en la final las doce primeras. Era difícil, no imposible, pero la verdad es que no hice una buena marca. Al final, podía haber sido mejor pero la situación fue la que fue y tampoco quedé tan mal: fui la 24", sentencia Sabina Asenjo, que se recuerda emocionada porque le llegaban vídeos desde el otro lado del Atlántico, vídeos grabados en Fabero y en los que participaban todos los niños del pueblo, que colgaban un cartel enorme en el ayuntamiento apoyándola.

La lanzadora berciana no se queda solo con los resultados, sino sobre todo con la experiencia con la que había soñado durante muchos años, el ambiente de la villa. Además de su propia competición, le quedó el mal sabor de que tuvo que viajar de vuelta a España antes de lo que le hubiera gustado, antes de que se celebrase la ceremonia de clausura, de la que no pudo disfrutar, y sobre todo le hubiera gustado disfrutar del oro que consiguió la que había sido su compañera de habitación durante la estancia el Río, la saltadora cántabra Ruth Beitia, con quien le une una buena relación. "Lo hubiera gozado mucho", dice Sabina, que en cambio se queda con los recuerdos de la villa olímpica: "La gente comentaba cómo eran las villas olímpicas en otros Juegos, y la verdad es que yo no podía decir nada porque era mi primera vez, pero sí que había muchas cuestiones bastante particulares. No en vano, era la primera vez que se celebraban unos Juegos

Olímpicos en Sudamérica. Por ejemplo, me llamó la atención el hecho de que hubieran construido una autovía con ocho carriles pero que era sólo para nosotros los deportistas, una autovía que, por tanto, la mayoría del tiempo estaba vacía y cuando circulabas por ella veías favelas inmensas a ambos lados... Era algo distópico". De la vida en la villa dice que "hasta que no llegas no te puedes hacer una idea. Hay cosas surrealistas. La selección holandesa, por ejemplo, lleva sus propias bicicletas para ir por la villa, y hay un bus circular para poder moverte por allí porque es todo inmenso, pese a que en el caso de Río se apostó por edificios muy altos. El comedor, sin ir más lejos, parecía un estadio enorme, era gigante, estaba abierto 24 horas al día y había comida de todo el mundo. Los primeros días estaba lleno y luego, conforme iban terminando las competiciones de algunos deportes o algunos quedaban eliminados, pues iba quedando más sitio, claro. Allí me encontré, entre otros, al nadador Michael Phelps y a otras leyendas del mundo del deporte, pero no soy demasiado mitómana y sólo me hice una foto con un jugador de rugby neozelandés". De hecho, confiesa Sabina Asenjo, "al lado del edificio de España estaba el de Nueva Zelanda y yo me lo tomé como una señal y me pasaba el día entero allí, intentando hacer contactos, porque ya sabía que, cuando terminaran los Juegos Olímpicos, me iba a vivir a ese país, donde ya estaba por entonces trabajando mi marido".

El ejemplo de Sabina Asenjo no quedó ahí, en su capacidad de superación hasta alcanzar la meta de conseguir una plaza para cumplir el sueño de participar en unos Juegos Olímpicos, sino que siguió mucho tiempo después. Se fue a vivir cinco años a Nueva Zelanda y, después de tener a su primer hijo, siguió compitiendo al máximo nivel. "Viajé con ellos a las competiciones y la verdad es que me lo pasé pipa. Y sigo aún. No me he retirado. Quiero hacerlo bien".

Río de Janeiro fue la edición en la que se convirtió en olímpica (ARCHIVO PERSONAL)

SAÚL ORDÓÑEZ

ATLETISMO

TOKIO 2020

De Salentinos a Tokio

Hay muchas formas de que cada cual descubra su vocación, aquello que más le gusta, que no tiene por qué ser aquello para lo que tiene mayor facilidad. Cuando se solapan ambos aspectos, el resultado tiene que ser necesariamente positivo, y ese es el resumen de lo que sucede en torno a la carrera del atleta berciano Saúl Ordóñez.

En su caso, fue un profesor de Educación Física quien le descubrió tanto su pasión por el atletismo, como el hecho de que él reunía unas condiciones extraordinarias para llegar a las cotas más altas en este deporte: participar en unos Juegos Olímpicos. Saúl Ordóñez es de Salentinos, pueblo situado en el que, sin miedo a equivocarse, es uno de los valles más hermosos de los que se reparten por la montaña de la provincia de León, y acudía a clase al cercano colegio de Páramo del Sil. Cuando terminaban las clases, comenzaban las extraescolares, y para él comenzaba la diversión. Dice que recuerda que hacían de todo, hasta costura, pasando por tenis de mesa, patinaje... y atletismo, claro, que era lo que mejor se le daba. Se lo tiene que agradecer, primero, a un profesor de León que llegó a aquel colegio y que sólo recuerda que se llamaba César, y luego a Chus Alonso, que se convirtió en su primer entrenador.

Aproximadamente dos décadas después de aquello, de descubrir el deporte que cambiaría su vida, Saúl Ordóñez debutaba en unos Juegos Olímpicos de Tokio, los que se tenían que haber celebrado en 2020 y lo terminaron haciendo, no sin pocas dificultades, en el verano de 2021. Aquellos Juegos se convirtieron en toda una proeza en cuanto a la organización, porque el coronavirus aún seguía imponiendo muchas restricciones por todo el mundo, pero a la vez se pretendía que fueran algo así como la declaración internacional del ansiado final de la pandemia que, un verano antes, había obligado a aplazarlos. Como es lógico, no sólo por la distancia sino también por las dificultades que entonces había para viajar, no se desplazó ningún aficionado berciano a apoyar a su atleta, pero cuenta Saúl Ordóñez que, desde la pista de Tokio, se sentía perfectamente arropado. "Los Juegos tienen más repercusión que cualquier otra competición, al menos en el mundo del atletismo, y aunque no pudiera estar mi gente por la grada, yo los sentía, sabía que estaban ahí, que me estarían viendo y deseando que lo hiciese bien, sabía perfectamente que en mi pueblo estaban todos delante de la televisión, como si fuera la final de la 'Champions', que estaban conmigo a muerte". Después de tanto tiempo preparándose para una cita así de trascendental, después de tanto esfuerzo y de tanto talento invertidos en conseguir una de

El medio fondo berciano ha dado grandes atletas como Saúl Ordóñez (SERGIO SPORTMEDIA)

esas plazas que permite a los deportistas cumplir el más habitual de sus sueños, las emociones juegan un papel determinante. A menudo se habla de los nervios: las gimnastas dicen que los aparatos se les resbalan como si fueran de mantequilla, los jugadores de balonmano son incapaces de controlar el balón y todos comparten temblores ante la certeza de saberse ante un momento decisivo de sus vidas. Pero hay emociones que no son nervios, sino que agitan el espíritu por haber llegado hasta un determinado objetivo o, como es el caso, por respirar el ambiente que se genera en unos juegos Olímpicos. "Se me saltaban las lágrimas antes de ir al estadio, de verdad, se me hizo grande todo aquello. Mi estado de forma era bueno, había competido muy bien como no puede ser de otra manera porque, si no, no consigues la marca mínima que te da la plaza olímpica, pero a la hora de la verdad se me hizo grande todo aquello, es la verdad, no compe-

Ordóñez es valiente en las carreras (SERGIO SPORTMEDIA)

tí a mi nivel, no di lo mejor de mí, y por eso quiero volver a otros Juegos Olímpicos y sacarme esa espina", confiesa el atleta berciano.

Lo que Saúl Ordóñez resume como "pierdes el foco" se traduce en la sensación que genera verse dentro del ambiente olímpico, de la vida en la villa, "muy enriquecedor ver allí a los mejores del mundo en sus respectivos deportes, todos compartiendo la misma ilusión, sin un solo mal rollo, algunos de fiesta cuando terminan sus respectivas competiciones, que todo hay que contarlo, pero una experiencia alucinante, la verdad". Y eso lo dice el de Salentinos reconociendo al mismo tiempo que él nunca ha sido muy seguidor de otros deportes, que nunca ha sido especialmente mitómano, "pero vi a Pau Gasol por allí y me lancé a hacerme una foto con él, claro".

Si la vida en una villa olímpica resulta siempre especialmente intensa, por el ambiente que generan las sensaciones que experimentan de todos los que pasan por allí, se puede suponer que lo sería mucho más en el caso de Tokio 2020, porque la pandemia obligó a que, verdaderamente, la villa fuera una cápsula, una isla en medio de la capital nipona de la que estaba prohibido entrar y salir más que a competir o entrenar, y esto último, si se podía hacer dentro, mucho mejor. "Vivimos algo parecido a lo que se ve en la película de 'El show de Truman', porque toda la

Es un fijo en las competiciones internacionales (SERGIO SPORTMEDIA)

decoración era ciertamente futurista, los edificios eran bastante espectaculares, parecía todo como de mentira, no sabría explicarlo, y en todo momento estábamos vigilados, con mucho control sobre todo en las zonas comunes, así que al final lo que pasaba es que convivíamos mucho en los apartamentos, con los compañeros, sin salir demasiado, casi como si estuviéramos otra vez en el confinamiento".

Nada fue normal en los Juegos de Tokio. Aunque fuera su primera vez, como era el caso de Saúl Ordóñez, cualquiera podía comprobar que algunas de las características de la cita japonesa eran muy especiales y causadas por ese virus que paró prácticamente toda la actividad en el mundo entero. De entrada, se perdió tanto la ceremonia inaugural como la de clausura, puesto que las autoridades japonesas y el Comité Olímpico Internacional lo organizaron todo al milímetro, procurando que cada deportista estuviera el menor tiempo posible en suelo nipón para así reducir al máximo las posibilidades de contagios, de modo que iban todos con el tiempo ajustado para llegar, aclimatarse, hacerse al horario, competir y emprender cuanto antes el viaje de regreso. Cuenta el berciano que llegar a la villa olímpica de Tokio era ya de por sí toda una yincana. "Había muchísimos protocolos. Antes de ir creo que me tuve que hacer nada más y nada menos que cinco PCR. En el aeropuerto ibas superando un control detrás de otro, soltando saliva por aquí y por allá, con el temor de que en cualquier momento fueras a dar positivo y se te fuera al garete todo

Pese a los problemas por la pandemia se hizo con una plaza en los Juegos (SERGIO SPORTMEDIA)

Las competiciones de 800 y 1.500 siempre cuentan con un gran nivel (SERGIO SPORTMEDIA)

lo que habías estado trabajando durante años. Tengo la sensación de haber estado semanas rellenando formularios. Y, al llegar a la villa olímpica, por supuesto tenías que pasar un tiempo aislado, por si acaso. Se tomaron muchas precauciones y supongo que fuera normal".

El que es plusmarquista nacional de 800 metros no consiguió clasificarse para las semifinales, y desde entonces sigue alimentando el sueño de volver a otros Juegos Olímpicos, en este caso los de París 2024. Sabe ya lo que es pasar apuros para conseguir una plaza olímpica, de hecho el pasaporte para Tokio lo logró in extremis. "Hubo emoción hasta el último momento porque la competencia era muy fuerte. Había muy buenos rivales que habían preparado muy bien las pruebas. En atletismo, al menos en el medio fondo, la clasificación para los Juegos Olímpicos se cierra a muy pocas semanas de que empiecen, con lo cual vives con esa tensión hasta el último momento. Yo estaba dentro por puntuación, había quedado segundo en el Campeonato de España dos días antes, pero no había hecho la mínima, hasta una prueba que se hizo en Castellón", recuerda Saúl Ordóñez que le abrió la puerta a cumplir uno de sus sueños de toda la vida, el mismo que tienen desde que empiezan prácticamente todos los deportistas que consiguen llegar al alto nivel.

La táctica provoca carreras lentas y otras muy rápidas (SERGIO SPORTMEDIA)

En su caso, como ya se ha contado, comenzó a practicar atletismo en el colegio de Páramo del Sil, pero a soñar con los Juegos Olímpicos empezó un poco más tarde. Debutó con la selección española sénior en la temporada 2013, y ya entonces tenía entre ceja y ceja intentar clasificarse para unos Juegos: "Cuando empecé, de niño, pues la verdad es que ni lo pensaba, no aspiraba a tanto, la verdad, pero con el paso del tiempo vas viendo las marcas que haces, las marcas que hacen tus rivales, las marcas que hacen los que sí llegan a ser olímpicos, y obviamente te lo planteas, te dices ¿y por qué no?, y empiezas a trabajar con ese objetivo en el horizonte, con esa motivación". Como pasa tan habitualmente en el mundo del deporte, uno termina ajustando cuentas consigo mismo, y Saúl Ordóñez tenía clavada la espina

Ordóñez en una prueba en 2018 (SERGIO SPORTMEDIA)

de no haber conseguido clasificarse para los Juegos Olímpicos de Río de Janeiro 2016, para los que tuvo sus opciones, de modo que cuando consiguió plaza para Tokio "se puede decir que cumplí uno de grandes objetivos en la vida".

Su mayor éxito está por venir. Hasta ahora, el hito de su trayectoria es el que logró en marzo de 2018, en el Campeonato Mundial de Atletismo en Pista Cubierta, donde obtuvo la medalla de bronce en los 800 m, al quedar tercero en la final con un tiempo de 1:48,01, por detrás del polaco Adam Kszczot y del estadounidense Drew Windle. Pero a buen seguro que quedan muchas gestas por conseguir para este berciano que, como Rodrigo Gavela, también cuenta que en las fiestas de los pueblos, por los veranos, veía que se organizaban carreras de bicis o de correr, y que le picó el gusanillo del atletismo gracias a un profesor de Educación Física. No en vano, la formación educativa ha sido siempre el complemento indispensable en toda su trayectoria, y ha sido alumno de la Universidad de León, en concreto en su campus de Ponferrada, donde hizo un máster en Geoinformática Aplicada en Recursos Naturales de la Escuela de Ingeniería Agraria y Forestal. "Siempre me han tratado muy bien y estoy muy agradecido a la Universidad de León, donde me han dado las facilidades necesarias para poder completar mis estudios sin tener por ello que abandonar mi trayectoria deportiva".

La vida de Saúl Ordóñez siempre ha estado ligada al atletismo (SERGIO SPORTMEDIA)

MIREYA GONZÁLEZ

BALONMANO

TOKIO 2020

Una leonesa entre las 'Guerreras'

Los éxitos del Ademar y el buen trabajo que se ha hecho desde hace décadas entre los equipos de base han convertido León en una de las grandes canteras del balonmano no sólo nacional sino internacional. Ocurre en la categoría masculina y ocurre también en la femenina, donde el Cleba ha marcado el paso durante décadas después de haber unido a los dos grandes equipos de balonmano femenino leoneses: el Deleba y el Atlético de León.

El resultado de ese buen trabajo es la trayectoria del Cleba y también algunos éxitos a nivel individual, jugadoras leonesas que en su día salieron de León y han conquistado las cimas del balonmano internacional. Son varios los casos de leonesas que han llegado a la selección española, las apodadas 'Guerreras', y que de este modo han conseguido también convertirse en olímpicas, como por ejemplo Soraya García Leite, que también tiene su merecido protagonismo en este libro, o Mireya González, leonesa de 1991 que durante varias temporadas ha sido uno de los pilares de la selección española de balonmano femenino, y en la actualidad sigue aportando su calidad y experiencia a las 'Guerreras'.

Mireya, de quien sus compañeras dicen que tiene idéntico carisma tanto dentro como fuera de la pista, no tiene reparos en confesar los motivos por los que se inició en un deporte como el balonmano: "Mi padre fue el culpable de que me adentrara en el mundo del balonmano. Recuerdo que cuando me propuso unirme al equipo del colegio, yo ni siquiera sabía qué era ese deporte. En aquel entonces, yo estaba pensado en apuntarme a baloncesto. Pero como siempre, confié en el consejo de mis padres: 'Puedes probar y si no te gusta, no te tienes que quedar'. Y así, sin saberlo, di el primer paso hacia lo que poco a poco se convirtió en mi pasión y uno de los pilares de mi vida", dice la lateral leonesa.

Pero triunfar en un deporte tan complicado como el balonmano exige mucho trabajo, no sólo talento, porque además de buenas condiciones físicas y mentales, tienes que estar en el lugar y momento adecuados, ser constante en el trabajo, tener capacidad de sacrificio y una ambición no a la altura de todo el mundo, por buenos que sean tus primeros pasos en la iniciación. Por eso tiene tanto mérito lo que consiguen las deportistas que, como Mireya González, pronto ven que tienen posibilidades dentro de un determinado deporte, en este caso el balonmano, y deciden lanzarse con todo a conseguir su sueño: "Siempre fui muy soñadora cuando era pequeña, algunos sueños eran más tangibles como llegar a representar a España en la selección o

La jugadora leonesa es una de las 'Guerreras' salida de la cantera leonesa (ARCHIVO PERSONAL)

poder competir en unos Juegos Olímpicos, pero también tenía sueños que nunca se hicieron realidad, como cuando le explicaba a mis dos mejores amigas cómo, cuando fuera mayor, iban a tener que construir paredes de cemento detrás de las porterías porque yo lanzaría tan fuerte que rompería la red...", comenta la jugadora entre risas, para luego lanzar una reflexión más seria: "Sin embargo, fui disfrutando del balonmano, de cada paso que se me ponía por delante, sin saber cómo de cerca o lejos estaba de alcanzar esos sueños, igual que creé las bases de lo que sería mi carrera como profesional".

Zurda y de potente lanzamiento, Mireya ha recorrido numerosos equipos a lo largo de su trayectoria como profesional, algunos extranjeros (Hungría y Rumanía han sido algunos de sus destinos), siendo siempre uno de los principales referentes, una de las principales goleadoras, de los conjuntos en los que ha militado. Creciendo poco a poco, no olvidará nunca el momento en el que cumplió el sueño infantil de ser convocada por la selección española: "Mi camino en la selección fue una montaña rusa. Recuerdo con mucho cariño mis años en la júnior, donde jugué mi primer campeonato internacional y donde poco a poco fui cogiendo más responsabilidad en el equipo, pero entonces sufrí una lesión de LCA, que me privó de disputar el último gran torneo con el equipo. Recuerdo que cuando pasó, la absoluta estaba entrenando y yo fui hasta allí para visitar el doctor Flores. Después de que me diera el diagnóstico y hablarme de operación y de más de 6 meses de rehabilitación, yo la verdad es que estaba devastada. En el camino de vuelta al coche, mi padre, echando la vista atrás, me dijo: 'Un día, tú estarás ahí'. Y tres años después, recibí la primera llamada del equipo absoluto, para participar en la preparación de los Juegos Olímpicos de Londres". Fue un sueño hecho realidad, recuerda la jugadora leonesa. Todo el mundo tiene grabadas a fuego en la memoria algunas situaciones, algunas conversaciones, momentos que de alguna manera marcan un punto de inflexión en la vida personal o profesional, y éste fue el caso de Mireya González, aunque su ansiado debut con las 'Guerreras' se terminó retrasando más de lo que parecía, con la impaciencia que eso provoca, con la incertidumbre que siempre se genera en cualquier deporte, donde los triunfos y las derrotas son muy fugaces, para bien y para mal, y donde las oportunidades demasiado a menudo pasan injustamente de largo. Pero no fue el caso de Mireya y la selección española, en la que terminaría haciendo historia: "Pese a que podría pensar que esa sería mi entrada gradual a la selección, acabó demorándose 4 años mi debut en un gran campeonato, que sería en el Campeonato Europeo de 2016". Y, claro, cuando llegó el momento, Mireya ya tenía las tablas y la madurez suficientes para saber que estaba ante un momento determinante en su carrera como deportistas profesional: "Recuerdo sentir una mezcla de nervios, emoción y una determina-

Con el equipo español se hizo casi una habitual de todas las competiciones (ARCHIVO PERSONAL)

ción feroz por demostrar que merecía estar allí. Y aunque los detalles del juego se desvanecen en mi memoria, el sentimiento de estar en la cancha, vistiendo la camiseta nacional y compitiendo con algunas de las mejores jugadoras del mundo, es algo que nunca olvidaré".

Llegarían después muchos más momentos trascendentales, una de las claves del deporte a nivel competitivo: a cada hito conseguido, por exigente que haya sido, le suele seguir otro mucho más difícil aún. Y, en este caso, en el horizonte, desde niña, estaba la posibilidad de convertirse en una deportista olímpica, un sueño que al principio resulta demasiado inalcanzable pero que después, al menos a Mireya González, se le fue acercando poco a poco: "Desde que tengo memoria, los Juegos Olímpicos fueron el pináculo de mis sueños deportivos. Cada paso que daba en mi carrera deportiva estaba orientado hacia ese objetivo. Así que cuando finalmente llegó el momento de vivir esa experiencia, fue un sueño hecho realidad". A la leonesa le pasó algo parecido a lo que cuentan muchos de los deportistas, sobre todo aquellos que practican deportes de los considerados minoritarios o que no suelen arrastrar demasiado público a sus competiciones, que no terminan de creerse que están cumpliendo su sueño de niños hasta que no llegan allí. Pero el camino no fue precisamente fácil: "No fue hasta pisar la villa, rodeada de los mejores atletas del mundo, o escuchar el himno en el primer partido, cuando la realidad de ser una atleta olímpica se hizo evidente. Primero llegó el Mundial de Kumamoto, sabiendo que era la última bala que nos quedaba para poder clasificarnos para los Juegos Olímpicos de Tokio, y la verdad es que acabó siendo un campeonato mágico en el que terminamos vicecampeonas del mundo y con una plaza para el preolímpico. Pero el covid ya estaba empezando a aparecer y, poco antes de la fecha en la que debíamos competir por la plaza olímpica, comenzó la cuarentena y todo el desconcierto que vivimos esa temporada, acabando por aplazarse los Juegos y con la posibilidad durante muchos meses de incluso poder ser cancelados. Finalmente, se acabaron celebrando, aunque por precaución sanitaria tuvimos que jugar en pabellones vacíos y no pude tener cerca a mi familia, mi pilar en la vida y pieza fundamental de mis logros deportivos. Pero es indudable que cada momento en Tokio quedará grabado en mi memoria para siempre".

Tokio 2020 fueron probablemente los Juegos Olímpicos más extraños de la historia, y eso que existen pasajes controvertidos por temas sociales, políticos o económicos en los Juegos. En esta ocasión fueron motivos sanitarios los que impidieron que los participantes

Su juego siempre se ha caracterizado por su capacidad goleadora (RFEBM)

disfrutaran de algunos momentos que, en otras citas olímpicas, eran siempre especiales, como reconoce Mireya González: "Desafortunadamente, debido a las estrictas medidas de seguridad y restricciones por la pandemia, no pudimos visitar Tokio como hubiéramos deseado. Nuestra estancia se limitó principalmente a la villa olímpica y a los lugares de entrenamiento y competición". Pero unos Juegos, pese a todo, no dejan de ser unos Juegos, en cualquier circunstancia, porque no todos los días se cumple un sueño que en ocasiones se arrastra desde la infancia. Así, la jugadora leonesa no olvidará jamás,

La velocidad es otra de sus características (COE)

pese a sus obligadas particularidades, la ceremonia inaugural de los Juegos Olímpicos de Tokio, en la que sí pudo participar: "Fue muy especial estar rodeadas de muchos de los grandes deportistas españoles y del mundo. Recuerdo que pasamos un gran rato y muchas risas mientras esperábamos juntos todo el equipo español nuestro turno para salir a desfilar: los chicos de baloncesto, a los que se les veía en su salsa y tenían mucho repertorio empezaron a corear: "Camareroo!! Quee? Camareroo!! Quee?? Dame una de campiñones! Una de champiñones?? Champioñooones champiñooones oe oe oee!" Y el resto les seguíamos. Creamos un vínculo especial ese día que recordaré siempre con mucho cariño".

Ese mismo buen ambiente, pese a las restricciones, se respiraba también en la villa olímpica, donde el intercambio de experiencias entre deportistas de distintas modalidades y de distintos países se puede decir que es casi una de las señas de identidad de los Juegos Olímpicos: "El ambiente en la villa olímpica era simplemente mágico. Estar rodeada de atletas de todas partes del mundo, compartiendo historias, experiencias, culturas, ¡y pins! Cuando volví a España, ya no me cabía un pin más en la acreditación, es algo que nos gusta compartir en la villa, intercambiamos pins con atletas de diferentes países y hacemos una pequeña colección". Pero, además del ocio, la mejor manera de disfrutar cualquier campeonato, sobre todo uno de tal envergadura, es cuando llega el momento de la competición. En el caso de la selección española femenina de balonmano "la competición fue intensa, emocionante y con altibajos. Comenzamos con una derrota y seguidamente fuimos capaces de reponernos y ganamos a Francia, la que luego sería campeona olímpica, y a Brasil. Y de nuevo vinieron dos derrotas consecutivas que nos dejaron a las puertas de jugar los cuartos de final. Aunque no logramos avanzar hacia las finales, cada partido fue una oportunidad para crecer como atleta y como equipo. La experiencia de competir en un escenario tan prestigioso y lo duro que es clasificarse para disputar esta competición es

Las restricciones de la pandemia no le permitieron disfrutar al completo de los Juegos (ARCHIVO PERSONAL)

motivo de orgullo por sí mismo", reconoce, cargada de razón, Mireya González.

No corrieron la suerte que merecían las 'Guerreras' en los Juegos Olímpicos de Tokio, pero, pese a ello, el palmarés de la leonesa como profesional del balonmano es envidiable, pues en 2015 se proclamó campeona de la EHF Challenge Cup con Union Mios Biganos-Bègles Handball, en 2018 logró nada más y nada menos que la Liga de Campeones de la EHF femenina con Győri ETO KC y en 2019 se proclama campeona de la Copa EHF femenina con Siófok KC. Además, su calidad y ambición goleadora le han valido para ser candidata a formar parte del siete inicial de la EHF.

Pero unos Juegos Olímpicos marcan siempre la trayectoria de cualquier deportista y así lo reconoce la leonesa: "Mi experiencia olímpica fue un viaje de autodescubrimiento y superación personal. Aunque no logramos alcanzar todas nuestras metas deportivas, el camino hacia los Juegos Olímpicos, que empezó el primer día que cogí una pelota de balonmano y se culminó con la oportunidad de representar a mi país en ese escenario soñado, es algo que siempre llevaré en mi corazón. Los momentos de sacrificio y determinación que compartí con mis compañeras me recuerdan que, aunque el camino pueda ser difícil, el viaje siempre vale la pena".

Capítulo 5

OTROS OLÍMPICOS

Los Juegos Olímpicos son la mayor fiesta del deporte a nivel internacional, y han alcanzado un nivel de profesionalismo muy alto. Como consecuencia, alrededor de los principales protagonistas, los deportistas, se mueven técnicos, ayudantes, preparadores físicos, y federativos, que igualmente disfrutan de esta celebración deportiva. Están en un segundo plano, pero tienen una importancia muy relevante. Tanto en deportes colectivos, donde quizás tengan mayor visibilidad, como en los individuales, su trabajo diario se ve reflejado en el día de la competición.

También ha habido leoneses que han participado en ediciones de los Juegos Olímpicos para cumplir con esa faceta e incluso con otras, como ser árbitros o jueces, fisioterapeutas que se encargan de la recuperación de los deportistas, o personas que se encargan de informar. Algunos ejemplos destacados de estas facetas son los que componen este capítulo que también incorpora a algunos que no han nacido en la provincia leonesa pero que se han 'criado' deportivamente en la misma, y para ese crecimiento deportivo también ha influido de una manera importante la Universidad de León.

El desfile inaugural es uno de los grandes de recuerdos de todos los deportistas (COE)

José Luis Martínez

Atleta, entrenador, comunicador

La presencia de un entrenador leonés en los Juegos Olímpicos tuvo en la figura de José Luis Martínez a un protagonista muy especial. Poco conocido como leonés, sí lo es a nivel nacional en el atletismo por su larga trayectoria como entrenador de lanzamientos y pruebas combinadas y divulgador del deporte. Su bagaje olímpico es impresionante: ha estado presente en ocho Juegos Olímpicos.

Nacido en la pequeña localidad leonesa de Puente de Alba, muy próxima a La Robla, en 1938, nada hacía presagiar su futuro pese a las numerosas carreras con madreñas que hacían los pocos niños existentes en el pueblo, en las que reconoce que ni siquiera era el más rápido. Cuando tenía 9 años se trasladó la familia a La Robla con la panadería que tenían y que parecía ser su destino. Le gustaba el deporte y el primero de su lista era el fútbol, pero no había balón en aquellos difíciles años en España. Se va interno a los Agustinos de León cuando su hermano acabó los estudios y allí empieza a conocer el atletismo. No fue sencillo porque en este colegio se fomentaba mucho la práctica del deporte, pero no estas modalidades. Lo era más Maristas con la presencia de Julio Bravo, y uno de sus pupilos fue el que lo introdujo en los Agustinos con entrenamientos en los recreos, sobre todo cuando ya solamente estaban allí los internos. Empieza a destacar y a competir en pruebas entre Asturias y León o en el campeonato de colegios católicos. Llamó la atención y fue incorporado al nuevo proyecto que se iniciaba de promoción del deporte a nivel nacional con la llegada a la Residencia Blume, que por entonces se llamaba General Moscardó. Fueron 12 atletas, 4 nadadores y 2 gimnastas los que formaron aquel primer evento de deportistas de elite. El siguiente paso fue una beca para ir a París, y allí se acabó el futuro aparejador y comenzó el entrenador. No le

José Luis Martínez en sus primeros años como atleta (ARCHIVO PERSONAL))

va bien deportivamente en tierras francesas pero durante los tres años que estuvo allí se convirtió en consejero técnico deportivo y en entrenador de atletismo.

En 1965 ya empezó a formar parte de la Federación Española de Atletismo, donde transcurrió gran parte de su vida. Tras unas discrepancias con directivos marcha tres años a Sevilla y posteriormente a Cantabria, provincia en la que da el salto de calidad en su labor como técnico. En 1971 entra en la Residencia Blume y como no había nadie que llevara combinadas y lanzamiento empezó a trabajar con deportistas destacados. Su relación con los Juegos Olímpicos ha sido longeva desde que en 1972 estuviera como observador en Múnich. Ya en 1976 en Montreal acudió como técnico de la Federación Española y aunque no fue a Moscú ni Los Ángeles, posteriormente volvió a tener presencia con algún atleta hasta Pekín, las que fueron sus octavas olimpiadas.

También ha sido un gran comunicador del deporte en Televisión Española con su colaboración en programas como 'Camino del Récord' o 'Torneo', una competición entre colegios en diversas especialidades deportivas que presentaba Daniel Vindel, un programa que fue recordado por haber sido la primera vez que se vio competir a Miguel Indurain. Incluso en los Juegos de Barcelona estuvo como comentaristas de las pruebas de atletismo.

Los lanzamientos, grandes desconocidos, fueron su especialidad (ARCHIVO PERSONAL)

La promoción del deporte base ha sido su segundo gran trabajo (ARCHIVO PERSONAL)

Matías Fernández
La escuela berciana de halterofilia

La relación entre la halterofilia y la comarca leonesa del Bierzo siempre ha tenido una magia especial. Las medallas olímpicas llegaron en el siglo XXI, pero siempre hubo deportistas muy destacados y personas que ayudaron a su desarrollo en épocas más complicadas. Una de esas personas es Matías Fernández. Nació en 1956 en Quilós. Su padre trabajaba en la mina en Lillo del Bierzo y los ingresos los complementaban con labores en el campo. Esta educación le ayudó a reconocer que el trabajo duro es muy importante. En el poco tiempo de ocio se dedicaba a los deportes más populares como podía ser el fútbol. Sin embargo unos pioneros ya habían comenzado a 'levantar pesas', en muchos casos latas rellenas de hormigón. Le ofrecieron llegar a la halterofilia y entrenaba en un pajar de José Luis Prada inicialmente para mejorar luego al pasar a las viejas escuelas de Cacabelos. Antes de cumplir los 18 años ya trabajaba, pero a la vez batía algún récord de España. Todo eso no pasó desapercibido y acabó en la Residencia Blume de Madrid y junto a otros levantadores permitió que la escuela berciana empezara a ser reconocida en toda España. Llegaron las internacionalidades e incluso pudo disputar unos Juegos Olímpicos. Sin embargo el sueño no se llegó a cumplir porque la URSS invadió Afganistán y muchos países decidieron boicotear la competición, entre ellos España. Hubo deportistas españoles, sin la bandera, pero la Federación Española de Halterofilia no llevó a ninguno teniendo que quedarse el berciano en casa. Poco después se retiraba como deportista y sacaba el título de entrenador. Fue ayudante del seleccionador en el año 2000 en Sídney. En el año 2008 asumió el mando y en los Juegos Olímpicos de Londres ya se convirtió en olímpico con el equipo español y llegó a estar en tres olimpiadas hasta su retirada después de Tokio 2020.

Matías Fernández en las olimpiadas (MEPRESTA EL BIERZO)

La labor técnica de Carlos Burón en los lanzamientos españoles ha sido de gran éxito (ARCHIVO PERSONAL)

Carlos Burón

Un leonés abonado a las olimpiadas

Este leonés de Palazuelo de Boñar pasó su infancia en internados rodeado de frailes y balones de fútbol. Como pasaba en todos los internados, en aquella época en la que obviamente no había móviles, dar patadas a un balón era lugar común en los recreos y los ratos de ocio, y Burón destacaba haciéndolo. Así pasó su infancia en el colegio Agustinos de Logroño, donde un día observó que había chicos de cursos superiores que supuestamente lanzaban algo. Quiso la casualidad que un día se escapara el balón algo lejos, y vio una línea con impactos en la tierra y una arandela de metal de una cocina de carbón; de manera intuitiva la cogió en la mano, la tiró, y superó las líneas que habían quedado marcadas por aquellos chicos mayores que él. El caso es que a los pocos días les retó, y ese chaval delgadito de 14 años superó por más de tres metros la distancia de lanzamiento de aquellos chicos que tendrían ya 16 o 17 años.

El cura que se encargaba de los deportes le cogió por la chaqueta y le fichó para el atletismo diciéndole "mira qué bien, ya tenemos alguien para lanzar disco en el colegio". Pero a Burón le gustaba el

Su trabajo le llevó a ocho olimpiadas (ARCHIVO PERSONAL)

fútbol y estuvieron tres meses detrás de él para que cambiase de modalidad, hasta que, más que insistir, le chantajearon. En el colegio les impartía la 'gimnasia' un guardia civil, "con uniforme y tricornio... a un grado de temperatura"; el caso es que el cura le dijo, si practicas el disco te libero de la gimnasia, y así fue. Fue un sargento quien le dio su primera clase de lanzamiento, que no considera Burón que fuera un entrenamiento como tal, traía un libro con la estatua del discóbolo de Mirón y le dijo "tienes que ponerte así, giras sobre ti mismo, y lanzas", así fue el comienzo.

Pero tenaz como es Carlos, seguía practicando el deporte que realmente le gustaba, y después de jugar al fútbol se iba a un campo de baloncesto no reglamentario a lanzar. Utilizaba el círculo central como círculo de lanzamiento. Ese campo estaba en perpendicular a uno de balonmano que era de cuarenta metros, recuerda que la finca del colegio era enorme, de diez hectáreas, y la valla medía dos o tres metros de alta, con lo cual si su lanzamiento llegaba a mitad de la valla suponía que serían cincuenta y tres o cincuenta y cuatro metros lo que lanzaba, y si la pasaba por encima mucho más. Daba tales golpes en la valla que el cura le castigó sin practicar el lanzamiento precisamente haciendo fútbol. Paradojas de la vida, cuando casi se había convertido en un ídolo de la clase y de todo el colegio por lo que lanzaba, cuando se negaba a jugar al fútbol le castigaban con un pico, una pala y un carretillo haciendo zanjas.

Cuando había competiciones de atletismo ganaba en peso, jabalina, relevos... "ganaba a todo lo que me pusiera". Ya tenía una buena publicidad en el colegio y empezó, a principios de los setenta a practicar más en serio. Tenía la mejor marca nacional e hicieron la petición para la Residencia Blume de Madrid. Anécdotas tiene muchas, como la del año 72, el de la olimpiada de Múnich, recuerda que los llevaron concentrados al monasterio de San Millán de la Cogolla, también de la orden religiosa de los Agustinos porque había que preparar una toma de hábitos.

En el último año, en 6º de Bachiller, le trasladaron a los Agustinos de Salamanca, hasta que por fin, en noviembre de 1973 le llamaron de Madrid y para allá se fue "como Paco Martínez Soria, sin conocer a nadie, ni Madrid, ni el ambiente; directamente de un internado a una residencia de deportistas". Allí le asignaron a José Luis Martínez como entrenador "el único entrenador que he tenido, porque no había entrenadores de lanzamiento".

Quizás fue ese pasado entre frailes practicando distintas modalidades deportivas lo que despertó en Burón el interés por ser entrenador. Como deportista tenía el récord de lanzamiento de disco y era el campeón a nivel nacional, pero nunca fue olímpico, con lo que viendo las instalaciones donde vivía y que el edificio frente a la Blume era el INEF de Madrid, comenzó a plantearse estudiar esa carrera. Primero tuvo que matricularse por libre en sexto y examinarse en junio, después terminar la selectividad, con lo que tuvo que acudir a una academia privada, hasta que en el año 76 entró en el INEF "cuando las condiciones de acceso eran otra cosa…, psicotécnico, redacción, idiomas, pruebas físicas… había 900 candidatos y entraban 60 guerrilleros". De aquella etapa guarda muy buen recuerdo por el ambientazo que tenían.

Empezó como técnico en el año 80, entrenando a un compañero de disco al cual había ganado a pesar de sus 195 centímetros, el palentino Sinesio Garrachón. Comenzó a entrenar a medias, pero ese año Sinesio batió el récord de España absoluto, fue su primer atleta y su primer récord, después marcó una época ganando trece títulos consecutivos en disco (1974-1986).

Pero Carlos enseguida fue consciente que era difícil vivir entrenando a lanzadores y con-

José Luis Martínez (d) y Burón (i) en Pekín (ARCHIVO PERSONAL)

Con Manuel Martínez en el mítico estadio de Atenas (ARCHIVO PERSONAL)

siguió trabajo en un colegio privado de Madrid, allí daba clase de Educación Física. A finales del 83 le ofrecieron una plaza en un colegio público en su tierra, el instituto García Bellido, así aterrizó de nuevo en León. En el curso 1986-87 sacó la plaza de funcionario de Educación Secundaria, hizo las prácticas en Bembibre y coincidió su regreso a la capital el curso siguiente con la apertura del INEF de León, cuyo primer director fue Fermín San Primitivo. Le llamaron a ver si le interesaba dar clase de atletismo en la Universidad, y así hasta que se jubiló.

Nada más llegar a León, preguntó cómo estaba el atletismo por aquí, y le dijeron que fuera a la federación a preguntar. Allí fue a presentarse y le dijeron que gracias pero que no había casi nada y nulo presupuesto pero que si quería se encargara él. Estuvo durante seis meses ejerciendo como director técnico, hubo tal revolución que en las elecciones a presidente, se presentó y le eligieron. Permaneció un total de 22 años, primero de la federación y después en lo que eran delegaciones provinciales. En ese tiempo pudo desarrollar su excepcional y novedoso programa, y León pasó de ser la penúltima provincia en la autonomía (la última era Zamora), a pelear con las mejores. En el año 2002 dejó la presidencia.

Además de preocuparse por todo el atletismo, en el año 1984 empezó a entrenar atletas en León, "a todos, porque al principio no había nadie", aunque enseguida se centró en los lanzamientos. Apareció una chica muy grande que quería probar, Margarita Ramos; cuando llegó lanzaba 9,50 metros más o menos, y llegó hasta 17,80 metros. A partir de ahí iban apareciendo atletas, y en muy poco tiempo llegó otro grande, Manolo Martínez. Tantas horas hacía junto a sus talentos y tantos títulos nacionales iba acumulando tanto en categoría femenina como masculina, que en el año 1981 le nombraron responsable nacional de lanzamientos y al año siguiente pudo ver cumplido el sueño de cualquier entrenador, su primera olimpiada: Barcelona 92. Como anécdota previa recuerda que "como pretexto para inaugurar el estadio olímpico en 1989 se celebró una copa del mundo de atletismo, hubo una tormenta enorme, no llegaba el Rey, pude sentir los silbidos de los catalanes, incluso tuvieron que ponernos dos policías nacionales delante con sirenas apartando el tráfico para llegar al hotel".

A ocho olimpiadas ha asistido Carlos Burón: Barcelona 1992, Atlanta 1996, Sídney 2000, Atenas 2004, Pekín 2008, Londres 2012, Río de Janeiro 2016 y Tokio 2020. Para él "las olimpiadas es simbolismo, nostalgia…, pero cuando llegas a ocho va perdiendo ese simbolismo y vas viendo el montaje que hay alrededor, el negocio. Al principio todo era nuevo, luego ya conoces a todos, eres conocido en la zona de calentamiento"; reconoce que al final acabó bastante desencantado porque "dentro es un poco circo romano, donde hay gente arriba disfrutando y la carne abajo, llegas a sentirte carne entre-

Para un entrenador, llevar deportistas a las olimpiadas es lo máximo (ARCHIVO PERSONAL)

Rio de Janeiro fue una de las grandes ciudades en las que estuvo en los Juegos (ARCHIVO PERSONAL)

teniendo a las televisiones para que salgan buenas imágenes"; a eso hay que sumarle los horarios, el estrés... reconoce que en la octava ya se notaba algo cansado.

Si tiene que elegir entre alguna de ellas le resulta difícil, "todas tienen su punto, la primera es el romanticismo total, en España, el estadio lleno de banderas es impresionante. Lo más bonito es el simbolismo y lo que une el deporte". "Atlanta fue todo más a lo grande, una experiencia americana". Guarda muy buen recuerdo de Sídney por el tiempo que estuvieron allí debido a la lejanía y para preparar la aclimatación. De Atenas apunta "es la más anecdótica, por el hecho de ser allí e incluso estuve rezando a Zeus, fue además cuando Manolo Martínez consiguió la medalla de bronce". En Pekín, donde ya había estado compitiendo, recuerda que sonó el himno universitario del Gaudeamus Igitur; y en Río fue más complicado disfrutar ya que por motivos de seguridad no salía demasiado de la villa olímpica.

Reconoce que pudo haber obtenido más medallas, pero "los filetes especiales tenían su función", pero se siente muy satisfecho, cuando empezó, ni se planteaba estar 32 años asistiendo de forma consecutiva a los Juegos Olímpicos aportando atletas propios y siendo el responsable nacional de lanzamientos.

Manolo Cadenas

Pasión por el balonmano

Nunca llegó a destacar como jugador y enseguida se dio cuenta de que no podía influir decisivamente en el equipo dentro de la cancha, pero sí como entrenador. Entrenando a niños comenzó a forjarse una leyenda, Manolo Cadenas, uno de los entrenadores más longevos en el panorama internacional, que enseguida dio el salto a categorías superiores y ha dedicado toda una vida a su pasión: el balonmano.

Fueron once años en el Club Balonmano Leganés, en el Paseo de la Ermita 21, donde incluso el pabellón de deportes lleva su nombre por las horas que pasaba allí y la labor que desarrolló. En aquellos tiempos no era fácil dedicarse profesionalmente a entrenar, ya que era una profesión que no existía, pero comenzaron los éxitos con las categorías inferiores y ahí se dio cuenta que podía y quería dedicarse al balonmano íntegramente, dejó su trabajo fijo como monitor deportivo y apostó por el balonmano.

Fichó por el Lagisa Naranco de Oviedo donde estuvo tres temporadas, de ahí fue al Teka, un equipo que a finales de los 80 estaba en lo más alto del panorama internacional. Con el equipo cántabro conquistó sus primeros títulos en el alto nivel, la Copa Asobal y la Recopa de Europa. Dos años más tarde se fue al BM Valladolid, donde estuvo cuatro temporadas, para después fichar en 1995 por el equipo de su tierra, el

Cadenas con otro olímpico, Rodrigo Corrales (ARCHIVO PERSONAL)

Ademar. Fueron sin duda los mejores años de este leonés de Valdevimbre, uno de los verdaderos artífices del crecimiento de un club que vivió a finales de los noventa y principios del siglo 21 su época más gloriosa. Barcelona y BM Granollers fueron otros destinos en España, que siguió disfrutando del alto nivel en competiciones de clubes como entrenador en el Orlen Wisla Plock Polaco y el Meskov Brest Bielorruso.

También disfrutó de competiciones como seleccionador al máximo nivel. Desde abril de 2013 hasta 2016 fue seleccionador nacional español, un ciclo con buenos resultados pero con un mal desenlace final: España quedaba fuera de los Juegos Olímpicos de Río después de 40 años participando ininterrumpidamente, al perder por un sólo gol frente a Suecia en la fase de clasificación. Aun así, con el equipo nacional estuvo en la lucha por las medallas en las tres primeras competiciones que participó: bronce en el Europeo de Dinamarca en 2014, plata en el de Polonia en 2016, y cuarto puesto en el Campeonato del Mundo celebrado en Catar en 2015.

Pero pudo cumplir el sueño de ser olímpico defendiendo los colores de Argentina, que en marzo de 2017 le nombró seleccionador absoluto. La experiencia con los 'gladiadores' fue positiva para Cadenas, después de una serie de amistosos en Brasil y el torneo Domingo Bárcenas de España con buenos resultados, debutó en competición oficial en los Juegos Sudamericanos de 2018, donde obtuvieron la medalla de plata, y sumó sendas medallas de oro en el Campeonato Panamericano de 2018 y los Juegos Panamericanos de 2019, con lo que estarían clasificados para el Mundial de 2019 y los Juegos de Tokio en el 2020 respectivamente; para la albiceleste quedar por encima de Brasil era todo un acontecimiento.

En Argentina se encontró Cadenas a un equipo con una mentalidad y experiencia para jugar campeonatos que les hacía dar lo máximo, "compitiendo eran todo pasión y garra, me sentí muy liberado como entrenador, era yo quien tenía que dar lo máximo, pero de una forma más tranquila, desde el conocimiento".

Los Juegos Olímpicos fueron algo descafeinados para Argentina y muy duros para Manuel Cadenas. No consiguieron ganar ninguno de los cinco partidos que disputaron, pero sobre todo por las condiciones impuestas por la organización debido a la reciente pandemia: "No acudimos a la ceremonia inaugural, fue una pena, todo el día con la mascarilla, las PCR..., por la pandemia se perdió algo esencial en el movimiento olímpico, como el contacto o la relación entre los deportistas y entrenadores; se privó de la convivencia con los mejores atletas del mundo en un evento que te deja de los mejores recuerdos de tu vida".

Mario Pesquera
El seleccionador de Gasol

Una larga carrera en los banquillos de baloncesto jalona la trayectoria de Mario Pesquera, nacido en León en 1952. Uno de los grandes momentos que tuvo esa excepcional carrera fue cuando estuvo con el equipo nacional español masculino en los Juegos Olímpicos de Atenas en 2004. Había llegado al puesto en 2003 para suplir a Moncho López, que había decidido no continuar, aunque llevaba unos años alejado de ese mundo. Tal y como había sido su trayectoria en los banquillos o labores organizativas en diferentes clubes fue como se desarrolló en la selección,

Pesquera en su época de seleccionador (FEB)

con su llamativa educación y su calidad técnica como director de juego. Con solamente unos meses en el cargo, en la capital griega y cuna olímpica el equipo español acudió con una selección de tronío que estaba formada por Pau Gasol, Iker Iturbe, Jaume Comas, Juan Carlos Navarro, José Manuel Calderón, Felipe Reyes, Carlos Jiménez, Óscar Yebra, Roberto Dueñas, Rudy Fernández, Rodrigo de la Fuente y Jorge Garbajosa. El grupo inicial que le tocó al conjunto nacional contaba con rivales llamados a cosas importantes como podían ser Argentina (medalla de oro) o Italia (medalla de plata), un equipo como China que era toda una incógnita, un país con la tradición de Serbia y Montenegro y otro en crecimiento como Nueva Zelanda. Pese a ello la primera fase fue inmaculada y en los cinco partidos disputados consiguieron sumar otras tantas victorias, por lo que llegaron como primeros de grupo a los cuartos de final. Ahí se dio la poco habitual circunstancia de que el principal favorito al triunfo final y el equipo que todos querían evitar, Estados Unidos, fue el cuarto de su grupo al no haberse tomado muy en serio la primera fase y por consiguiente se debía medir a un equipo como el español en lo que para muchos era la final anticipada. Los norteamericanos se llevaron la victoria por 102-94 y cerraron el camino de las medallas a un grupo de jugadores que estaba haciendo historia. Poco tiempo después la Federación Española prescindió de sus servicios después de haber acabado cuarto en el Europeo 2005 tras haber sido alejado de la final por un solo punto por parte de Alemania. En los Juegos Olímpicos de Londres estuvo de nuevo aunque en esta ocasión como comentarista de Televisión Española para los partidos de baloncesto.

Ruth Fernández
Amor a la rítmica

Realmente no sabe por qué, pero recuerda que de pequeña quería ser "gimnasiera o kioskera" y fue su padre, Ángel Fernández Córdoba, uno de los pioneros del deporte leonés, quien la dijo "he conocido un deporte que no hay en León", y en poco tiempo crearon la federación de gimnasia rítmica y el Gimnasio Ritmo en el año 81 en la calle San Agustín. Así conoció Ruth Fernández un deporte al que sigue dedicando su vida, y del que ha sido mentora de una de las figuras más respetadas del panorama internacional, Carolina Rodríguez. Al principio eran cuatro socios: Juan Carlos Saurina, Teresa Santamarta, su madre Ana María Menéndez y su padre, trajeron una exhibición del equipo nacional en el que estaba uno de los referentes en gimnasia de aquella, Marta Bobo, y al que asistieron entrenadoras del equipo nacional... ahí empezó su amor a la rítmica.

Empezó a entrenar muy pronto por vocación, "a los doce años ya me hacía mis propios montajes y los de mis compañeras". Desde los catorce años enseñaba gimnasia en el colegio La Asunción, y coincidió que en el gimnasio de sus padres no encontraban entrenadoras, por lo que se hace cargo del equipo de competición con tan sólo quince años, aunque no tuvo el título de entrenadora hasta los dieciséis.

Finalmente encontraron una entrenadora para el club, quien dice que la mitad del equipo no tenía cualidades para la rítmica. Ruth entrenaba con los descartes en un pequeño habitáculo junto con Nuria Castaño, mano derecha en toda la trayectoria de esta leonesa, y una

Carolina Rodríguez esperando con su entrenadora, Ruth, una puntuación (ARCHIVO PERSONAL)

de las mejores jueces en la actualidad a nivel internacional. Ganaban a las supuestamente buenas, ahí se dio cuenta que le gustaba la competición. Como no tenían horas de pabellón para entrenar, acompañada de una madre fue a hablar con el cura de la iglesia de Puente Castro, que llevaba cerrada unos cuantos años, le pidió la llave, con la anécdota de que la lanzó hacia arriba para ver la altura que tenía, y quedó encajada en la cúpula... al final estuvieron entrenando varios años allí.

A Carolina la fichó porque su hermana era 'cheerleader' y le dijo "oye, a mi hermana le gusta la gimnasia". En su primera aparición a un entrenamiento, viendo lo que hacían otras niñas dijo "eso lo sé hacer yo", y de repente hizo un 'spagat'. La llevó al día siguiente al gimnasio a hacer unas pruebas y vio que tenía unas aptitudes increíbles, enseguida habló con Nuria y le dijo: "Tenemos un diamante en bruto, Carolina es especial, ha nacido para la gimnasia". Fue la propia Carolina quien ayudó a Ruth a explicar a sus padres, una familia humilde y con discapacidad auditiva ambos, que en definitiva... adoptaba deportivamente a su hija.

El primer Campeonato de España en el que participaron fue bajo bandera asturiana: "El Club Ritmo de Oviedo", ya que "las gimnastas del Centro de Tecnificación de Valladolid tenían muchas más facilidades que las leonesas". Cuando quedó campeona de España alevín dijo al ver a Ruth llorando "¿por qué lloras, tan mal lo he hecho?", Ruth le dijo, "lloro porque has quedado campeona de España".

Volvieron a León y no le costó a Carolina demostrar que era una fuera de serie. A los doce años la convocaron para ir a su primera competición internacional, y allí fue Ruth con ella al pabellón "el Aro de Oro de Bulgaria", donde iban todas las promesas. Se fueron sucediendo las convocatorias a nivel internacional tanto de equipos como individual. Estuvo concentrada varios años en Madrid, pero le costaba trabajar con entrenadoras del Este y se quiso volver a León. A Ruth solían llamarla sólo para líos, incluso tuvo que convencer a Carolina para que asistiera a un Mundial, y a su vuelta, la echan del equipo nacional y decide retirarse. Tan firme era su decisión, que incluso se le organiza un homenaje como final de su carrera deportiva, pero en una visita a un entrenamiento de Ruth, se puso a juguetear con unas mazas y volvió a demostrar que es una crack, "volvió a recuperar la ilusión por la gimnasia y en la Copa de la Reina todo el mundo flipó con ella". Y una vez más sin medios, entrenando en 'la Nevera' de la Universidad, sin tarima ni nada, costeándole todo el Club Ritmo, Carolina pasó a ser de la ochenta y pico a una de las mejores del mundo, "creo que en realidad es porque sé llevar a Carolina", y un día en Montpellier escuchó que le decía "quiero ir a una olimpiada".

Estuvieron entrenando muchísimo, fue la única gimnasta española que se clasificó para el preolímpico de Londres. Finalmente consiguió la plaza para los Juegos, todo un logro porque es la única vez que se determina que la clasificación fuera nominal. Londres fue la primera experiencia olímpica de Ruth.

No pudieron estar en la ceremonia de inauguración porque la rítmica suele ser al final, y además las instalaron en un hotel, por lo que no pudieron disfrutar plenamente del ambiente olímpico; de hecho Ruth pidió al COE quedarse en la villa después de la clausura un par de días. Recuerda que las pararon un par de veces por la calle para pedirles autógrafos y fotos por el programa 'Informe Robinson' donde se contaba la vida de Carolina y les dijeron "es que habéis sido inspiración para nosotros". La competición fue muy bien pero debido a la edad de Carolina y también el agotamiento, todo apuntaba a que Carolina se retiraría. Fue entonces cuando la deportista le regaló a su entrenadora un colgante con unos aros olímpicos y una R... no era de Ruth, era de Río: quería ir a otra olimpiada.

Con la ayuda de algunos buenos amigos de León como César y Daniel, presentaron un dossier a algunas empresas y consiguieron que Drasanvi la becara hasta los Juegos de Río en 2016, se lo pudo tomar como una profesional. De esta segunda olimpiada, recuerda Ruth que fue tan emocionante lograr clasificarse como los propios Juegos. Desde el momento de la clasificación del Mundial hasta Río, su gimnasta siempre estuvo entre las ocho mejores del mundo, y cuando llegó el momento de poner el broche de oro a una larguísima trayectoria le dijo a Carolina "tienes que disfrutar, hemos trabajado tanto...". Y así fue, esta vez pudieron disfrutar más, "estaba segura de que

El deporte ha marcado su vida (ARCHIVO PERSONAL)

llevaba algo especial, que se iba a ver el trabajazo de toda su vida". Justo antes de coger el vuelo para Rio, Yuliya Sapizhak, su modista, les entregó los maillots con los que competiría, y les regaló una camiseta donde se podía leer 'Los sueños se hacen realidad'. En el último aparato, el que más presión tenía, notaba muy nerviosa a su discípula, pero "cuando salía Carolina se caía el pabellón y se olvidaban los nervios". Logró clasificarse para la final con 30 años, algo inaudito. Esperando la nota del jurado, vio que conseguía el diploma olímpico, Ruth sacó entonces la camiseta de Yuliya y se la puso a su discípula. "Vino la campeona olímpica a felicitarme antes que a Carolina, fue muy emocionante". En esa ocasión disfrutaron muchísimo del ambiente en la villa olímpica. Recuerda subir en el ascensor con Ruth Beitia y "parecía un tapón". Le gustó mucho el sentimiento de unión que tienen todos los deportistas, "iban a verse unos a otros cada vez que tenían oportunidad". En el desfile de clausura, a pesar de las más de 8 horas que tuvieron que estar de pie, le impresionó ver a tanto atleta de altísimo nivel con las medallas, "era como que todos fuésemos conocidos, era un disfrute total".

No hay momento en el que esta entrenadora, tutora, formadora, mentora, amiga… madre, deje de hablar de su gimnasta, siempre en plural. Se siente súper agradecida y reconocida por ella, y se emociona al recordar las palabras de la persona que mejores consejos le dio, su padre, antes de ir a su primera olimpiada: "Disfruta porque has llegado hasta aquí y ahora vas a hacer aquello para lo que llevas muchos años trabajando", y también se emociona al pensar hasta cuánto puede aguantar una deportista por sus sueños "en realidad no era mi sueño, era como vivir el sueño de ella".

José Ruiz

De Sahagún a Mali

Otro claro ejemplo de la obligación que tienen muchos leoneses de tener que emigrar de la provincia lo vivió la familia de José Ruiz González. Nació en Sahagún en 1955 y siendo todavía un niño tuvo que desplazarse a Francia. Cuando retornaron su padres, él ya había decidido que su futuro iba a estar ligado al país vecino y allí iba a desarrollar su carrera deportiva, concretamente en el baloncesto, pese a que también dispone de un título de Psicología además del de Educación Física y Deporte. El deporte femenino ha sido su principal especialidad junto a los numerosos estudios que ha publicado. A nivel de selecciones consiguió llevar al equipo de Mali por primera vez a unos Juegos Olímpicos al hacerlas campeonas de África y participar en Pekín 2008. Su presencia allí ya fue un enorme premio para un país muy pobre en el que el deporte no tiene demasiado respaldo al tener otro tipo de prioridades mucho más importantes y en el que apenas existen canchas oficiales de juego.

Carlos Carnero

Referente de la natación española

"Fui un mal nadador y creo, humildemente, que un buen entrenador", dice Carlos Carnero, todo un referente de la natación española nacido en el barrio leonés del Crucero en 1951. Enseñaba a nadar a los chavales de La Venatoria y conseguía sacar de allí a destacadísimas estrellas de este deporte, como fue el caso de la campeona de España en 1983 Camino Sevillano. A sus órdenes han estado algunas de las grandes figuras de la natación internacional, entre las que destaca la preparación específica que hizo durante algunos meses para Nina Zhivanevskaya. No aprendió de nadie, reconoce que lo suyo ha sido desarrollar un método propio, pero en cambio sí son muchos los que han aprendido de él en algunas de las diferentes ciudades en las que ha trabajado, siempre obsesionado por mejorar los entrenamientos de sus pupilos. Por lo que se refiere a la experiencia olímpica, estuvo presente físicamente en Atlanta 96, pero su trabajo sirvió para que varios nadadores españoles consiguieran plaza olímpica en otros cuatro Juegos (Sídney, Ate-

En una ceremonia inaugural (ARCHIVO PERSONAL)

nas, Pekín y Londres), puesto que ha sido el responsable de equipos de Lugo, Gijón, Valencia y Cataluña, donde actualmente reside para estar más cerca de sus nietos. Dice que la experiencia olímpica es inigualable. "Vuelves y todo se te hace pequeño, más aún en casos como el mío que siempre he tenido muy presente el programa olímpico".

Carlos Jovellar

Una vida dedicada al ciclismo

El mundo del ciclismo en León tiene más de cien años y en muchos de ellos ha contado con la figura de Carlos Jovellar. Nacido en 1943 en Piedrafita desarrolló su vida en el Páramo. Siempre tuvo una gran afi-

ción por la bicicleta y en el campo aficionado destacó y pudo el dar el salto a profesionales en los años 60 del siglo XX. Militó en equipos importantes y cuando dejó de correr en esta categoría no decidió 'colgar' la bicicleta y continuó haciéndolo en las

La afición por las bicis le llegó de niño (ARCHIVO PERSONAL)

Jovellar (d) junto a los Reyes durante las competiciones de ciclismo en pista (ARCHIVO PERSONAL)

competiciones Máster (veteranos) en sus diferentes categorías a medida que iba cumpliendo años. Muchos fueron los éxitos alcanzados tanto a nivel nacional como internacional a lo largo de los años en los que siguió pedaleando. Posteriormente fue vicepresidente de la Federación Española, incluso perteneció al propio Comité Olímpico Español en una de sus comisiones de competiciones. Por este motivo estuvo presente en los Juegos Olímpicos desarrollando su labor de encargado de la competición del ciclismo, tanto en pista como en ruta.

Vicente Bultó

El juez de las estrellas

Pudo disfrutar de ejercer de juez, porque en el movimiento olímpico no son árbitros, son jueces, a los doce años de llegar al máximo nivel como árbitro en baloncesto. Vicente Bultó tenía treinta y seis años cuando le comunicaron que era uno de los treinta y cinco árbitros de todo el mundo responsables del arbitraje en la olimpiada de Atenas 2004. Llevaba ya doce años arbitrando en la ACB y los últimos tres ya lo hacía a nivel internacional, pero sin duda fue una de las mejores experiencias deportivas de su vida. "Me hizo muchísima ilusión, al final el árbitro es un deportista, y tener ese reconocimiento a nivel olímpico, ha sido posiblemente la mejor experiencia personal y deportiva de mi vida".

Arbitró nueve partidos, todos de la competición masculina, y quiso la fortuna que tres de ellos fueran al conocido como 'Dream Team', el potente equipo de Estados Unidos que eliminó a España en octavos de final. En aquel equipo figuraban estrellas como Tim Duncan o una joven promesa llamada Lebron James. Bultó fue el juez en la primera derrota de los americanos frente a Puerto Rico, donde perdieron por 20 puntos, luego les arbitró contra Grecia, el equipo anfitrión, y el tercero la semifinal contra Argentina, donde el equipo americano cayó eliminado, "fue impresionante pitar en el pabellón olímpico con más de 20.000 personas, luego volví a hacerlo en partidos de la Euroliga, pero aquel ambiente era especial".

Recuerda que estaban alojados en una especie de residencia universitaria del banco central griego, "los jueces somos olímpicos, pero no vivimos en la villa olímpica con los atletas". Sí que tuvo la suerte de estar en las dos ceremonias, la de inauguración y la de clausura "aunque nosotros los jueces no hacemos el desfile en la pista, pero estás en la grada y lo vives igual, es un ambiente impresionante". Recuerda con gracia que le tocó pitar un partido con un chino que no hablaba nada de inglés "solamente hacía el habitual gesto de flexión del tronco hacia delante, pero todo fue por señas, no había forma de comunicarse... era otra época".

Recién retirado como árbitro ACB, Vicente Bultó relata con orgullo que la Escuela de Árbitros de León estuvo representada en unos Juegos Olímpicos. Ahora sigue enseñando a los jóvenes aportando su experiencia trabajando en el departamento de arbitraje de la ACB.

Vicente Bultó fue uno de los jueces de baloncesto en los Juegos de Atenas 2004 (ARCHIVO PERSONAL)

Jueces y voluntarios en Barcelona 92

Una experiencia inolvidable

Los países organizadores de cada uno de los Juegos Olímpicos tienen habitualmente una serie de prebendas, como el hecho de que en algunos se utilicen jueces o árbitros locales. Esta situación para España y para León supuso que en el año 1992, al celebrarse en Barcelona, fueron cinco las personas que estuvieron cumpliendo esas labores. Tres de ellos fueron de atletismo, el deporte que más utiliza esta condición para las numerosas pruebas que se celebran. Los leoneses allí presentes y encargados de diferentes cometidos fueron Mariano González, Eva Díez e Ignacio Guerra. El primero lo hizo en labores técnicas de los propios jueces, la segunda se encargó de las pruebas combinadas y el tercero no estuvo en el estadio al ser encargado de vigilar las competiciones de maratón y marcha por las calles de la ciudad. No fue ese el único deporte que contó con la presencia de jueces leoneses. El tenis de mesa tuvo a Ángel García Aller. Muy importante para esta especialidad en la provincia, tanto desde la Delegación Provincial como de árbitro internacional, este profesor del Centro Don Bosco de la capital leonesa tuvo el premio de arbitrar partidos en unas olimpiadas. Finalmente Lorenzo Alonso Román lo hizo en las pruebas de bádminton, que anteriormente había sido de exhibición en otros Juegos y se estrenaba de forma oficial en la olimpiada española.

Otros 'olímpicos' en ese año fueron los voluntarios. Una labor de ayuda en la organización sin más premio que estar dentro durante esos días a cambio de jornadas maratonianas. Nueve fueron los leoneses que acudieron a Barcelona dentro de la larga lista de gente que estaba dispuesta a realizar esa misión y que había llegado a ser de 192 inicialmente al presentarse las bases de la participación. Estuvieron mucho tiempo preparándose y su coordinador fue Miguel Ángel Fernández Fidalgo, un antiguo jugador y entrenador de balonmano que llegó a estar en el Ademar en las dos facetas. Las lista, formada en su mayoría por jóvenes desde los 18 hasta los 23 años, la componían Ana Isabel Redondo Sendino (que estuvo en la competición de lucha libre y grecorromana), Elena García Fernández (fútbol), Mónica González Álvarez (hípica), Diego Álvarez Domínguez, Manuel San Millán Rodríguez, Juan Alonso Rodríguez (Villa Olímpica), Fernando Luque Borge (fútbol), Eli Vega Reguera (fútbol) y Miguel Ángel Fernández Fidalgo (hípica).

Alejandro Vaquera

El preparador de los árbitros

Sin duda la condición física del arbitraje en baloncesto es algo muy cuidado, para la FIBA es esencial la imagen, con lo que el arbitraje a nivel internacional tiene muy asumido el trabajo no sólo técnico, sino también el cuidado personal en cuanto a condición física y alimentación. Alejandro Vaquera es la persona encargada de hacer el seguimiento e informes físicos de los árbitros a nivel internacional, con lo que a pesar de que su función ha sido básicamente asistencial de los árbitros, ha participado en dos Juegos Olímpicos: 2016 en Río de Janeiro y 2020 en Tokio.

Vaquera en un pabellón (ARCHIVO PERSONAL)

Especialmente duros fueron sus últimos Juegos Olímpicos por las condiciones en las que tuvo que desarrollar su trabajo en modo burbuja por la pandemia, "sólo podíamos desplazarnos del hotel al centro de entrenamiento, y cuando tocaba, al pabellón para arbitrar; de hecho nos adecuaron un gimnasio exclusivos para los árbitros".

Álvaro Alonso Prada

El jugador que llegó a caddie

Un deporte muy curioso en los Juegos Olímpicos es el golf. En las ediciones de París en 1900 y San Luis cuatro años después fue una de las disciplinas que se desarrollaron, pero no regresó de nuevo hasta más de cien años después en Río de Janeiro en 2016. Además tampoco ha contado con una larga lista de jugadores de alto nivel en la provincia. Uno de ellos es el berciano Álvaro Alonso Prada, que llegó a ser jugador profesional para seguir la afición de su padre, al que le gustaba mucho y al que no le resultaría sencillo 'llevárselo' del fútbol. Una vez consumado este paso y con el apoyo familiar logró ir superando niveles hasta llegar a ese profesionalismo que había

El berciano con la mexicana Gaby López

decidido con 16 años que debía ser su destino. La crisis provocó que bajaran bastante los torneos españoles, por lo que tuvo que buscar otras salidas. Una de ellas fue la de dar clases y otra, a través de un amigo jugador, la de convertirse en caddie profesional. Esta figura, que se ve siempre junto a los jugadores en los grandes torneos, es mucho más que el encargado de llevar la bolsa con los palos. Su labor es como la de un pequeño entrenador que aconseja sobre cada golpe, informa sobre como sopla el viento o el estado de la calle, y ayuda a los golfistas a tomar decisiones en momentos que suelen ser de gran presión. Su mayor logro fue en Tokio 2020 (aunque el año de celebración fue el 2021). Allí estuvo junto a la jugadora mexicana Gaby López, que además fue la abanderada de su país en la ceremonia inaugural. Toda esa presión y los numerosos eventos en los que tomó parte por esa condición la impidieron hacer el papel que se esperaba y que era una medalla. Fueron unas olimpiadas con calor y con muchas restricciones por la pandemia de Covid que se había sufrido, pero el berciano no lo olvidará nunca porque "poder compartir la villa olímpica con todo tipo de deportistas es una de las mejores experiencias, y si te gusta el deporte, es el mejor sitio en el que puedes estar".

Emilio Martín Alejandre

Olor a medalla

Estudió Fisioterapia y luego Ciencias de la Actividad Física y del Deporte, aficionado al baloncesto, siempre le gustó el deporte y desde 2009 ha formado parte del cuerpo técnico con entrenadores de balonmano como Manolo Cadenas, Isidoro Martínez, Jordi Ribera y Dani Gordo. Emilio el 'fisio', que también hace de psicólogo, ya que los jugadores acuden a él casi como si fuera el confesor, tuvo su primera experiencia internacional con la Selección Española Júnior, donde obtuvo el Campeonato de Europa en Dinamarca en 2016 y luego consiguieron el histórico doblete al ganar el oro en el Mundial de Argelia en 2017. Fue ese año cuando comenzó a compaginar el Equipo Nacional Júnior con los 'Hispanos', con los que ha obtenido la medalla de oro en los Campeonatos de Europa de 2018 y 2020, plata en

2022, y dos bronces en los Campeonatos del Mundo de 2021 y 2023.

Pero sin duda uno de sus mejores recuerdos deportivos es la olimpiada de Tokio, donde además consiguieron el bronce frente a Egipto. No pudieron asistir al desfile inaugural porque tenían partido al día siguiente, de hecho recuerda que "hubo tratamiento" ese día y los jugadores dijeron "o vamos todos o no vamos ninguno".

Emilio con una medalla (ARCHIVO PERSONAL)

Para Emilio, acostumbrado ya a tratar con algunos de los mejores jugadores de balonmano a nivel internacional, le impresionó llegar a la villa olímpica y ver esa cantidad de deportistas entrenando, comiendo cantidades enormes, y viviendo en el mismo edificio que tú: "estoy al lado de estas máquinas" pensaba, y recuerda de manera entusiasta que "fue algo brutal, habría que disfrutar unas olimpiadas una vez en tu vida al menos".

No podemos olvidar de señalar lo que para este aprendiz de psicólogo fue sin duda el mejor regalo de los juegos olímpicos: "que a la vuelta nació Guille".

Juan Carlos Morante

Rigor docente en una olimpiada

Este cántabro afincado en León desde 1987, año en el que llegó para cursar sus estudios en el INEF, formó parte de la primera promoción de Licenciados en Educación Física titulados en la ciudad; completó su formación académica doctorándose en la Universidad de León en 2001. Desde entonces, forma parte del profesorado de la Facultad de Ciencias de la Actividad Física y del Deporte, ejerciendo docencia en diversas asignaturas de Grado y Máster relacionadas con el entrenamiento y rendimiento deportivo además del Voleibol, deporte que llegó a practicar a notable nivel.

Durante el periodo 1997-2000 estuvo vinculado con la Real Federación Española de Voleibol (RFEVB) como seleccionador nacional de vóley playa, haciéndose cargo de los equipos júnior y absoluto. Esta modalidad deportiva se encuentra incluida en el programa oficial de los JJ.OO. desde Atlanta 1996.

Arriba, Morante (c) junto a los carismáticos jugadores Bosma y Díez. Abajo, las pistas olímpicas de Bondi Beach (ARCHIVO PERSONAL)

Entre los principales logros alcanzados como técnico, destaca el Diploma Olímpico (5º puesto) alcanzado en los JJ.OO. de Sídney 2000, así como un subcampeonato de Europa sénior (Palma de Mallorca, 1999) y un 4º puesto en el Campeonato del Mundo (Marsella, 1999). Como técnico de las selecciones júnior logró diferentes medallas en campeonatos internacionales, destacando los primeros puestos alcanzados en el Campeonato de Europa Júnior Femenino (Zagreb, 1998) y el Campeonato de Europa Júnior Masculino (Atenas, 1999).

Durante el ciclo olímpico de Sídney 2000 dirigió a Bosma-Díez, una de las parejas referentes en la World Tour, que es el circuito mundial donde se consiguen los puntos para poder clasificarse para los Juegos Olímpicos. En esta experiencia olímpica cabe reseñar que tuvieron que cruzarse con la pareja número uno del ranking mundial en aquel momento, los brasileños y candidatos al oro olímpico Emmanuel-Loyola, a los que consiguieron eliminar en un emocionantísimo encuentro; superado este escollo, fueron a tener el día malo de toda competición contra una pareja alemana a la que habían vencido varias veces, pero en esta ocasión cayeron por 16-14 en el último set, finalizando en el meritorio 5º puesto.

Recuerda Juan Carlos el excepcional escenario donde se disputaron los Juegos; Bondi Beach, la mítica playa paraíso de los surfistas de todo el mundo, situada a 7 kilómetros del distrito de negocios del centro de Sídney, un lugar muy protegido donde, con motivo de la celebración de la competición olímpica, se instaló un faraónico estadio con capacidad para 10.000 personas, que fue retirado a la finalización del evento, con el fin de preservar este espacio natural.

Nacho Coque

Años de gloria con el baloncesto

Entrenador Superior de Baloncesto desde 1993, comenzó como técnico de baloncesto a temprana edad (15 años). Entrenador y preparador físico de equipos de Maristas en Valladolid, compatibilizó el puesto de primer entrenador y preparador físico en la Universidad de León en categoría sénior femenina a la par que acababa sus estudios en el INEF de León (1990 a 1995). En un Campeonato de España, un entrenador de la Universidad Complutense de Madrid le propuso formar parte de la Federación Española de Baloncesto por su forma novedosa de entrenar aplicando lo que en los años 90 se conocía como 'Entrenamiento Integrado'. Tras entrenar al equipo femenino de la Universidad de León, con el que obtuvo muy buenos resultados, estuvo como preparador físico de varios equipos de Caja Madrid en Alcalá de Henares, continuando en el Club Baloncesto Ponce de Valladolid.

Comenzó su periplo como preparador físico en la FEB en 1994, pasando por todas las categorías; ha trabajado con figuras como Gasol, Calderón, Garbajosa, Sergio Rodríguez o Ricky Rubio. Entre sus principales logros figuran: medalla de oro en los Juegos del Mediterráneo de Túnez (2001) y campeón de Europa U18. Ya con la selección española absoluta masculina: 3 Campeonatos de Europa (Polonia,

Nacho Coque junto a Pau Gasol con la medalla conseguida en los Juegos Olímpicos (ARCHIVO PERSONAL)

2009; Lituania, 2011; Francia, 2015), campeón del mundo (Japón, 2006), 2 platas olímpicas (Pekín 2008; Londres 2012). Actualmente, sigue siendo coordinador de los preparadores físicos de la FEB y fue director técnico de la Federación de Baloncesto de Castilla y León del 2012 al 2020.

Siempre inquieto con su profesión, fundó hace 20 años la 'clínicaplenum' de salud integral, donde trabaja junto con Javier Bello, actual preparador físico de la selección absoluta masculina de baloncesto tras su marcha. Alejado ya de los banquillos de baloncesto, sigue siendo un profesional de reconocido prestigio en el ámbito de la preparación física; así las cosas, lleva la preparación de algunos de los mejores jugadores y jugadoras de pádel del mundo, como Arturo Coello Manso, y participa en varios Máster y Cursos de Postgrado de referencia. También es miembro del Comité Asesor de National Strength and Condicioning Association (NSCA Spain).

Nary Ly
La refugiada camboyana que acabó en León

La vida en Camboya con los Jemeres Rojos no era sencilla ni para los niños. Y una niña que tenía cinco años lo conoció bien. Nary Ly nació en 1972 en ese país y su vida normal se acabó con el nuevo régimen de terror que allí se instauró. Se vio separada de su familia camino de un campo de refugiados en el vecino Vietnam. A los diez años fue adoptada en Francia, conoció un nuevo país y unas nuevas costumbres, y aunque no vivió persecuciones políticas sí algunas reticencias por su raza. Todo eso la hizo más fuerte y así consiguió el título de Doctora en Biología y Ciencias Médicas. Lo hizo lejos de su casa pero fue la primera mujer de su país en hacerlo, ya que los intelectuales estaban perseguidos en una Camboya a la que no pudo regresar hasta 1998 para trabajar por su tierra y llevar a su sociedad a un siglo del que habían quedado muy distanciados. Para recaudar dinero empezó a correr carreras po-

La camboyana con la bandera de su país al cruzar la meta.

pulares con las que obtener fondos. Luego llegaron los medios maratones y un leonés, Salva Calvo, que se había especializado en carreras de ultrafondo y había ido a Camboya a una prueba de 220 kilómetros, la conoció. Allí decidieron empezar a preparar sus competiciones juntos, y Nary Ly acabó siendo la primera camboyana en correr un maratón en unos Juegos Olímpicos. Lo hizo en Río de Janeiro en 2016 después de haber logrado la marca en Valencia. Antes de la prueba tuvo problemas físicos en el tendón de Aquiles y aun así decidió hacer la dura prueba por todos los desaparecidos en su país y por las mujeres que habían vivido años de persecuciones. Corrió lesionada y terminó en último lugar, pero consiguió realizar la prueba al completo en una demostración más de la fuerza que la había dado tener que luchar contra todo desde que era simplemente una niña.

Los descendientes

La lista interminable

De igual manera que hay algunos olímpicos que se han asentado en León y no han nacido en la provincia, otros que han llegado a serlo son descendientes de leoneses que no han llegado a nacer en tierras leonesas pero sí las llevan en el corazón, con visitas a familiares o simplemente como recuerdo de la procedencia familiar. La lista sería larga, y uno de los ejemplos más llamativos es el de la nadadora Erika Villaécija. Nació en Barcelona en 1974 pero procedía de La Cepeda su familia y pasaba allí los veranos, en Cogorderos. Estuvo en cuatro Juegos Olímpicos en su carrera entre 2004 y 2016 tomando parte en muchas pruebas diferentes desde los 200 hasta los 10 kilómetros de aguas abiertas. De padres leoneses también es la canaria Paula Tirados que formaba parte del equipo nacional de natación sincronizada que ganó la medalla de plata en Pekín y además tomó parte en otras dos olimpiadas más. José Antonio Escudero, plata en Atenas en ciclismo en pista y que llegó a batir el récord del mundo del kilómetro, es de Girona porque su padre berciano fue destinado allí por motivos de trabajo, pero regresa siempre que puede. Por último la tenista Virginia Ruano, de Madrid, tiene a toda su familia en Matanza de los Oteros donde nacieron sus padres y sus abuelos. Logró dos medallas de plata en dobles (llegó a ser la número 1 del mundo) en Atenas y Pekín, la primera vez formando pareja con Conchita Martínez y la segunda con Anabel Medina. En Atlanta 96 llegó a jugar en la competición individual.

LA UNIVERSIDAD DE LEÓN Y EL OLIMPISMO

Tratando de unir deporte, cultura y educación, y con el propósito de difundir valores como la excelencia, la solidaridad, la igualdad, la alegría del esfuerzo, el respeto y la responsabilidad social, en 1961 se crea la Academia Olímpica Internacional (AOI) en Olimpia (Grecia), donde aún tiene su sede. Fue entonces cuando el COE designó a Conrado Durántez para representar a España en la constitución y primera sesión de la Academia. Poco tiempo después, el propio Conrado propone a Juan Antonio Samaranch, por entonces Presidente del Comité Olímpico Español, la creación de la Real Academia Olímpica Española (AOE). La propuesta se acepta siendo clave para la creación en poco tiempo de distintas academias nacionales en otros países, cuyos objetivos eran difundir los principios y valores olímpicos en sus respectivos territorios. Desde 1968 la AOE ha sido organizadora de múltiples actividades, destacando jornadas anuales en las que participaban destacados ponentes, la creación del Comité Español Pierre de Coubertin, el establecimiento de la Unión Española de Filatelia Olímpica, así como la apertura de diversos Centros de Estudios Olímpicos en colaboración con distintas universidades españolas.

En 1997 se firma un convenio de colaboración entre el Comité Olímpico Español y la Universidad de León, siendo rector Julio César Santoyo y presidente del COE Carlos Ferrer Salat. Ambas instituciones manifiestan interés común en coordinar e impulsar dentro del ámbito universitario los principios que conforman el espíritu de los Juegos Olímpicos, así como la dimensión cultural y humanista del deporte.

Se crea un Centro de Es-

Ferrer Salat, Presidente del COE, firmando el Libro de Honor de la Diputación de León junto a José Antonio Díez (ULE)

tudios Olímpicos en el seno de la Universidad de León, cuando el INEF pertenecía al Departamento de Didáctica de la Expresión Musical, Plástica, Corporal, Dibujo y Educación Física y Deportiva de la Universidad de León, del que fue nombrado coordinador Eduardo Álvarez del Palacio. La institución académica se comprometió a desarrollar actividades de divulgación olímpica anuales, y el Comité a dotar de un fondo bibliográfico sobre temática olímpica.

Fruto de ese convenio se organizó en la capital leonesa la 'XXIX Sesión de la Academia Olímpica' entre los días 10 y 14 de marzo de ese año 1997. Conrado, que ostentaba los cargos de presidente de la Asociación Iberoamericana de Academias Olímpicas, del Comité Internacional Pierre de Coubertin y de la Academia Olímpica Española, impartió la conferencia titulada 'Pierre de Coubertin y la Filosofía del Olimpismo'. Tal era el conocimiento del movimiento olímpico y la vinculación con León de Conrado, que desde 2010 es Doctor en Historia por la Universidad de León, defendiendo la tesis doctoral: 'El significado de la victoria en los Juegos de Olimpia. Los vencedores olímpicos'. En el año 2017 asistió a un curso dirigido por Eduardo Álvarez del Palacio que organizaron la Consejería de Cultura y Turismo de la Junta de Castilla y León con la colaboración de la Universidad de León, que se impartió finalmente en Soria. Y la última visita oficial de Conrado a León fue en mayo de 2018 coincidiendo con el 50 aniversario de la creación de la Real Academia Olímpica Española (RAOE).

En aquella XXIX Sesión de la Academia gustó particularmente la ponencia de la profesora de Historia del INEF de Madrid María Teresa González, quien desarrolló

Abajo, Conrado Durántez (c) con los miembros de la Universidad de León. Arriba, el logo del aniversario de la Academia Olímpica (ULE)

el tema 'Mujer y Deporte'. Sorprendió conocer cómo el propio Pierre de Fredi, barón de Coubertin, y considerado el fundador de los Juegos Modernos, afirmaba en la revista olímpica publicada en marzo de 1912 que para reinstaurar los Juegos Olímpicos "deben estar reservados a los hombres". Recogía en el escrito lo que era el pensamiento general en aquellos momentos, y justificaba que el deporte ocupaba un puesto muy pequeño en la sociedad por dos factores que frenaban su evolución. "En primer lugar la medicina declara que deporte y maternidad son incompatibles y que la constitución de la mujer no permite grandes esfuerzos. Además se considera que la naturaleza femenina es difícil de conciliar con el deporte de competición, que requiere ambición y cierta agresividad, características puramente masculinas. En segundo lugar está el factor estético. Los deportes afean. Una mujer debe permanecer fina y armoniosa para ser bella". Afortunadamente la presencia de la mujer en los Juegos Olímpicos es indisociable de su presencia en de la sociedad,

y el movimiento deportivo como fenómeno social favorece la igualdad de derechos entre hombres y mujeres con independencia del género, tradiciones, religiones y condiciones de vida. En la actualidad el COI está formado por un 37,5 % de mujeres, frente al 21 % al comienzo de la Agenda Olímpica 2020, y en los Juegos Olímpicos de París 2024 se estima que la participación de mujeres será del 50 %.

Otros ponentes fueron el profesor alemán Norbert Müller, que habló sobre 'El Olimpismo y la Escuela'. El secretario general de la Federación Catalana de Sociedades Filatélicas, Sebastián Sabaté, dedicó su charla al 'Centenario de los Juegos Olímpicos Modernos a través de la Filatelia'. Hubo espacio para hablar de 'El Arte en el Olimpismo', con una conferencia impartida por Cristóbal Gabarrón en la que disertó sobre estos dos movimientos que caminaron juntos en la evolución de la historia. Pal Smith consideró que el movimiento olímpico podía ser también un escaparate para la protección de la Naturaleza en una conferencia titulada 'De-

porte y Medio Ambiente'. No dejaron pasar la ocasión para hablar sobre 'El impacto de las nueva tecnologías en el Movimiento Olímpico' y sus posibilidades de financiación en una conferencia impartida por Miguel de Moragas.

Mención especial merece otro ponente, José María Odriozola. Conocido por ser presidente de la Real Federación Española de Atletismo durante varias décadas, Odriozola fue nombrado Catedrático en Bioquímica por la Universidad de León, de aquella adscrita a la de Oviedo, el 30 de junio de 1981. Fue además quien inauguró el departamento Inter Facultativo de Biología y Veterinaria, e incluso llegó a ostentar el cargo de vicerrector de Ordenación Universitaria entre los años 1981 y 1984. En su intervención anticipó un peligro que acecha a la futura celebración de los Juegos Olímpicos, como es su propio crecimiento, lo tituló 'El Gigantismo en los Juegos Olímpicos'. En su conferencia explicó el riesgo de este encuentro que supone una socialización amistosa entre todos los países del planeta, con independencia

José María Odriozola fue profesor y vicerrector en la ULe, además de un referente en atletismo (ULE)

de raza, política, religión o tradiciones, pero que debido a factores como la aparición de nuevos países por la escisión de otros, la popularización de nuevos deportes y el enorme coste económico para albergar tal competición, hace que cada vez sea más difícil la logística que conlleva este enorme evento.

Terminaron las jornadas con una disertación a cargo del director de la Academia Olímpica Española, Pedro E. Walch den Tuinder, titulada 'Deporte para todos'. En ella dejó claro que "no debemos caer en el horror, más que en el error, de pensar que con preparar el mejor equipo de competición para obtener como premio regresar de los Juegos Olímpicos con muchas medallas, es la función única de un Comité Olímpico Nacional". Es decir, como indica la norma 31 de la Carta Olímpica, trata de diferenciar lo que es un Comité Olímpico, de lo que sería un Comité de Alta Competición o un Comité de Especialización Deportiva si la orientación perdiese la esencia de los principios fundamentales de la misma.

Olimpismo y universidad están intrínsecamente conectados en otros niveles aparte de las relaciones más o menos fluidas a nivel institucional. A menudo se desarrollan investigaciones sobre aspectos diversos del olimpismo, como su historia, el impacto económico y social, la gestión y por supuesto aspectos de entrenamiento y rendimiento deportivo. Las universidades desempeñan un papel importante en el desarrollo integral de los deportistas, tratando de facilitar la conciliación de la vida académica con la deportiva de alto nivel. Además en los Servicios de Deportes de las universidades se organizan competiciones internas y eventos deportivos donde perfectamente pueden verse reflejados los principios y valores del olimpismo, ya que además del resultado se trata de promover la práctica deportiva.

LA ACTIVIDAD FÍSICA Y EL DEPORTE EN LA UNIVERSIDAD DE LEÓN

No podemos cerrar esta colección sin hacer una breve referencia a la Actividad Física y el Deporte en nuestra Universidad. Por una parte hay un servicio de deportes muy activo con cuatro orientaciones claramente diferenciadas: las cerca de veinte actividades deportivas y de ocio que se ofertan semestralmente, las competiciones internas que finalizan con la participación de unos doscientos estudiantes cada año en el trofeo Rector de Castilla y León, el deporte federado con once equipos en la actualidad que representan a la Universidad de León en sus respectivas competiciones nacionales, y la colaboración en eventos especiales como el Magistral de ajedrez o el Foro Internacional del Deporte. Por otro lado hay que destacar la existencia en esta Universidad de una de las Facultades de Ciencias de la Actividad Física y del Deporte más prestigiosas en el panorama nacional, junto con el Centro de Alto Rendimiento ubicado también en el Campus de Vegazana. Todo ello es un buen reclamo para estudiantes que deciden realizar su formación académica en nuestra ciudad, en alguno de los cuarenta grados, diecisiete doctorados, y los treinta y ocho másteres que se ofertan.

Además de lo señalado, se puede apreciar que la apuesta por el deporte ha sido más que evidente en estos últimos ocho cursos académicos por la mejora en las infraestructuras deportivas. En el año 2017 se hizo una fuerte inversión en el pabellón Hansi, el segundo más grande de nuestra ciudad, que junto con la sala de usos múltiples y el frontón son las instalaciones cubiertas propias de la Universidad de León. En 2023 se inauguraron y homologaron las nuevas pistas de atletismo, una de las mejores sin duda en el panorama nacional, que junto a las dos de futbol sala, la de vóley playa, más las de tenis y la última inversión en la cubierta de

El Pabellón Universitario 'Hansi Rodríguez' con sus remodeladas instalaciones (MARCO)

Las pistas de atletismo del Campus Universitario, ya homologadas, se inauguraron en marzo de 2023 (ULE)

las pistas de pádel, hacen posible una gran oferta de actividad física y deportiva en el exterior.

Además de la mejora en las infraestructuras y la programación anual de actividades, se actualizó el convenio marco de colaboración entre la Universidad de León y el CSD (Consejo Superior de Deportes), ambas instituciones consideran que la colaboración mutua puede contribuir a la mejor realización de las actividades propias de cada una de ellas, así como a la optimización de sus recursos materiales y humanos. Entre los objetos del convenio cabe destacar el desarrollo de actividades deportivas, docentes, de apoyo al deporte de alta competición e investigación de mutuo interés; el uso compartido de las instalaciones para complementar actividades con carácter formativo o docente; la puesta en marcha de proyectos de investigación de mutuo interés, prestando la Universidad el apoyo científico y equipamientos y el CSD sus instalaciones y equipamientos; y los grandes beneficiarios, el alumnado, al amparo de este convenio, el CSD facilitará la realización de prácticas externas a los estudiantes de la ULe en las instalaciones del CAR, y la ULe facilitará el acceso a sus estudiantes que estén adscritos como deportistas al CAR de León a las posibles convocatorias de ayudas a deportistas.

Otro tipo de apoyo que tienen los deportistas de la Universidad de León son las 'Ayudas para matrícula a deportistas de alto nivel de la ULe'. Desde el año 2016 se convocan tres tipos de ayudas del 100 %, 50 % y 25 % de las asignaturas en primera matrícula, para los estudiantes que tienen reconocida la condición de Deportistas de Alto Nivel en el Boletín Oficial del Estado, conforme al RD 971/2007 de 13 de julio y/o que han representado a nuestra Universidad en alguna competición. Fue una iniciativa del Vicerrectorado del que depende el servicio de deportes que sirve de estímulo para la siempre difícil conciliación de la vida académica y deportiva.

En definitiva, un ejemplo de colaboración entre instituciones públicas que comparten un interés común en la promoción del deporte, la educación y el desarrollo integral de su alumnado.

Final de 'Un deporte, una ilusión'

En la línea de promocionar la práctica de la actividad física y el deporte en nuestra universidad, otra contribución ha sido la culminación de este proyecto de cuatro libros titulado 'Un deporte, una ilusión'. Se ha intentado repasar la historia de tres de los deportes con más tradición en nuestra ciudad y provincia, finalizando con este homenaje a leoneses que han llegado a la cima en el deporte de alto nivel, participar en unos Juegos Olímpicos.

Culmina el proyecto, fruto de la colaboración entre el Servicio de Publicaciones y el de Deportes de la Universidad de León. Quede constancia del gran esfuerzo realizado y las muchas horas dedicadas a la publicación de los cuatro libros, y entiéndase, que las posibles omisiones o ausencias, deben atribuirse al descuido. Vayan por delante, en ese caso, las correspondientes excusas.